»Als ich meinem Mann mitgeteilt habe, dass ich ihn verlassen werde, haben wir beide eine Beratungsstelle aufgesucht. Während er mit einem ganzen Stapel Ratgeber versorgt wurde, bekam ich noch nicht einmal ein Blatt Papier in die Hand.« Wer eine Beziehung beendet, wird mit seinen Gefühlen meist ziemlich allein gelassen, alle Aufmerksamkeit wird demjenigen zuteil, der verlassen wurde. Es scheint, als verliere man mit dem Satz »Ich verlasse dich« jedes Recht auf Leiden, Mitleid oder Unterstützung – schließlich hat man es doch so gewollt. Dabei fordert schon die Phase vor dem endgültigen Aus alles von dem, der geht: den Mut zur Entscheidung, das Trennungsgespräch, das Planen des eigenen zukünftigen Lebens – ohne den Partner.

Sandra Lüpkes, geboren 1971 in Göttingen, lebt als erfolgreiche Krimiautorin und Sängerin mit ihren beiden Kindern in Ostfriesland und Münster. ›Ich verlasse dich‹ ist ihr erstes Sachbuch. Die Idee dazu entstand, als sie selbst nach elf Jahren Ehe an einen Wendepunkt gekommen war und einen Rat gebraucht hätte. Als die letzten Zeilen entstanden, war Sandra Lüpkes bereits eine Weile geschieden, einiger Illusionen beraubt und an Erfahrungen reicher.

www.fischerverlage.de

Sandra Lüpkes

Ich verlasse dich

Ein Ratgeber für den, der geht

Fischer
Taschenbuch
Verlag

Erschienen im Fischer Taschenbuch Verlag,
einem Unternehmen der S. Fischer Verlag GmbH,
Frankfurt am Main, Juli 2010

Lizenzausgabe mit freundlicher Genehmigung des
Krüger Verlags, Frankfurt am Main
© S. Fischer Verlag GmbH, Frankfurt am Main 2008
Druck und Bindung: GGP Media GmbH, Pößneck
Printed in Germany 2010
ISBN 978-3-596-17777-6

Inhalt

Vorwort 9

Teil 1: Davor 15

1. Das Aus: Sehen Sie klar 17
Nichts wird mehr sein, wie es war 17
Wann ist es aus? 20
Versteckte Zeichen 27
Kann ich uns retten? 32
Warum ist es so schwer, sich zu trennen? 40

2. Die Vorbereitung: Stärken Sie sich selbst 52
Wenn man am Ende ist, geht es los 52
Planung ist nicht Berechnung 57
Wohin soll es gehen? 61
Überzeugen Sie zuerst sich selbst 64
Den Dingen ins Auge blicken 70

3. Die Trennung: Sprechen Sie es aus 81
Wann? Und wann nicht? 81
Wie? Und wie nicht? 83
Was? Und was nicht? 86
»Reden, reden, reden!«
    Interview mit Ulrike Flügge, Mediatorin
    aus Oldenburg 92

Teil 2: Mittendrin 97

4. Der Expartner: (Ver-)Lassen Sie ihn 101
Für den anderen gestorben 101
Das Heulen und Wehklagen 106
Das Toben und Um-sich-Schlagen 111
Das Vergeben und Vergessen 118

5. Die Kinder: Bleiben Sie Vater und Mutter 122
Nur wer stark ist, kann tragen 122
Eltern sein heute und morgen 132
Die Kinder »verlassen« 134
Die Kinder »behalten« 137
Die Kinder »teilen« – und dabei als Ganzes bewahren ... 139
»Es gibt keine goldene Regel gegen das Leid«
    Interview mit Renate Niesel,
    Kinderpsychologin aus München 143

6. Die anderen: Stellen Sie sich 150
»Was werden die anderen denken?« 150
»Hab ich das nicht gleich gesagt?« 154
»Wie kannst du uns nur so enttäuschen?« 156

7. Das Gewissen: Verstehen Sie sich 165
Gewissen kommt von Wissen 165
Schuld und Entschuldigung 171
Jetzt ist es gut 177

Teil 3: Danach 181

8. Die Trennung schwarz auf weiß:
    Schließen Sie ab 185
Scheiden tut (gar nicht so) weh 185

Entscheidung zur Scheidung 188
Schlussstrich als Startpunkt 201

9. Die neue Liebe: Lassen Sie zu 204
Verliebt, verlobt, verheiratet, geschieden, verliebt 204
Liebe kommt ungefragt 206
Beide Partner sind gefragt 213

10. Die Zukunft: Fangen Sie an 223
Wollen wir wieder Freunde sein? 223
Was ich noch zu sagen hätte 228
»Die Trennung als Erfahrung in den Lebensfluss
    integrieren«
    Interview mit Gisela Hötker-Ponath,
    Paartherapeutin aus München 232
Das Glück finden 235

Anmerkungen 243
Tipps im Internet 250
Dank 253

Vorwort

»Ich schreibe einen Ratgeber über Trennung.«

»Gibt's doch schon Tausende.«

»Aber nicht für die Verlassenden.«

»Für wen?«

»Für diejenigen, die gehen.«

»Männer und Frauen?«

»Da mache ich keinen Unterschied.«

»Wollen die denn einen Ratgeber? Brauchen die das überhaupt?«

Ja. Denn entgegen landläufiger Meinung leiden bei einer Trennung beide Partner, die Verlassenen – aber eben auch diejenigen, die den Wunsch verspürt haben, die Beziehung zu beenden.

Dialoge wie den obigen habe ich während meiner Arbeit mehr als einmal geführt. Jedes Mal wurde mir klar, wie wenig Verständnis man sich in der Situation des Verlassenden erhoffen darf – und wie wichtig dann dieses Buch ist. Trotzdem gab es bei der Entstehung ein paar Schwierigkeiten, die vielleicht der Grund dafür sind, dass nicht schon viel eher jemand auf die Idee gekommen ist, einen solchen Ratgeber zu schreiben.

Schon allein die Tatsache, dass es gar kein richtiges Wort für die Zielgruppe gibt. Wie soll man sie nennen? Verlassende? Trenner? Der-oder-die-wo-geht? Ein Anhängsel dieser Formulierungsfrage ist auch die männliche oder weibliche Form, die man den Protagonisten dieses Sachbuchs aufdrückt. Sowohl Männer wie auch Frauen verlassen ihre Partner, und für beide sollen die nächsten Seiten Hilfestellung sein. Aber wenn ich in jedem Satz diese »Querstrich/in«-Multigeschlechts-form verwendet hätte, wäre das Buch bestimmt 30 Seiten dicker und somit auch einige Cent teurer geworden. Betrachten Sie also meine neutral gemeinte, aber durchweg männliche Schreibweise lediglich als Sparmaßnahme für Ihr Portemonnaie.

Die Tatsache, dass man Trennungsgedanken eher heimlich und verschämt nachhängt, stellt das zweite Problem dar. Dieses Buch ist keine Lektüre, welche man abends auf dem Familiensofa oder gar im Ehebett kurz vor dem Einschlafen liest. Es wird wahrscheinlich nur selten das Tageslicht erblicken und von seinen Lesern in Nischen und Ritzen versteckt werden. Trotzdem soll das Werk schon im Laden erkannt werden, der Titel und das Cover sollen ins Auge stechen und verraten, worum es geht, wenn ein beziehungsfrustrierter Kunde in der Sachbuchabteilung nach Lebenshilfe sucht. Hier gebe ich Ihnen den Tipp: Suchen Sie sich ein passendes Buch mit Schutzumschlag aus Ihrer Bibliothek – am besten über ein Thema, von dem Sie ganz genau wissen, dass Ihr Partner keinen müden Blick darauf werfen wird – und verkleiden Sie diese Seiten mit dem fremden Einband.

Richtig ernst ist Problem Nummer 3: Die Recherche. Über das Internet, verschiedene Selbsthilfegruppen und Beratungsstellen habe ich Menschen gesucht, die ihren Partner verlassen haben oder überlegten, dies zu tun. Glücklicherweise gab es einige, die mir gern und bereitwillig über ihre Erfahrungen berichtet und einen vorbereiteten Fragebogen ausgefüllt haben. Die Ergebnisse dieser Umfrage tauchen im Buch an einigen Stellen als informative Prozentzahlen auf. Diese Zahlen erheben keinen Anspruch auf allgemein statistische Relevanz und basieren auf Aussagen von insgesamt 27 Freiwilligen, die ich im Zuge meiner Recherche kontaktiert habe. Alle Personen sind zwischen 25 und 55 Jahre alt und blicken auf eine langjährige Beziehung zurück, die sie vor kurzem oder schon vor langer Zeit beendet haben.

Es waren weitaus mehr Frauen als Männer (19 zu 8). Dies mag daran liegen, dass Frauen wahrscheinlich ohnehin offener über ihre Gefühle reden können, doch sicher war auch ein Grund, dass ich selbst eine Frau bin. Denn im sehr aktiven Getümmel der Trennungsgeschädigten scheint es ein tief verwurzeltes Misstrauen gegen das andere Geschlecht zu geben. Natürlich hätte ich mich auf dem Online-Forum auch unter einem männlichen Pseudonym einschmuggeln können, aber wenn man Menschen dazu bewegen möchte, ihre oft schmerzhafte Geschichte zu erzählen, sind derlei Tricks wenig vertrauenswürdig. Aus diesem Grund finden sich auch bei den hier erwähnten Fallbeispielen mehr Frauen- als Männerschicksale. Und wirklich nur aus diesem Grund.

Die wahren Geschichten, die thematisch passend in die jeweiligen Kapitel eingearbeitet wurden, sind nicht unbedingt spektakulär, sondern vielmehr authentisch. Sie sollen einfach zeigen: Sie sind nicht der einzige Mensch auf der Welt, der mit diesen Zweifeln und Ängsten, mit dem Gewissen und der Wut zu kämpfen hat. Und alle, die jetzt davon berichten können, scheinen es ja überlebt zu haben.

Ich übrigens auch.

Die Idee zu diesem Buch entstand, als ich selbst einen Rat gebraucht hätte. Nach elf Jahren Ehe gelangte ich an einen Wendepunkt, hatte aber keine Ahnung, wie ich das alles durchstehen sollte. Als ich die letzten Zeilen schrieb, war ich bereits eine Weile geschieden und einiger Illusionen beraubt, dafür reicher an Erfahrung.

Wenn ich behaupten würde, ich hätte meine eigene Trennung gut gemeistert, dann müsste ich lügen. Aber wenn meine persönliche Geschichte – zusammen mit Expertenmeinungen und den Erfahrungsberichten anderer – nun ein Buch ergibt, welches Menschen in ähnlicher Situation Hilfestellung leisten kann, dann war sie die Fehler und Tiefschläge wert.

Dieses Buch gliedert sich in drei Teile, in das DAVOR, das MITTENDRIN und das DANACH. Es braucht nicht zwangsläufig in einem Rutsch gelesen werden, sondern kann auch immer gerade dann interessant sein, wenn Sie an einem bestimmten Punkt nicht mehr weiter wissen, Orientierungshilfe oder Mut zum Durchhalten brauchen.

Ich wünsche Ihnen, dass die Trennung für Sie nicht nur ein Ende, sondern auch ein Neubeginn wird, weil Sie sich dabei von einer ganz neuen Seite kennenlernen können.

Sandra Lüpkes

Teil 1: Davor

Von: Dir   **An:** Jemanden, der es gut mit dir meint
Betreff: Schluss machen!?

Ich habe die Nase voll. Bis hierher und nicht weiter. Ich mache Schluss!
   Was sagst du dazu? Sei ehrlich!

Betreff: Re: Schluss machen!?
Ehrlich? Das war ich schon immer, und ich habe dir bereits tausendmal geraten, dich zu trennen. Eure Beziehung ist schon lange nicht mehr das, was man zum Glücklichsein braucht. Ihr passt eigentlich gar nicht zusammen. Ich habe mich immer gewundert, warum du nicht schon viel eher auf die Idee gekommen bist, endlich eigene Wege zu gehen.

Betreff: Re: Re: Schluss machen!?
Du hast ja recht, ich erinnere mich, dass du immer wieder nachgebohrt hast. Was mit mir los sei. Warum ich so schlecht gelaunt wäre. Ob es an meiner Partnerschaft liege. Und ich habe immer gelächelt und geschworen, es sei nichts, es sei alles super, alles okay. Im Grunde habe ich das ja lange Zeit auch tatsächlich geglaubt. Tja, Selbstschutz wahrscheinlich. Außenstehende haben immer den absoluten Durchblick, aber wenn man wie ich mittendrin steckt … Aber jetzt sehe ich klarer!

Betreff: Re: Re: Re: Schluss machen!?
Und warum fragst du mich dann, was ich davon halte? Klingt ja nicht gerade nach hundertprozentiger Sicherheit.

Betreff: Re: Re: Re: Re: Schluss machen!?
Mist! Ich habe eine Heidenangst.

Betreff: Re: Re: Re: Re: Re: Schluss machen!?
Angst? Wovor?

Betreff: Re: Re: Re: Re: Re: Re: Schluss machen!?
Dass nach der Trennung alles aus ist.

Betreff: Re: Re: Re: Re: Re: Re: Re: Schluss machen!?
Das ist doch der Sinn einer Trennung, oder nicht?

Betreff: Re: Re: Re: Re: Re: Re: Re: Re: Schluss machen!?
Du bist witzig. Ich meine nicht nur die Liebe. Es geht doch um so viel mehr. Es geht auf gut Deutsch ums Eingemachte, um alles, was bisher mein Leben bedeutet hat. Um mein Zuhause, um die Familie, um das liebe Geld, um meinen guten Ruf … du lachst wahrscheinlich darüber und denkst, ich male den Teufel an die Wand. Aber was ist, wenn ich mich irre und die Trennung sich im Nachhinein als großer Fehler herausstellt? Dann stehe ich mit nichts da, habe alles verloren und bin unglücklicher als vorher.

Betreff: Re: Re: Re: Re: Re: Re: Re: Re: Re: Schluss machen!?
Klar, was du verlierst, ist immer konkreter als das, was du gewinnen wirst. Aber mach dir nichts vor: So wie es jetzt ist, kann es auch nicht bleiben. Also solltest du es darauf ankommen lassen. Garantie gibt dir da keiner.

Doch ich denke schon, dass du bereits im Vorfeld einiges dafür tun kannst, eine Trennung in richtige, sinnvolle Bahnen zu lenken. Stelle dich deinen Ängsten, schaffe dir die innere Sicherheit, warum du es tun willst, und denke daran: Jeder hat das Recht, sich zu trennen!

Klingt so einfach in ein paar Worten. Bedeutet aber viel Arbeit. Also los!

1. Das Aus: Sehen Sie klar

Nichts wird mehr sein, wie es war

Nicht viel im Leben ist so schmerzhaft wie eine Trennung.

Dabei ist es im Grunde irrelevant, ob man verlässt oder verlassen wird, denn das Ende einer langjährigen Partnerschaft bedeutet für beide das Scheitern eines bisher gültigen Lebensentwurfes. Nichts wird mehr sein, wie es war – das klingt gleichzeitig nach Herausforderung und Warnung.

Es bedeutet schließlich: Man lässt nicht nur die Dinge hinter sich, die man nicht mehr ertragen konnte, sondern auch liebgewonnene Gewohnheiten, Sicherheit, die vertraute Umgebung, das eingespielte Miteinander.

Nie wieder wird der andere einem im Winter vor dem Einschlafen die Füße wärmen, nie wieder wird man Heiligabend gemeinsam Kartoffelsalat mit Würstchen essen, nie wieder bei der Fahrt in den Urlaub zusammen mit den Kindern »Ich sehe was, was du nicht siehst« spielen.

Nie wieder ist unendlich lang. Selbst wenn inzwischen die Beziehung – aus welchen Gründen auch immer – unzumutbar erscheint, es kostet Überwindung, deswegen alles andere hinzuschmeißen.

55 % sagen, die Zeit, bevor sie sich zur Trennung entschlossen haben, hat am meisten Kraft gekostet

Fast jeder, der eine Trennung erlebt und herbeigeführt hat, sagt hinterher: Diese Phase vor dem konkreten Aus hat mich am meisten Kraft gekostet. Als ich mich so kompromisslos gegen alles aussprechen musste, nur weil ich erkannt habe, dass ich den einen Faktor – den Partner – nicht mehr an meiner Seite haben möchte.

Wolfram ist ein netter Kerl, der weiß, was er will, der gut aussieht, dessen Leben dank seiner engzusammenhaltenden Familie und steilansteigenden Berufslaufbahn bisher reibungslos vonstatten gegangen ist. Er ist 23 und leitet gemeinsam mit dem Vater eine wirtschaftlich relevante Leuchtstoffröhrenfabrik.

Bei einem Geschäftsessen trifft er Monika – und ist hin und weg. Zwar hat Wolfram schon immer viel von Frauen gehalten – er bewundert seine Mutter, er schwärmt für attraktive Blondinen, er hat den Ruf eines wunderbaren Liebhabers –, aber so etwas wie Monika hat er noch nie gesehen. Sie ist erst 19, steht aber als Lagerverwalterin in einem Logistikunternehmen bereits ihren Mann.

»Sie war so stark. Ganz und gar stolz in ihrer Erscheinung. Ich habe sie direkt auf einen Sockel gestellt und angehimmelt. Nur ein knappes Jahr später war Monika meine Frau. Nicht nur, weil sie zu dem Zeitpunkt bereits schwanger war, das kam nur noch verstärkend dazu, ich hätte sie auch sonst vom Fleck weg geheiratet. Sie war die Liebe meines Lebens, ich war verrückt nach ihr und sie nach mir. In allen Bereichen gaben wir ein wunderbares Team ab. Besonders im Bett.«

Ronny wird geboren und nach Strich und Faden verwöhnt, sowohl von den jungen Eltern wie auch von den stolzen Großeltern, mit denen das Paar sich ein Haus teilt. Damit Monika, die großen Wert auf Selbständigkeit legt, nicht als Hausfrau und Mutter versauert, bekommt sie einen Büroposten in der firmeneigenen Exportverwaltung. Schon immer waren Verantwortung füreinander und absolute Zuverlässigkeit die unerschütterlichen Stützpfeiler in Wolframs Familie.

Die Firma wirft Profit ab, und mit 26 kann Wolfram seiner kleinen Familie schon ein schmuckes Eigenheim bauen. So plätschert das Leben einige Jahre dahin. Kleine finanzielle Engpässe und geschäftliche Probleme hat man immer irgendwie in den Griff bekommen, gemeinsam, versteht sich. Man kann sich einiges leisten: nette Autos, zweimal im Jahr in den Urlaub fahren, fröhliche Feiern im großen Freundeskreis.

Acht Jahre nach Ronny kommt Pia auf die Welt. Jetzt sind sie zu viert und eine klassische Bilderbuchfamilie. Wenn Wolfram zu diesem Zeitpunkt gefragt wird, wie es ihm geht, antwortet er geradewegs, er sei der glücklichste Mann auf der Welt.

Das Leben ist wie ein großes Gemälde, und beide Partner stehen im Mittelpunkt, eingerahmt von allem, was ihnen wichtig ist: die Kinder, das Haus, die Erinnerungen, der geplante Urlaub, die Kredite, der Alltag, die Routine, der Freundeskreis, die warmen Füße unter der Decke ... Es ist ein sehr buntes Bild.

Doch nun möchte der eine den anderen aus diesem Leben ausradieren. Was bleibt? Eine große, leere Stelle. Und alle Dinge scheinen auf einmal am falschen Platz zu sein, wirken asymmetrisch und instabil.

Das Gesamtbild ist unwiederbringlich zerstört. Den ehemaligen Partnern bleibt nichts anderes übrig, als jeder für sich einen neuen Entwurf zu kreieren. Man weiß nicht, wie er aussehen wird. Zuerst wird man sich allein auf einer großen weißen Fläche befinden. Welche bunten Dinge sich dann irgendwann wieder um einen herum versammeln, lässt sich beim besten Willen nicht voraussehen.

Die Kinder, die Familie und ein Teil der Freunde werden sicher wieder mit von der Partie sein. Aber wahrscheinlich an ganz anderer Stelle, denn auch das Verhältnis zu den engsten Vertrauten wird sich neu ergeben müssen, wird eine neue Form oder eine andere Einfärbung bekommen. Schließlich wirft die Trennung auch Fragen auf, die nicht nur unmittelbar die Beziehung zum Partner betreffen. Man beginnt, in der eigenen Kindheit nach Gründen und Erklärungen zu suchen. Es wird an der Tauglichkeit als Elternteil gezweifelt, den Freunden misstraut – und manches Mal nicht zu Unrecht.

So etwas macht Angst. Man forscht nach Alternativen, die es einem entweder ermöglichen, den Trennungsentschluss zu revidieren, oder so etwas wie eine Garantie geben, dass die Entscheidung sich als hundertprozentig richtig erweisen wird.

Diese Suche kann nur vergeblich sein.

Es gibt zu viele Unbekannte, um eine Nummer-sicher-Sache daraus zu machen. Man kann überhaupt nicht wissen, wie der Partner reagieren wird. Vielleicht mutiert die lamm-fromme Gattin, wenn sie verletzt wird und verzweifelt ist, auf einmal zur rachsüchtigen Intrigantin mit kriminellem Potenzial. Ebenso kam schon mancher prügelnde Ehemann plötzlich reumütig zu Kreuze gekrochen, um mit leisen, liebevollen Gesten die Trennung zu verhindern.

Zudem ist auch nicht abzuschätzen, wie man selbst durch die Sache kommt. Eventuell hält man das alles nicht aus, wird krank und schwach, ist auf Hilfe angewiesen. Es ist aber ebenso gut möglich, dass man viel stärker ist, als man es jemals vermutet hat. Oder beides auf einmal. Oder abwechselnd. Oder etwas ganz anderes.

Fest steht nur: Nichts wird mehr sein, wie es war.

Eine ermutigende Erkenntnis ist jedoch: Die meisten Menschen kämpfen zwar in dieser »Vorher«-Phase mit massiven Sorgen und Zweifeln, sie fühlen sich schlecht, schwach und am Ende. Sie haben Angst davor, hinterher als halbe Portion dazustehen. Einige Monate nach vollzogener Trennung fühlen sich jedoch die meisten Verlassenden stärker, an Erfahrung reicher und »endlich ganz«.

Wann ist es aus?

Der Berliner Psychologe und Autor Dietmar Stiemerling [1] hat sich in seiner langjährigen Tätigkeit als Therapeut mit chronisch gestörten Zweierbeziehungen befasst. Er trifft in der Beratung nicht nur auf Menschen, denen er zur Klärung ihrer gemeinsamen Probleme verhelfen will, sondern auch auf Paare, die es trotz destruktiver Beziehung nicht schaffen, sich zu trennen.

Jeder kennt wahrscheinlich diese unglücklichen Zweierkonstellationen, wo man kopfschüttelnd daneben steht und denkt: »Warum sind die denn überhaupt noch zusammen?« Doch die Betroffenen scheinen nichts von ihrem eigenen Unglück mitzubekommen. Dietmar Stiemerling berät solche Paare, und er hält die Beendigung einer unglücklichen Beziehung für unabdingbar, er fordert sie geradezu: »Wenn die Summe an Leid und Elend die wenigen Befriedigungsmomente bei weitem überschreitet, ist eine Aufrechterhaltung der Partnerschaft moralisch nicht mehr zu rechtfertigen.« Da dreht sich alles um 180 Grad. Da macht der Beziehungsexperte die Trennung, die sonst als egoistisch verpönt ist, auf einmal zum moralischen Muss.

Leben Sie in einer zerrütteten Partnerschaft?

• Schon lange hungern Sie nach wahrer Nähe, nach Zärtlichkeit und der Sicherheit, sich auf den anderen hundertprozentig verlassen zu können. Es muss nicht heißen, dass Sie sich nicht in den Arm nehmen oder Sex haben. Doch die Berührungen fühlen sich leer und mechanisch an. Die Kommunikation ist gestört, Gespräche finden nur noch oberflächlich statt. Manchmal missversteht man sich absichtlich, und es kommt Ihnen vor, als redeten Sie in verschiedenen Sprachen.
Sie fühlen sich zu zweit allein.

• Die Nähe des Partners ist Ihnen unangenehm. Wenn er verreist ist oder am Abend später kommt, fühlen Sie sich viel wohler, weil Sie endlich einmal Ihre Ruhe haben. Gemeinsame Urlaube und Wochenenden bedeuten für Sie im Grunde genommen mehr Stress als Erholung. Das meiste, was Ihr Partner sagt, halten Sie für belanglos und uninteressant. Körperliche Zuwendung gehört zum Pflichtprogramm. Manches Mal hassen Sie Ihren Partner regelrecht für seine Bedürfnisse und fühlen sich ausgenutzt, obwohl Sie sich im Klaren darüber sind, dass Sex eigentlich dazugehört und Sie Ihrem Partner etwas Wichtiges vorenthalten, wenn Sie sich verweigern.

Sie fühlen sich bedrängt.

• Ständig gibt es Streit, immer wird für alles Mögliche ein Schuldiger gesucht, meist geht es um dieselben Sachen, Kleinigkeiten à la Zahnpastatube. Und hinter all dem lautstarken Theater verbirgt sich ein nicht ausgetragener Konflikt, der aber nie wirklich zur Sprache kommt. Die Zankereien führen zu keiner Lösung, und statt sich hinterher – wie nach einem nötigen Gewitter – gelöst und frei zu fühlen, zermürbt der ewige Kleinkrieg, macht Sie vielleicht sogar krank.

Sie fühlen sich wie auf einem Schlachtfeld.

• Es kann auch sein, dass Sie resigniert haben. Da das nur oberflächliche Austragen der Konflikte zu keiner Lösung, sondern nur zu Kopfschmerzen, Tränen und Erschöpfung führt, haben Sie es aufgegeben und die Ohren auf Durchzug gestellt. Es lässt sich jedoch nicht vermeiden, dass diese »Scheiß-egal-Haltung« auf alles andere übergreift und Ihnen nach und nach das ganze Leben gleichgültig wird. Abgestumpftheit, Unempfindlichkeit, Gefühlskälte machen sich breit. Ihre Welt ist grau, das wahre Leben findet woanders statt – ohne Sie. Davon wird über kurz oder lang ihr ganzes Umfeld – also auch Kinder, Freunde und letzten Endes Sie selbst – betroffen sein.

Sie fühlen sich wie abgestorben.

• Ihr Selbstwertgefühl ist auf dem Nullpunkt, Sie zweifeln sogar an Ihrer Lebenstüchtigkeit. Ohne Ihren Partner sind

Sie ein Nichts. Es gelingt Ihnen nicht, die Anerkennung Ihres Partners zu gewinnen, immer machen Sie alles verkehrt. Obwohl Sie ahnen, dass dieses Minderwertigkeitsgefühl gar nichts mit Ihnen, sondern vielmehr mit Ihrem Verhältnis zu tun hat, trauen Sie dieser Intuition nicht. Die Argumente Ihres Partners scheinen stets überzeugender und fundierter. Sie geben ihm recht, ja, natürlich ist es Quatsch, sich in seiner Gegenwart mickrig zu fühlen, ist es nicht offensichtlich, dass er alles für Sie tut? Die Schuldgefühle, die sich wegen Ihrer unterschwelligen Vorwürfe einschleichen, machen Sie noch kleiner. Und noch abhängiger vom Zuspruch Ihres Partners. Irgendwann sind Sie selbst gar nicht mehr da.

Sie fühlen nichts mehr.

Diese Grundprobleme – Entfremdung, Ablehnung, Aggression, Resignation, ungesunde Abhängigkeit, Misstrauen, Lähmung – treten in den verschiedensten Variationen auf und haben tausend Ursachen.

Und das Fatale ist: Sie werden vom Partner meistens gar nicht wahrgenommen. Entweder hat er andere Vorstellungen und Ansprüche, oder es geht ihm genau mit diesen Problemen eigentlich ganz gut. Nicht selten rührt das daher, dass die alten Beziehungsmuster früher einmal funktioniert haben, sich dann aber einer von beiden verändert und neue Ansichten gewonnen hat. Das ist nicht schlimm, sondern im Laufe einer langjährigen Beziehung ganz normal. Niemand wird seinem Partner allen Ernstes das Recht absprechen, sich weiterentwickeln zu dürfen. Nur das Ergebnis, dass dadurch alles bisher so gut Funktionierende aus den Fugen geraten kann, ist natürlich bitter. Und dann fällt auf einmal dieser Satz: »Wir haben uns auseinandergelebt.« Davon abgesehen, dass der Ausdruck überstrapaziert wird, ist er ziemlich passend, denn er verdeutlicht, dass hinter allem keine Absicht, kein böser Plan, sondern nur das Leben selbst steckt.

Wolframs Lebensglück gerät ins Wanken, als er Angela wieder-
sieht. Seine Jugendliebe aus Teenagerzeiten, der er seine ersten
intimen Erfahrungen verdankt und die noch immer eine gefähr-
liche Mischung aus Verrücktheit und Weiblichkeit ausstrahlt. Sie
erinnert ihn an diese tiefen Gefühle, die man hat, wenn man un-
vernünftig ist und einfach nicht widerstehen kann. Wolfram ist
eigentlich zufrieden mit seiner Ehe, er liebt Monika und hat nicht
vor, sie zu betrügen. Aber er wird sich bewusst, dass es zwischen
ihm und seiner Frau diese abgründigen Emotionen nicht gibt.
Der Gedanke macht ihm ein schlechtes Gewissen, deswegen
verschweigt Wolfram das Wiedersehen und auch die weiteren
Treffen mit Angela. Gerade noch rechtzeitig zieht er dann doch
den Schlussstrich. Er ist froh, die Sache hinter sich gebracht zu
haben und seiner Frau noch ins Gesicht sehen zu können. Doch
er irrt sich.

Vier Wochen später erfährt er von Angelas Selbstmord. Es
haut ihn komplett um. Nicht nur, dass er sich Vorwürfe macht, die
Frau im falschen Moment von sich gewiesen zu haben, das ist
es nicht allein. Es wird ihm auf einmal bewusst, wie oberflächlich
seine kleine heile Welt doch ist, in der er sich so sorgenfrei all die
Jahre bewegt hat. Wolfram beginnt sich zu verändern, er wird
grüblerisch, er hinterfragt den Sinn seines Lebens.

Natürlich bleibt Monika diese 180-Grad-Wendung ihres Man-
nes, mit dem sie immerhin schon seit mehr als zehn Jahren verheiratet ist, nicht verborgen. Als ihr eine Bekannte erzählt, dass
Wolfram mit dieser »verrückten Selbstmörderin« gesehen worden
war, bastelt sich Monika eine eigene Wahrheit zusammen.

»Als sie mir auf den Kopf zusagte, ich hätte sie mit Angela
betrogen, konnte ich nur schwach widersprechen. Denn obwohl
es zwischen mir und meiner Jugendliebe zu keinerlei Sex gekommen ist, hatte ich Monika schon irgendwie hintergangen,
indem ich ihr nichts von meinen neu entdeckten Sehnsüchten
und beängstigenden Zweifeln erzählt habe. Ich habe mich darauf
beschränkt, den Seitensprung abzustreiten, doch von meiner

Trauer und meinen Schuldgefühlen habe ich kein Wort erwähnt. Es war also nicht verwunderlich, dass Monika die ganze Sache mehr als suspekt erschien. Wer weiß, hätte ich damals den Mut gehabt, mich ihr ganz zu öffnen, dann wäre vielleicht alles anders gekommen.«

Doch Wolfram schweigt, und die Ehe beginnt nach dieser Geschichte an Festigkeit zu verlieren. Obwohl das Thema irgendwann vom Tisch ist, bleibt etwas Ungutes zurück. Monika wird unzufrieden. Als die kleine Pia in die Schule kommt, will Monika eine Boutique in der Einkaufspassage einer Nachbarstadt eröffnen. Dieser Wunsch nach Eigenständigkeit sprengt den festen Rahmen des gutfunktionierenden Familiengefüges. Wolframs Eltern haben Bedenken, halten diesen Schritt für unnötig und riskant, schließlich habe Monika doch ihren perfekten Job in der sicheren Firma und sie mache ihre Sache gut, worüber alle glücklich seien. Doch Wolfram unterstützt seine Frau und kann die Sippe überreden, die Veränderung mit gemeinsamen Kräften zu meistern. Die Einrichtung und Ausstattung des kleinen Modeladens wird aus der Firmenkasse vorfinanziert, die Kinder sind reihum in der Familie bestens versorgt, und damit Monika an den Wochenenden etwas Zeit für Privates hat, bezahlt Wolfram noch eine Aushilfskraft für den Samstag.

»Ich habe wirklich mein Bestes gegeben, auch wenn ich mich manchmal heimlich geärgert habe, wenn sie so viel Zeit in ihrem Laden verbrachte, statt bei mir und den Kindern zu sein. Am meisten wurmte es mich, wenn sie von den jungen Modevertretern sprach, von denen sie bei den Einkaufsgesprächen immer zum Essen eingeladen wurde. Das war mir alles so fremd, obwohl ich ja selbst Geschäftsmann bin und diese Gepflogenheiten kenne. Doch meine Frau Monika inmitten von blutjungen Schnöseln, das mochte ich mir nicht vorstellen. Ich hätte mich selbst ohrfeigen können für diese alberne Eifersucht und versuchte, mein Misstrauen zu verstecken und mit besonders liebevoller Zuwendung dem unguten Gefühl entgegenzuwirken.«

Aber die Rosen und Geschenke scheinen nichts zu bewirken, Monika wird immer unnahbarer, verweigert sich sogar im Bett, was bislang noch nie geschehen war und bei Wolfram die Alarmglocken schrillen lässt. Er bucht eine Reise nach Venedig, doch ausgerechnet während der romantischen Gondelfahrt klingelt Monikas Handy und ihre bislang so gelangweilte Miene erhellt sich schlagartig, während sie mit einem Olaf telefoniert. Später erläutert sie mit auffälliger Beiläufigkeit, das sei ein Verkäufer aus dem Handyshop in derselben Passage neben ihrer Boutique.

Jetzt wird Wolfram alles klar. Er stellt Monika zur Rede, doch es ist zwecklos, sie hüllt sich in beleidigtes Schweigen, spielt lediglich auf seine angebliche Affäre mit Angela an. Beide reisen früher aus Italien ab. Zu Hause fährt Wolfram gleich in die Firma, um sich mit angeblich liegengebliebener Arbeit abzulenken. Er bleibt drei Tage im Büro, schläft auf der Besprechungscouch und meldet sich nicht ein einziges Mal bei Monika. Als er am dritten Abend völlig übermüdet endlich wieder die Haustür aufschließt, findet er seine verweinte Frau im abgedunkelten Wohnzimmer. Ohne dass er noch einmal nachfragen muss, beichtet sie ihm, dass sie mit eben diesem besagten Handyverkäufer Olaf eine kleine Mittagspausenaffäre begonnen hat. Wenn sie angeblich die Schaufensterdeko einkaufen ging, wenn Wolfram sie auf einer Modemesse wähnte, wenn sie ihre alte Schulfreundin besuchte, ist Monika in Wirklichkeit bei diesem Mann gewesen, hat mit ihm stundenlange Gespräche geführt über alles, was sie bewegt, hat die ungewohnte Nähe genossen und … ja, auch mit ihm geschlafen. Das Geständnis dauert keine Viertelstunde, danach dreht sich alles um Wolfram, ihm wird speiübel, in der Toilette bricht er weinend zusammen.

»Es tat so weh, ich dachte wirklich, ich müsste sterben. Meine Frau ist mit einem anderen Mann zusammengewesen. Dass sie mit ihm über Dinge gesprochen hat, die sie mir nach zwölf gemeinsamen Ehejahren lieber verschwieg, machte mir komischerweise nicht so viel aus. Aber dass sie sich ihm hingegeben hatte, warf mich völlig aus der Bahn.«

Monika schwört, die Sache mit Olaf hätte mit Liebe nichts zu tun gehabt, sie sei nur passiert, weil sie noch immer so verletzt sei wegen der Geschichte mit Angela. Ein tiefes Misstrauen wird offengelegt: Monika hat schon immer daran gezweifelt, dass ihr gutaussehender, erfolgreicher Mann auf Geschäftsreisen oder bei sonstigen Gelegenheiten wirklich alle Avancen ausschlägt. Deswegen hätte sie sich bei dem anderen Mann die Bestätigung geholt, dass sie es auch könne, wenn sie nur wolle.

Versteckte Zeichen

Neben den mehr oder weniger offensichtlichen Indizien, dass in der Partnerschaft etwas aus dem Ruder läuft, muss man auch versteckte Zeichen für die eigene Unzufriedenheit erkennen. Das klingt einfacher, als es ist, denn nur wenige Menschen können sich selbst einfach so eingestehen, dass sie die Gegenwart des ehemals so Geliebten nicht mehr ertragen können. Und selbst wenn eine oder mehrere der im vorigen Kapitel aufgezählten Beschreibungen zutreffen, muss es noch lange nicht so sein, dass man bereit ist, sich die Frustration einzugestehen. Deswegen entwickeln die meisten mit Hilfe der Psychosomatik unbewusste »Methoden«, um sich aus der Affäre zu ziehen.

Allgemeinmedizinern, Kurärzten und Orthopäden begegnen die vielfältigsten Symptome, die wie gewöhnliche Krankheiten daherkommen, in Wirklichkeit aber von den Patienten regelrecht »gebraucht« werden, um Probleme in der Partnerschaft zu umgehen. Infektionen, Hautentzündungen, Rückenschmerzen, Migräneattacken, Libidostörungen – dies alles liegt oft weder im Alter, im Hormonspiegel, in der Ernährung oder den Umweltgiften begründet, sondern in der Tatsache, dass man dem Lebensgefährten nicht mehr zu nahe kommen will. Der oft belächelte Satz: »Liebling, heute nicht, ich habe Kopfschmerzen«, lautet übersetzt: »Liebling, ich kann deine Nähe nicht mehr ertragen, aber weil ich mich nicht traue, es dir zu sagen, habe ich Kopfschmerzen.« Zweifelsohne, die gesundheitlichen Probleme sind tatsächlich da, es tut wirklich weh, und der Betroffene ist kein Simulant. Doch kommt es sehr häufig zur »Spontanheilung«, sobald der Konflikt gelöst und somit die Notwendigkeit für die Erkrankung hinfällig ist.

Nicht nur Krankheiten mit dem Ruf, seelischen Ursprungs zu sein, eignen sich als Flucht vor der ernüchternden Beziehungswahrheit. Auch sich ändernde und ins Extreme gehende Verhaltensmuster funktionieren hervorragend – bis zu einem gewissen Punkt.

Die Situation zwischen Wolfram und Monika gleicht seit Monikas Geständnis dem Desaster nach einem Bombeneinschlag, der das Paradies zerstört hat. Es macht wenig Sinn, die Überreste mühsam einzusammeln und zu flicken, nur ein Neuanfang unter anderen Voraussetzungen kann die Ehe retten.

Wolfram will das auch, er versucht fünf Monate lang, der beste, einfühlsamste, liebevollste Ehemann und Vater der Welt zu sein. Er schmeißt seinen Terminkalender um, plant mehr Zeit für die Familie ein, hilft im Haushalt mit und sucht immer wieder die Gelegenheit für intensive Gespräche mit seiner Frau. Doch etwas anderes wuchert in ihm, wird immer größer und ergreift mehr und mehr Besitz: Es sind Wut und Ekel. Ständig läuft vor seinem inneren Auge ein schlimmer Film ab, in dem er Monika mit diesem Mann sieht, dessen Gesicht er gar nicht kennt, der in seiner Phantasie aber stetig größer, männlicher, attraktiver und stärker wird. Die dunkle Seite in Wolfram zwingt ihn, diesem Mann auf die Schliche zu kommen. Auch wenn Monika sagt, dass es aus sei mit Olaf, ertappt sich Wolfram dabei, wie er ihr Handy auf eingegangene Anrufe kontrolliert, wie er abends mit seinem Wagen die Verfolgung aller in der Einkaufspassage arbeitenden Männer aufnimmt. Als Monika an einem Samstag bei den Kindern bleibt, traut er sich endlich, das Handygeschäft zu betreten. Er ist schockiert: Der Mann, der laut Namensschild Olaf sein muss, ist ein Milchbubi, ein blasser Junge mit schmalen Schultern und wenig Bartwuchs.

»Nun hatte ich endlich diesen Kerl vor mir, dem ich in meinen Racheträumen so oft den Schädel eingeschlagen hatte, und es tat noch tausendmal mehr weh, weil es ein nichtssagender Normalo war, mit dem Monika sich amüsiert hatte. Ich machte auf dem Absatz kehrt und verließ den Laden. Ich verachtete mich für diese peinliche Schnüffelei, aber noch mehr verachtete ich Monika für ihren unterirdischen Männergeschmack. Das war der Tag, an dem der Sockel, auf dem meine geliebte Frau all die Jahre gestanden hatte, endgültig zerbrach und ich aufhörte, sie zu vergöttern.«

Wolfram gibt sich einer trügerischen Schlussfolgerung hin: Wenn Monika ohnehin denkt, ich springe mit jeder Frau ins Bett, dann kann ich es auch genauso gut wirklich tun. Gelegenheiten bieten sich tatsächlich mehr als genug, und er ist erstaunt, wie leicht es ist, mit fremden oder bekannten Damen Sex zu haben. Man muss nur in Stimmung kommen, ein bisschen Party, ein bisschen Alkohol, laute Musik, dann geht das schon. Wolfram glaubt, durch diese Eskapaden irgendetwas erträglicher zu machen.

»Es mag primitiv klingen, aber ich dachte, ich könnte dem Fremdgehen meiner Frau die zerstörerische Dimension nehmen, in dem ich selbst austeste, wie schnell Frauen dazu eigentlich bereit sind. Ich wollte dadurch beweisen, dass diese Affären für Frauen nicht den Stellenwert haben, den ich hineininterpretiere. Außerdem hoffte ich, diese Sexgeschichten böten mir die Möglichkeit, die gefühlte Demütigung zu relativieren und abzuschwächen. Ich verführte manchmal gezielt Frauen von geschäftlichen Mitbewerbern oder anderen Männern, die mir das Leben ›schwer‹ machten, denn es gab mir das Gefühl, trotz allem ein Gewinner zu sein. Aber je länger und wilder ich es trieb, desto mehr wurde ich zum Verlierer.«

Nach einem halben Jahr erklärt Wolfram diese verrückte Phase für beendet, weil er die Sinnlosigkeit erkennt und seine Achtung vor Frauen gänzlich im Keller ist. Die einzig positive Bilanz nach den Monaten ist die Erkenntnis, dass Monika bei weitem nicht die Schlimmste ist. Vielleicht versteht er hier zum ersten Mal die Frauen wirklich, sie sind allesamt keine Göttinnen, sondern Menschen mit Sehnsüchten, Ängsten, Stärken und Schwächen. Vor Monikas Geständnis hatte er geglaubt, das andere Geschlecht hätte die Tugend quasi gepachtet. Nun muss er nicht mehr wütend sein, weil seine Frau ihm diese Illusion geraubt hat.

Es muss nicht immer dramatisch zugehen, wenn sich das Unterbewusstsein meldet. Oft wollen auch nur Kleinigkeiten darauf aufmerksam machen, dass etwas nicht stimmt. Bei Frauen können die monatlichen Beschwerden auf einmal heftiger und langwieriger werden. Vielleicht ist man in letzter Zeit im Betrieb nahezu unentbehrlich geworden. Die Kindererziehung nimmt einen derzeit ganz besonders in Anspruch. Man flüchtet sich in Tagträume, schwärmt immer wieder für andere, manchmal verliebt man sich sogar ein bisschen. Man will immer noch eben erst das Buch zu Ende lesen, den Film sehen, die Bügelwäsche erledigen, das Auto staubsaugen, die Grassoden aus den Gehsteigfugen kratzen – der Partner kann warten.

Das Unbewusste im Menschen ist sehr kreativ, wenn es Wege sucht, um eine heikle Tatsache zu umgehen. Und leider ist es sehr schwierig, sein eigenes Verhalten immer richtig zu deuten. Manchmal sprechen einen gute Freunde und Bekannte darauf an, doch Menschen sind auf dem Gebiet nicht nur blind, sondern auch taub. Oftmals muss erst etwas passieren, damit man diesen Abläufen auf die Schliche kommen kann.

Die Beziehung zwischen Wolfram und Monika, dem einst so vorbildlichen Ehepaar, ist trotz der Beendigung seiner Eskapaden in einem desolaten Zustand, es kommt sogar zu unschönen Szenen in der Öffentlichkeit, die das gegenseitige Misstrauen immer weiter vertiefen. Wolfram nimmt 15 Kilo ab, er schläft kaum, er kann sich nicht auf die Arbeit konzentrieren und hat Schwierigkeiten, den Kindern, die inzwischen 15 und sieben sind, unbefangen zu begegnen. Dass Monika im Gegensatz zu ihm alles im Griff zu haben scheint, verletzt ihn, er hält sie für gefühlskalt und abgebrüht.

Trotzdem halten beide an ihrer Ehe fest. Weil es so wehtut. Wenn es nicht egal ist, was man sich gegenseitig angetan hat, muss es doch Liebe sein. Warum kann es nicht irgendwann wieder so werden, wie es war? Es hat doch jahrelang bestens funktioniert. Haben sie sich nicht ein Happy End verdient?

Monika macht eine Fortbildung zur Stilberaterin und muss vier Wochen auf Schulungsreise fahren. Wolfram kann den Gedanken nicht ertragen, nicht zu wissen, was seine Frau tut. Er bittet sie, an den Wochenenden zu Besuch kommen zu dürfen, doch sie fühlt sich kontrolliert, lehnt ab und fährt allein.

Wolfram ist am Ende. Alles scheint festgefahren zu sein in einer Sackgasse aus Misstrauen, Wut, Verletztheit und etwas, das man mal Liebe genannt hat. Und doch kommt ihm der Gedanke an Trennung erst, als er Gitte kennenlernt.

»Endlich mal wieder eine Frau, der ich ohne Vorbehalte begegnen konnte, denn wir trafen uns zufällig bei einem Auffahrunfall, und ich hatte ausnahmsweise mal etwas anderes im Kopf als meine verkorkste Situation. Gitte war älter als ich, sie war schön, warmherzig und humorvoll, zudem strahlte sie etwas aus, was ich dringend vermisste: eine gewisse Gelassenheit. Wir entdeckten viele Gemeinsamkeiten, zum Beispiel steckten wir beide in einer unglücklichen Beziehung und zogen uns zum Grübeln auf denselben Waldweg zurück. Also beschlossen wir, es einmal gemeinsam zu tun. Wir trafen uns jeden Tag, gingen redend kilometerweit durch die Pampa, und irgendwann legte ich dabei ganz selbstverständlich den Arm um sie.«

Es geht nicht um Sex, das ist schon mal gut. Es geht nicht darum, Monika etwas heimzuzahlen. Es geht einfach nur darum, jemanden an der Seite zu haben, der einem gut tut und nachvollziehen kann, wie man sich fühlt.

Nach Monikas Rückkehr wird Wolfram nun umso mehr deutlich, was er in seiner Ehe schon lange vermisst. Er wagt einen letzten Versuch und schlägt seiner Frau ein romantisches Wochenende an der Ostsee vor, nur sie beide alleine, lange Spaziergänge am Strand, ausgiebige Gespräche bei gutem Essen. Aber Monika hat kein Interesse.

An diesem Abend übernachtet Wolfram das erste Mal bei Gitte, und es bleibt nicht beim zärtlichen Händchenhalten. Obwohl Wolfram während seiner »heißen Phase« so viele Frauen gehabt hat, ist es jetzt etwas völlig anderes. Das Herz ist mit im Spiel. Er weiß, mit dieser Nacht ist seine Ehe endgültig zu Ende.

Trotzdem versucht er es am nächsten Abend noch einmal mit Monika – und sein Körper spielt nicht mehr mit. Wolfram »versagt« das erste Mal in seinem Leben. Als Monika fragt, was los sei, bricht es aus ihm heraus: »Ich liebe eine andere Frau und werde mich von dir trennen!«

Ein eigentlich längst fälliger Entschluss ist ausgesprochen. Monika ist zwar traurig und schockiert – besonders das Wort »Liebe« setzt ihr gehörig zu –, doch sie akzeptiert die Entscheidung.

Kann ich uns retten?

Natürlich gibt es Chancen, die Partnerschaft auch im schlimmsten Zustand noch zu retten oder zumindest dafür zu kämpfen. Es existieren unzählige Theorien und Methoden, wie man es schaffen kann, sich zusammenzureißen. Es wird behauptet, wenn man nur sich selbst richtig liebt und mit allen verdrängten Macken akzeptiert, kann man es mit so ziemlich jedem Menschen aushalten [2]. In Illustrierten tauchen immer wieder ultimative Tipps auf, wie man der totgeglaubten Partnerschaft neues Leben einhaucht. Es klingt so leicht, man muss nur die Ansprüche runterschrauben, die Einstellung ändern, die ultimativen zehn Punkte der Liebesgarantie durcharbeiten, die astrologisch optimale Sternenkonstellation abwarten, ein paar Kilos abnehmen und zum Friseur gehen, mal wieder Rosen schenken, den Namen des anderen auf die Schulter tätowieren lassen, das Leibgericht kochen – und alles ist wieder gut.

So einfach ist es natürlich leider nicht, aber man sollte den letzten Rettungsversuch trotzdem auf jeden Fall unternehmen (selbstverständlich nur, solange keine physische und psychische Gewalt im Spiel ist). Diese Chance sollte man sich und seinem Leben gönnen. Wenn es nicht klappt, hat man nichts verloren, kann aber zu sich und allen anderen offenen Herzens sagen: »Ich habe es wirklich probiert.«

Einige gute Maßnahmen werden von Vereinen, Kirchen, Städten oder Landkreisen in Beratungsstellen kostenlos angeboten, entsprechende Adressen sind im Anhang aufgelistet. Private Therapeuten und Mediatoren kosten natürlich Geld, doch wenn das kein Problem darstellt, sind sie sicher eine gute »Investition«.

Es gibt zudem noch die Möglichkeit, eine Familien- oder Einzelkur bei der Krankenkasse zu beantragen. Wer bereits unter gesundheitlichen Beeinträchtigungen leidet und in Behandlung ist – zum Beispiel wegen Schlafstörungen, Infektanfälligkeit, Migräne, Allergien, Suchtverhalten, Depressionen –, hat gute Chancen, eine Kur mit begleitender psychologischer Betreuung genehmigt zu bekommen.

Paartherapie klingt nach einer Art Arztbesuch für die Partnerschaft, was aber nicht stimmt, denn der Therapeut erteilt keine Ratschläge, die wie Pillen oder Spritzen schnell eingenommen werden können und dann – mit ein paar Nebenwirkungen vielleicht – direkt in Fleisch und Blut übergehen und heilen.

Im Grunde genommen ist die Paartherapie eher mit dem Besuch bei einem Physiotherapeuten zu vergleichen, der im Gespräch falsche Bewegungsmuster erkennt, die sich aus einer Schonhaltung heraus oder durch schlechtes Training eingeschlichen haben. Das Paar wird nach den Sitzungen »Hausaufgaben« mitnehmen, die nicht immer einfach in ihrer Umsetzung sind. Vielleicht soll man eine Art »Beziehungs-Tagebuch« führen. Oder man muss die »Du-hast-aber-immer«- und »Nie-willst-du«-Sätze auf den Index setzen. Manchmal werden gemeinsam erlebte Traumata aufgearbeitet, oder der Therapeut lässt einen schlimmen Streit Revue passieren und unter neuen Regeln noch einmal durchspielen. Die Palette, mit der die Psychologen in den Praxen, bei den Familienberatungsstellen oder in Kurheimen arbeiten, ist bunt. Und dies kann tatsächlich aus mancher festgefahrenen Situation heraushelfen.

Doch es setzt voraus, dass beide Partner wirklich an sich arbeiten wollen. Wenn einer eigentlich ganz zufrieden mit sich und der Welt ist, wird die Sache schnell einseitig. »Mir geht es doch gut, also muss der Fehler ja bei dir liegen …« So oder ähnlich wird es zwar nicht ausgesprochen, aber im Hinterkopf ist diese Einstellung manifestiert und nur sehr schwer zu knacken.

Letztlich wird die Therapie ohnehin zu der ernüchternden Erkenntnis führen, dass man sich gegenseitig nicht ändern kann, sondern den Partner mit seiner Art akzeptieren muss – oder eben nicht. Und spätestens hier wird klar: Um wirklich etwas zu bewegen, muss man an der eigenen Lebenseinstellung arbeiten.

Zum Beispiel in der *Verhaltenstherapie*.

Warum macht es einen so rasend, wenn der Partner abends spät nach Hause kommt? Kann es sein, dass man eigentlich mit sich selbst unzufrieden ist? Ist vielleicht die Angst, verlassen zu werden, der Anlass, aus Vorsicht immer lieber selbst auf Distanz zu gehen?

In der Psychotherapie muss man sich selbst einige unangenehme Fragen stellen und nach und nach beantworten. Es gilt, Verhaltensmuster zu analysieren und aufzubrechen. Z. B.: Was passiert, wenn ich einfach mal die Sachen meines Partners in der Wohnung rumliegen lasse, bis es ihn selbst stört – statt immer hinter ihm herzuräumen und wütend darüber zu sein?

Oft sind es unbewusste Ängste, die zu einem ungesunden Verhalten führen. Vielleicht fürchtet man sich davor, nicht wirklich angenommen und geliebt zu werden. Deswegen macht man täglich drei Saltos rückwärts, versucht fehlerlos zu sein, sorgt für den perfekten Ablauf zu Hause, sagt nie nein, wenn man um einen Gefallen gebeten wird. Zeitgleich aber ist man sauer, dass der andere dies alles »von einem verlangt«. Wenn man jedoch die ursprüngliche Angst, nicht geliebt zu werden, überwindet, dann hat die Beziehung eine reelle Chance, unter neuen Vorzeichen gut zu funktionieren.

Hier kommt wieder das Aber: Natürlich bringt ein eingehendes Studium der Verhaltensmuster nur etwas, wenn die Problematik einer Beziehung größtenteils auf derartig einseitigem »Fehlverhalten« basiert. Doch dies ist nur sehr selten der Fall.

Etwas schwarzhumorig kann man sagen: Eine glückliche Beziehung gibt es nur dann, wenn die Neurosen der Partner gut zueinander passen. Wenn also ein Helfersyndrom auf einen Hypochonder trifft. Oder ein Despot auf Unentschlossenheit. Dieses eigentlich funktionierende Verhältnis ändert sich in dem Moment, wo einer von beiden seine »Macke« in den

Griff kriegt und sich davon befreien will. Das Helfersyndrom entwickelt zum Beispiel endlich einen gesunden Egoismus, oder der Hypochonder will nicht mehr von der Anteilnahme anderer abhängig sein – schon kracht es. Während der »Geheilte« die Beziehung auf einmal als unzumutbar empfindet, versteht der »Stehengebliebene« die Welt nicht mehr. Warum soll auf einmal alles, was vorher richtig war, nun so schrecklich geworden sein?

Eine Einzeltherapie zur Rettung der Beziehung ist in einem solchen Fall sinnlos, da sich die Konstellation grundlegend geändert hat. Nur wenn der andere seinerseits bereit ist, die persönlichen Verhaltensmuster zu ändern, kann beiderseitige Zufriedenheit herrschen. Doch bis dahin befinden sich die Partner auf vollkommen verschiedenen Ebenen.

Eine Art »Gleichstand« kann man bei der *Mediation* erlangen.

Diese Form von geleitetem Beziehungsgespräch wird oft mit einer Paartherapie verwechselt. Während ein Psychotherapeut aktiv in die Paarbeziehung einzugreifen versucht, sieht sich ein Mediator eher in der Rolle eines Dolmetschers. Dabei fungiert der Gesprächsleiter nicht unparteiisch, sondern vielmehr allparteilich, da frei nach Tucholsky »die Streitenden erst einmal wissen sollten, dass nie einer ganz recht hat und einer ganz unrecht«. [3]

Die Oldenburger Mediatorin Ulrike Flügge beschreibt ihre Arbeit mit Paaren so: »Oft stehen die Parteien kurz vor dem verbalen Verhungern, sie verzehren sich nach einem klärenden, aber fairen Gespräch, wissen aber, dass sie es zu zweit nicht schaffen können.«

In mehreren Sitzungen wird dann in erster Linie geredet und zugehört. Meist hat der, dem es in der Krise schlechter geht, das größere Bedürfnis, über sich und seine Empfindungen zu reden. Und nicht selten scheint es dem anderen fast unerträglich, dabei zuzuhören. Der Mediator filtert jedoch die gemachten Aussagen, löst Verletzendes und Missverständliches heraus und gibt es dann weiter, Paraphrasieren nennt man das.

Der Mediator unterstützt beide Partner dabei, in Konflikten ganz bei sich zu bleiben. Schnell können aus konfliktfördernden »Du-Botschaften« konsensfördernde »Ich-Botschaften« werden. Schuldfragen bleiben in den Sitzungen außen vor, nicht die Vergangenheit, sondern die Gegenwart und Zukunft sind Thema. Ziel ist es, das Paar zum Experten seiner eigenen Problematik zu machen und selbständig einen Konsens finden zu lassen, der zukunftsfähig ist. Diese Vereinbarung wird wie ein Vertrag schriftlich festgelegt und soll in der Beziehung ein verbindlicher Leitfaden sein.

Die Erfahrung zeigt, dass Paare, die gemeinsam in respektvoller Zusammenarbeit eine Lösung oder einen Kompromiss gefunden haben, viel eher und nachhaltiger bereit sind, sich auch daran zu halten.

Voraussetzung für eine sinnvolle Mediationsarbeit ist – mal wieder – die beiderseitige Bereitschaft, ernsthaft an der Partnerschaft zu arbeiten.

Vielleicht hilft auch eine *Trennung auf Probe*, wenn man den eigenen Gefühlen auf die Schliche und erst einmal zur Ruhe kommen will. Abstand gewinnen – und so vielleicht wieder Lust auf Nähe entdecken? Das kann natürlich gut funktionieren, jedoch nur, wenn diese Trennung auf Probe ganz akribisch reglementiert ist. Sonst besteht die Gefahr, dass man sich in einer Grauzone bewegt und bei der Gelegenheit vielleicht Verletzungen und Vertrauensbrüche begeht – oder einstecken muss.

Es sollte klar sein, dass dieser Schritt nur eine »Trennung light« darstellt, dass zwar einige Dinge für diesen Zeitraum außer Kraft gesetzt sind, aber das Fundament der Beziehung unantastbar erhalten bleiben muss.

Damit man diese Regelungen treffen kann, muss man sich natürlich erst einmal klar werden, was genau eigentlich das Fundament der Beziehung ausmacht. Treue, Loyalität und Verantwortung füreinander sind fast allen Paaren heilig und können nicht für ein paar Wochen oder Monate außer Kraft gesetzt werden. Wenn man sich für eine gewissen Zeitraum trennen will, dann sollten beide in diesem Punkt einer Meinung sein und sich auch daran halten.

Folgendes muss geregelt sein:

- Wie lange soll die Trennung auf Zeit sein?
- Wie soll die räumliche Trennung aufgeteilt werden?
- Wie und in welchem Ausmaße soll in dieser Phase Kontakt gehalten werden?
- Welche Faktoren bleiben von der Trennung unberührt?
- Welche Freiheiten sind in dieser Phase beiderseitig zu gestatten und ertragen?
- Wie will man die Erfahrungen nach Ablauf der Zeit aufarbeiten?
- Was sagt man den gemeinsamen Freunden, Kindern, Verwandten?

Außerdem muss in dieser Phase eine eingehende »Inventur in Sachen Liebe« Pflicht sein. Jeder kennt diese Paare, die sich immer wieder trennen und finden und trennen und finden, weil sie die Zeit ohne einander nicht entsprechend zur Bestandsaufnahme ihrer Gefühlslage nutzen, sondern nur ein bisschen mit der Freiheit jonglieren möchten. Hier ist Vorsicht geboten, denn schnell kann so die Option der Trennung zu einer nicht ernstzunehmenden Drohgebärde verkommen.

Das Gegenteil der Trennung auf Probe ist die sogenannte *Beziehungsklausur*, in die sich das Paar begeben kann. Man schafft sich eine neutrale, störungsfreie Umgebung, in der beide ein Wochenende oder länger gemeinsam verbringen. Vielleicht stellt ein Freund seine Wohnung zur Verfügung.

Vielleicht leistet man sich auch eine Hotelunterkunft. Aber zu bequem darf man es sich nicht machen, denn Ablenkungen sollten tunlichst vermieden werden, also sind Fernsehen, Telefon und Internet tabu. Die Kinder können bei den Großeltern untergebracht werden, das Handy wird abgestellt. Eine gemeinsame Reise an einen schönen Ort – vielleicht das Ziel der Flitterwochen – mag verlockend klingen, birgt aber die Gefahr, dass man sich vom wesentlichen Zweck entfernt. Urlaubsstimmung und Nostalgie mögen zwar der Harmonie dienlich sein, doch sie verfälschen das Bild.

Das, was man nun vorhat, kann man auch in einer tristen Kleinstadt im Irgendwo machen. Gemeinsam kochen, spazieren gehen, in alten Fotoalben blättern und die Liebesbriefe von damals vorlesen. Und reden, reden, reden …

Doch auch hier müssen vorab Regeln geschaffen werden, um Missverständnisse und Verletzungen weitestgehend zu vermeiden:

- Wie nah will man sich körperlich kommen?
- Welche Themen sollen in dieser Zeit besprochen werden? Welche nicht?
- Wie viel Zeit soll jeder für sich alleine haben?
- Wie weit darf man mit Vorwürfen gehen – wie viel davon muss man sich anhören?
- Was ist tabu?
- In welcher Form sollen die Ergebnisse der Klausur festgelegt werden?

Ziel der intensiven Zweisamkeit ist es, die Partnerschaft auf das Wesentliche zu beschränken. Wenn nur noch die da sind, auf die es ankommt, wenn keine Verpflichtungen und Gewohnheiten das Miteinander bestimmen, kann es sein, dass man sich wieder richtig nahekommt. Dass man erkennt, es gibt zu viele Dinge, die die Krise überleben sollten.

Oder man erfährt eben das Gegenteil: Dass Sprachlosigkeit, Aggression, Entfremdung und Misstrauen auch dann noch vorherrschen, wenn man sich sprichwörtlich »nackt« gegenübersteht. Dann wird an dieser Stelle wahrscheinlich auch dem anderen klar werden, dass es für die Beziehung keine Chance mehr gibt.

Diese Intensivbehandlung der Liebe kostet enorme Kraft, fordert gegenseitigen Respekt und – wie immer – die beiderseitige Bereitschaft, den Versuch zu wagen.

Dies sind verschiedene Möglichkeiten, um ernsthafte Rettungsversuche zu unternehmen. Die meisten Menschen, die sich trennen, haben das eine oder andere oder sogar nahezu alles ausprobiert. Über viele Jahre wurde geredet und an sich gearbeitet. Und dennoch musste man feststellen, dass nur die Trennung als Lebensentscheidung in Frage kam. Dies ist kein Scheitern. Alle Maßnahmen sind kein todsicheres Allheilmittel, sondern helfen letztlich nur dabei, die Beziehung auf den letzten Prüfstein zu setzen. Das Ergebnis ist hierbei offen.

Warum ist es so schwer, sich zu trennen?

Man hat alles Mögliche getan. Man ist in sich gegangen, aus sich heraus gegangen, hat es im Guten und im Bösen versucht, hat verdrängt und gegrübelt. Und immer steht am Ende der Satz: Es ist aus!

Wenn sich diese Erkenntnis so klar und deutlich herauskristallisiert, warum ist es dann immer noch so schwer, sich zu trennen? Alles spricht gegen die Beziehung, aber dennoch scheint es unerträglich, diese tatsächlich zu beenden. Woran liegt das?

Paartherapeut Dietmar Stiemerling sieht die Ursachen hierfür in der Beziehungsstruktur, die auf den verschiedenen Charakteren der Partner, den Abhängigkeitsverhältnissen und vorherigen Trennungserfahrungen basiert. Negative Erlebnisse, festgefahrene Moralvorstellungen und entmutigende Selbstzweifel ziehen sich wie ein roter Faden durch das Wesen jedes Einzelnen. Doch ein Beziehungsgeflecht kann trotz brüchigem »Material« ungemein eng und tragfähig gewebt sein.

Wer da etwas auflösen will, muss die Verstrickungen nach und nach entwirren. Das ist nur möglich, wenn man es schafft, sich seiner Gefühle bewusst zu werden, ihre Struktur zu erkennen und der Angst einen Namen zu geben. Genau jetzt, vor der eigentlichen Trennung, sollte man sich den Feind zum Freund und Vertrauten machen. Denn Angst – auch die Angst vor Trennung – hat in einer gesunden Beziehung eigentlich nichts zu suchen. Und wenn sie einem dennoch dermaßen im Nacken sitzt, ist es Zeit, sie näher kennenzulernen.

Was hindert Sie an einer Trennung?

• *Negative Beziehungserfahrungen* (z. B. Zurückweisung oder Misshandlung durch die Eltern, Erleben von Willkür, frühe Entfremdung oder Tod eines Elternteils) können sich schon in der Kindheit bei einem Menschen derart festsetzen, dass er selbst eine desolate Beziehung nur deswegen fortführt, weil er fürchtet, dieses Kindheitstrauma nicht noch einmal durchstehen zu können.

Frage hier: Wenn Sie die Trennungsentscheidung treffen, haben Sie ein Stück weit selbst die Zügel in der Hand. Sie werden nicht alleingelassen, Sie sind nicht das »Opfer«. Macht das nicht vieles anders?

• *Gestörte Abnabelungsprozesse* in der Entwicklung zum selbständigen Erwachsenen wirken sich auch auf die Beziehungsfähigkeit als Partner aus. Die Fixierung auf eine Bezugsperson und das mangelnde Selbstbewusstsein erzeugen eine starke Abhängigkeit, die eine Trennung – auch wenn sie noch so nötig ist – wie eine »Amputation« erscheinen lässt.

Frage hier: Möchten Sie die Probleme und Sorgen, die durch die Beziehungskrise regelrecht an Ihnen kleben, wirklich für immer mit sich herumtragen? Scheint Ihnen dann ein sauberer – wenn auch schmerzhafter – Schnitt nicht erträglicher?

• *Mangelnde autonome Persönlichkeitsentwicklung* ist häufig der Fall, wenn man seine »Sandkastenliebe« geheiratet oder sich zumindest schon früh an den Partner gebunden hat. Im Grunde gab es keine Phase, in der man eine Weile auf sich allein gestellt war, seinem eigenen Lebensrhythmus gefolgt und sich selbst als erwachsenem Menschen begegnet ist. Es passierte alles nahtlos, man rutschte von der Herkunftsfamilie in die neue Beziehung, bekam wichtige Dinge wie Anerkennung, Geborgenheit und Sicherheit quasi immer frei Haus geliefert. Die Trennung erscheint einem dann fast, als würde man in eine fremde Welt auswandern, ganz allein mit sich selbst, dem irgendwie unbekannten Wesen, von dem man nicht weiß, was ihm zuzumuten ist.

Frage hier: Sind Sie es nicht sich selbst und Ihrem Leben schuldig, auch einmal »allein« gewesen zu sein? Kann es nicht sein, dass Seiten an Ihnen bislang völlig unentdeckt sind – und dass Sie sich derzeit genau nach diesen Seiten sehnen?

• *Depressive Persönlichkeiten* benötigen auf fast krankhafte Weise Liebe, Anerkennung oder zumindest die Illusion, gebraucht zu werden, da sie aus sich selbst heraus keinen Lebenssinn ziehen können. Ohne die vermeintlich »bessere Hälfte« fühlen sie sich wert- und nutzlos, auch wenn es ihnen allein vielleicht besser gehen würde.

Frage hier: Wer kann Ihnen – außer dem Partner – noch das Gefühl geben, ein liebenswerter Mensch zu sein? Was ist der Grund, warum Sie trotz Ihrer Niedergeschlagenheit morgens aufstehen? Nur Ihr Partner? Oder gibt es da nicht viel mehr, weswegen es sich zu leben lohnt?

• *Defizite in der Persönlichkeit* führen dazu, dass man den anderen Menschen als eine Art Hilfs-Ich benötigt. Wenn in der Kindheit bestimmte Eigenschaften nur dürftig ausgebildet worden sind, entsteht ein Mangel – vielleicht fehlt die Gabe, sich freuen zu können, oder der gesunde Ehrgeiz ist so gut wie nicht vorhanden, Antriebsschwäche setzt den ganzen Menschen außer Kraft –, und man braucht gar nicht so sehr den Partner an sich, sondern vielmehr seine Fähigkeiten, um sich lebensfähig zu fühlen.

Frage hier: Können Sie es schaffen, diese Defizite einfach zu akzeptieren, statt sie als Mangel wahrzunehmen? Wer ist schon perfekt?

• *Konservative Einstellungen* zeigen, dass man Angst vor der Vergänglichkeit hat. Durch feste Regeln, eingefahrene Gewohnheiten und wertgeschätzte Traditionen will man für sein Dasein einen gewissen »Ewigkeitsanspruch« sichern. Hier machen es einem insbesondere Skrupel aus religiösen Gründen, z. B. das Handeln gegen das sechste Gebot »Du sollst nicht ehebrechen« schwer, eine freie Entscheidung zu treffen. Das Aus einer Ehe bedeutet also auch, dass man das feste Koordinatensystem des Lebens verlässt und sich in eine unbekannte Gefahrenzone begibt, die das Ende aller Sicherheiten sein kann.

Frage hier: An was hängen Sie in Ihrem Leben wirklich? Wenn durch eine Katastrophe auf einmal Ihr ganzes Umfeld ausgelöscht werden würde, was bliebe von Ihnen selbst übrig? Und was würden Sie retten?

• *Mangelnde Gefühlsgewissheit* – ist es überhaupt so schlimm? Vielleicht bildet man sich die Probleme einfach nur ein? Anderen geht es noch viel schlechter, aber die kriegen es trotzdem irgendwie hin … So oder ähnlich denken Menschen, die sich ihrer eigenen Gefühle nicht sicher sind. Unfähig, eine Entscheidung zu treffen, die sich dann ja vielleicht als Fehler erweisen könnte, verharren sie lieber im Althergebrachten. Das ständige Zweifeln an den eigenen Empfindungen gehört zu einem Verdrängungsmechanismus, der tief verwurzelt ist und darauf schließen lässt, dass diesem Menschen vielleicht schon in der Kindheit nicht viel Raum für eine eigene Meinung gelassen wurde.

Frage hier: Vermissen Sie Ihren Partner, wenn er nicht da ist? Überlegen Sie liebevoll, womit Sie ihm eine Freude machen können? Bedeutet es Ihnen etwas, wenn er seine Zuneigung zeigt? Wenn Sie nun alle diese Fragen nach positiven Emotionen mit nein beantwortet haben, sollten Sie sich fragen: Welches Gefühl bringt Sie dann überhaupt dazu, zu bleiben?

- *Schuldgefühle* hindern einen Menschen oft, sich aus einer Bindung zu lösen. Der Wunsch nach Eigenbestimmung und Selbständigkeit ist eng mit den negativen Begriffen Egoismus und Verantwortungslosigkeit verknüpft. Eigentlich ist es mehr die Angst vor dem eigenen schlechten Gewissen, die den Betroffenen lähmt, als die tatsächliche Sorge um den Partner.

Frage hier: Tun Sie Ihrem Partner nicht viel mehr Unrecht, wenn Sie ihm nur um Ihres Gewissens willen eine heile Welt vorspielen, obwohl er Ihnen längst egal und seine Nähe Ihnen unangenehm ist?

- *Beschönigung,* weil man sich selbst nicht eingestehen kann, dass man mit seiner Entscheidung für den anderen danebengelegen hat, hat in der Psychologie sogar einen klangvollen Namen: Theorie der kognitiven Dissonanz. Die Einsicht, dass man trotz aller Bemühungen und Anstrengungen einen Partner hat, der einfach nicht passt, einfach nichts für einen ist, stürzt den Betroffenen in einen so heftigen Konflikt, dass die Situation verklärt wird. Der andere wird besser gemacht, als er ist, das Unglück verdrängt, die Probleme werden unter den Teppich gekehrt. Insbesondere wenn Eltern und Freunde schon gewarnt haben, dass die Sache nicht gut gehen kann, schleicht sich diese Schönfärberei gern ein. Wer will schon zugeben, dass man einmal vor Liebe blind gewesen ist?

Frage hier: Ist es nicht besser, einen alten Fehler einzugestehen, statt die Folgen Tag für Tag schlimmer werden zu lassen?

• *Rollenverteilung* in der Partnerschaft bedeutet mehr als nur die Regelung, wer für den Einkauf, das Kochen und das Geldverdienen zuständig ist. Die Aufgaben, die im Miteinander zugeteilt werden, können insbesondere bei dauerhafter Beziehung zu einem festen Bestandteil der Persönlichkeit werden. Die Erfüllung der Pflichten innerhalb des Zusammenlebens schenkt das Gefühl, gebraucht zu werden, einen Zweck zu erfüllen, Bestätigung zu erhalten. Mit der Trennung werden dann einige Verhaltensmuster auf einmal sinnlos. Selbst wenn einem zum Beispiel das Putzen der gemeinsamen Toilette unangenehm war, sobald man nur noch für seinen eigenen Dreck zuständig ist, fällt etwas weg, wofür andere Dankbarkeit und Anerkennung schuldeten.

Frage hier: Können Sie sich nicht eine andere Aufgabe suchen, in der Sie sich nützlich machen und sinnvoll einsetzen können? Brauchen Sie dafür wirklich den Partner?

• *Loyalität und Treue* sind selbstverständlich gute Eigenschaften. »Bis dass der Tod euch scheidet«, »In guten und in schlechten Zeiten«, diese Sätze werden von den allermeisten bewusst ausgesprochen. Dennoch gibt es Menschen, die sich diesem Gelöbnis mehr als nur tief verpflichtet fühlen. Bis hin zur absoluten Selbstaufgabe wollen sie das Versprechen, für den anderen da zu sein und für ihn zu sorgen, einhalten.

Zuwiderhandlung bedeutet, die wichtigsten Werte wie Treue und Fairness, Mitgefühl und Dankbarkeit quasi mit Füßen zu treten. Menschen, die an sich den Anspruch stellen, gut sein zu müssen, stürzen mit der Trennungsentscheidung in einen fast existenziellen Konflikt.

Frage hier: Welche Verantwortung haben Sie sich selbst gegenüber? Was nutzt Ihnen und Ihren Angehörigen das ganze Gutsein, wenn Sie daran zugrunde gehen? Will Ihr Partner überhaupt, dass Sie sich für ihn zum Opfer machen – oder drängen Sie ihn in eine Rolle, die er vielleicht sogar ablehnt?

• *Konfliktscheue* mag wahrscheinlich sogar das eigentliche Beziehungsproblem gewesen sein, ist aber eben auch das Problem in der angestrebten Trennung. Ein Mensch, der schon in der Kindheit jeglichen Auseinandersetzungen aus dem Weg gegangen ist, der aus Angst vor Gegenworten lieber gar nichts sagt, dieser Mensch wird sowohl in der Partnerschaft wie auch bei der Beendigung derselbigen stets mit der Unfähigkeit zu ringen haben, sich und seine Interessen durchzusetzen. Erschwerend kommt hinzu, dass der Partner wahrscheinlich vor lauter Harmoniebedürfnis von der unterschwelligen Unzufriedenheit gar nichts mitbekommen hat. Vielleicht fällt er aus allen Wolken, wenn man ihm nun eröffnet, dass man die ganze Zeit etwas anderes machen wollte. Wenn dem Konfliktscheuen schon der alltägliche Streit um den nicht heruntergeklappten Toilettendeckel unerträglich erschien und er deswegen lieber stillschweigend selbst den Deckel geschlossen hat, wie soll dann dieser »Mega«-Konflikt Trennung durchgestanden werden?

Frage hier: Können Sie in kleinen Dingen beginnen, Ihren Willen kundzutun, und dann die Disharmonie-Dosis kontinuierlich steigern?

Was ist das Schlimmste, was Ihnen bei einem Streit passieren kann? Und ist das nicht weniger fürchterlich als das, was

Sie gerade durchstehen? Wenn Sie sich schon nicht für sich selbst stark machen können, für wen sind Sie dann bereit zu kämpfen – vielleicht für Ihre Kinder, Ihre neue Liebe, Ihre Gesundheit?

• *Hassliebe* klingt paradox und erinnert an skandalträchtige, überdrehte Liebschaften wie die von Elizabeth Taylor und Richard Burton. Aber dennoch ist es gar nicht selten, dass Menschen bei Ihrem Partner bleiben, nicht obwohl, sondern gerade, *weil* sie ihn hassen. Gewalt und Unterdrückung sind bei vielen durch Erlebnisse in der Kindheit auf fast unerklärliche Weise mit Liebe und Sicherheit verknüpft. Sie können Geborgenheit nur empfinden, wenn sie sich in Gefahr wähnen – und oft ist die Ursache für diese gegensätzlichen Emotionen ein und derselbe Mensch. So verharrt man trotz psychischen und physischen Angriffen beim gehassten Liebespartner. Und eine Trennung bedeutet hier tatsächlich eine existenzielle Bedrohung, vor der man nur sicher ist, wenn man bleibt.

Frage hier: Ist langfristig die Gefahr zu gehen nicht kleiner, als die Gefahr zu bleiben?

• *Hoffnung* darauf, dass es irgendwann besser wird, ist verständlich. Wenn man sich nur genug anstrengt, wenn man sich nur ändert – oder der andere dies tut –, dann ist man in der Beziehung am Ziel angekommen und wird endlich glücklich miteinander. Dann winkt nach all den Anstrengungen die Belohnung, dann brechen nach den schlechten endlich die guten Tage an. Es wird sich auszahlen, wenn man nur durchhält. Wie viele alte Paare sitzen friedlich nebeneinander auf der Parkbank – und die hatten bestimmt auch nicht jeden Tag Sonnenschein.

Die Partnerschaft soll funktionieren wie eine Firma, in die man investiert, viel Arbeit und Fleiß und Kraft steckt, um dann in der Zukunft die reifen Früchte zu ernten. Doch die

Liebe lebt im Hier und Jetzt, vertröstet man sie immer auf später, wird sie verkümmern.

Frage hier: Werden die Schuldigkeiten, die Sie Tag für Tag aufhäufen, nicht immer mehr? Sind die Rechnungen, die Sie dann einmal begleichen wollen, nicht jetzt schon unbezahlbar hoch?

Es gibt viele Gründe, die einen daran hindern, einen Schlussstrich unter die Beziehung zu ziehen. Einige erscheinen vielleicht absolut oder zumindest entfernt bekannt, andere wiederum hanebüchen.

Trennungsangst ist zutiefst menschlich und erfüllt einen ehrenwerten Zweck, nämlich, dass die Menschen nicht bei jeder Zankerei gleich das Handtuch werfen. Wenn daraus eine regelrechte Trennungsunfähigkeit wächst, so liegen die Gründe gar nicht in der eigentlichen, ausweglos erscheinenden Situation, sondern ganz woanders, wahrscheinlich in der Kindheit und Jugend.

In den Tagen, nachdem Wolfram die Trennung ausgesprochen hat, lenken sich beide geradezu geschäftig mit organisatorischen Dingen ab. Wolfram überlässt Frau und Kindern das Haus und nimmt sich eine Wohnung in der Stadt. Sie klären den Unterhaltsanspruch einvernehmlich und informieren gemeinsam die Kinder, Eltern und engsten Freunde. Unerwarteterweise treffen sie bei den meisten Mitmenschen auf Verständnis und Zustimmung, viele aus dem Bekanntenkreis haben im Gegensatz zu ihnen die Trennung schon lange kommen sehen. Auch die eigenen Eltern können es nachvollziehen, erzählen sogar von ihren eigenen Krisen, die man nur aus Vernunftgründen mehr oder weniger erfolgreich überwunden hat. Davon hat Wolfram nie etwas geahnt – zumindest nicht bewusst. Ihm wird immer deutlicher, dass sein Bild von der heilen, zusammengehörenden Familie nie ganz der Realität entsprochen hat. Das tut weh, aber es ist zum jetzigen Zeitpunkt auch eine heilsame Erkenntnis.

Lange haben sich Wolfram und Monika nicht mehr so gut verstanden wie bei der Umsetzung ihrer Trennung.

Zuerst ist Wolfram froh über diesen vernünftigen Umgang und sieht optimistisch in die neue Zukunft. Doch dann kommt der erste Abend allein in seiner neuen Wohnung. So klein und so eng, so zusammengewürfelt eingerichtet. Es wird ihm schmerzhaft bewusst, dass das, was man durch eine Trennung verliert, viel reeller ist als das, was man vielleicht irgendwann einmal dadurch gewinnt. Alles lief so reibungslos, aber warum? Es quält ihn, dass Monika nicht eine Sekunde um ihn gekämpft hat. Wenn er seine Bemühungen in der Zeit nach ihrem »Geständnis« mit ihrem fast schon kalkulierten Vorgehen nach der Trennung vergleicht, dann fühlt er sich leer. So sang- und klanglos hatten sie sich nach immerhin 16 gemeinsamen Jahren voneinander verabschiedet.

Die Zweifel, ob er richtig gehandelt hat, werden nicht schwächer, auch nicht, als Gitte nach Einsatz aller Überredungskünste bei ihm einzieht. Wolfram entdeckt Gittes Macken – sie ist so unorganisiert und chaotisch im Vergleich zu Monika –, er vermisst seine Kinder, er vermisst die Familienidylle der vergangenen Tage, auch wenn sie wahrscheinlich immer irgendwie trügerisch gewesen ist.

Den größten Tritt in die Magengegend verpasst Monika ihm mit ihrer Entscheidung, das Familienhaus verkaufen und mit den Kindern in die Nähe ihres Ladens ziehen zu wollen. Natürlich ist das vernünftig, natürlich leuchtet es ein, dass sie lieber einen kompletten Neustart wagen möchte, als in den Räumen der Vergangenheit zu leben. Aber es tut verdammt weh.

Das ist nun ein Dreivierteljahr her. Morgens macht Wolfram einen Umweg zur Arbeit, um nicht am inzwischen leerstehenden Haus vorbeifahren zu müssen. Gitte ist zwar immer für ihn da, schenkt ihm Liebe und ihre unermüdliche Bereitschaft zum Zuhören, doch Monika ruft ihn so gut wie nie an. Die Kinder kommen mit der Situation klar, weil beide es schaffen, trotz allem gute Eltern zu bleiben.

Aber Wolfram geht es schlecht.

»Manchmal möchte ich so gern die Zeit zurückdrehen und alles anders machen. Doch dann weiß ich gar nicht, wann unsere Probleme überhaupt begonnen haben. Wahrscheinlich reichen die Wurzeln für unser Scheitern schon in die Zeit zurück, als wir noch glaubten, glücklich zu sein. Ich liebe Monika noch immer für das, was wir gemeinsam hatten. Doch mir ist leider klar, es hat trotzdem keine Zukunft für uns gegeben. Früher dachte ich immer, Liebe reicht aus. Heute weiß ich, dass das nicht stimmt. Wenn Vertrauen und Güte nicht mehr vorhanden sind, steht die Liebe auf verlorenem Posten.«

Eine Trennung ist nicht zuletzt deswegen so schmerzhaft, weil man sich von vielen Illusionen verabschieden muss. Die Liebe, und mag sie noch so groß sein, reicht eben nicht aus. Genauso wenig können Haus, Kinder, Geld und Auto als Garant für ein glückliches Miteinander gesehen werden. Das Leben funktioniert anders. Und wenn eine Beziehung nicht mehr gut tut, so muss sie beendet werden. Das macht die Sache zwar nicht unbedingt leichter, ändert aber die Sichtweise.

44 % hätten nie gedacht, dass ihre Beziehung einmal scheitern könnte

Nicht die Trennung ist derzeit das relevante Problem, auch nicht der Noch-Partner, sondern die ganz persönliche Einstellung, die die Betroffenen dazu haben. Eine neue Zukunft ohne unrealistische Ansprüche und damit zwangsläufig vorprogrammierte Enttäuschungen kann auch die Chance sein, sich selbst näher kennenzulernen – und zufriedener zu werden.

Sehen Sie klar

- Es ist völlig normal und verständlich, dass der Gedanke an Trennung Angst und Unsicherheit bei Ihnen auslöst.
- Eine desolate Beziehung *soll* nicht nur – sie *muss* beendet werden, im Interesse aller Beteiligten.
- Rettungsversuche machen nur Sinn, wenn beide ernsthaft an sich arbeiten wollen.
- Rettungsversuche können die Beziehung aufrechterhalten – oder die Trennung nahelegen.
- Erkennen Sie die Zeichen Ihres Unterbewusstseins, körperliche Symptome und extreme Verhaltensmuster können Signale für Ihre Unzufriedenheit sein.
- Die Trennung kann sowohl ein Ende wie auch einen Neuanfang bedeuten, wenn Sie bereit sind, aus Ihren Erfahrungen zu lernen.

2. Die Vorbereitung: Stärken Sie sich selbst

Wenn man am Ende ist, geht es los

Christina mag Gerd. Er ist freundlich. Er ist mit sich selbst zufrieden. Es gibt nur selten Streit, und wenn, dann geht es um Belangloses, und einer von beiden lenkt schnell ein.

Christina und Gerd kennen sich schon seit Ewigkeiten. Sie arbeiten im selben Finanzamt einer mittelgroßen Stadt, und das gemeinsame Hobby Volleyball verbindet zusätzlich.

Ach ja, natürlich mag Gerd auch Christina. Er weiß, dass sie das weiß, warum sollte er es ihr also andauernd sagen? Es liegt doch alles so passend auf der Hand: derselbe Job, dasselbe Hobby, ähnliches Temperament.

Sie heiraten, kurz nachdem Christina ihren Beamtenstatus erlangt hat. Als das Haus, in dem sie schon seit einigen Jahren zur Miete wohnen, zum Verkauf steht, gibt es auch nicht viel zu diskutieren. Bei zwei Beamtengehältern ist es steuerlich sogar von Vorteil, wenn man Eigentum erwirbt. Und das Haus ist schön groß, liegt in einer freundlichen Siedlung am Stadtrand und hat einen Garten, in dem sich eine Kinderschaukel ganz gut machen würde.

Ab hier läuft es dann anders als geplant. Obwohl – regelrecht geplant haben Gerd und Christina bislang nichts, alles hat irgendwie immer gepasst, sich ergeben oder erschien vernünftig. Und Kinder wären eben jetzt an der Zeit gewesen. Doch nichts passiert.

Sex ist bei den beiden noch nie der treibende Faktor gewesen, natürlich tun sie es und finden es auch schön, vertraut und liebevoll miteinander zu sein. Doch richtig zur Sprache gebracht wird die Sache erst, als es darum geht, Nachwuchs zu zeugen. Obwohl es laut Auskunft der Mediziner rein körperlich schon längst hätte fruchten sollen, wird Christina nicht schwanger und der Garten stattdessen mit Gemüsebeeten ausgestattet.

Beide entscheiden sich – wie immer einvernehmlich – gegen Hormontherapien, künstliche Befruchtungen und den ganzen Zirkus. Was nicht sein soll, soll nicht sein. Und hält ihr Leben nicht genügend Möglichkeiten bereit, auch kinderlos glücklich zu sein? Gerd macht seinen Trainerschein und geht zweimal die Woche zur Sporthalle, am Sonntag fährt er auf Turniere.

Christina beschließt, ein Studium zu beginnen. Die gesicherte Arbeit auf dem Finanzamt macht ihr zwar Spaß, doch irgendwie spürt sie, dass noch etwas anderes auf sie wartet. Jetzt, wo sie mit dem Kinderwunsch abgeschlossen hat, stehen ihr mit einem Mal Türen offen, die sie vielleicht sonst gar nicht wahrgenommen hätte.

Der Studienort liegt 200 Kilometer von ihrer Heimatstadt entfernt. Zu weit, um zu pendeln. Sie nimmt sich eine kleine Wohnung, richtet sie eher spartanisch ein, denn sie will hier ja nur eine Übergangszeit verbringen, und schließt sich einer Volleyballmannschaft der Uni an. Die Treffen nach dem Training, wenn alle Spielerinnen sich in einer netten Kneipe treffen und quatschen, hat sie zu Hause nie so genossen wie hier. Denn sie ist nie allein dort gewesen. Immer sind Gerd und sie als Paar aufgetreten. Und dann entdeckt sie plötzlich: Wenn er nicht mehr als Zuschauer ihre Schmetterbälle und Aufschläge beobachtet, spielt sie auf einmal um Längen besser. Christina wird zur Topspielerin der Mannschaft. Wer hätte das gedacht? Sie selbst am wenigsten. Die Wochenenden, an denen sie zu Gerd fährt, werden seltener, die abendlichen Anrufe kürzer. Sie trennt sich von ihren hüftlangen Haaren – eigentlich hat sie das schon immer gewollt. In den Semesterferien sagt sie den Urlaub mit Gerd, der ohnehin nur halbherzig geplant war, ab. Stattdessen fährt sie mit einer kleinen Frauengruppe nach Teneriffa – ins Beachvolleyball-Camp.

Gerd beschwert sich nicht. Auch er geht in seinen Aufgaben auf und freut sich, dass Christina so viel Spaß und Erfolg hat.

Die äußere und innere Veränderung, die mit ihrem neuen Leben einhergeht, nimmt er zwar wahr, lässt sie aber unkommentiert. Da er als Trainer stets eingespannt ist, taucht er so gut wie nie in Christinas »neuem Leben« auf. Da ist er auch ein bisschen phlegmatisch – schließlich kommt sie nach dem Studium sowieso wieder zurück, warum sollte er also mit der fremden Stadt großartig warm werden?

Vielleicht hätte es so weitergehen können. Offensichtlich unglücklich sind beide nicht. Die Studienzeit nähert sich dem Ende, eine große Firma in der Heimatstadt bietet Christina einen interessanten Job an. Alles geht seinen Gang.

Doch sie ahnt etwas. Ob sie es schon immer gespürt und jahrelang verdrängt hat, kann sie nicht genau sagen, doch auf Teneriffa schlägt das Leben mit voller Wucht zu. Und zwar auf eine Art, die sie nie erwartet hätte: Christina verliebt sich, Hals über Kopf und hoffnungslos. In eine ihrer Mitspielerinnen, in Marina.

Das ist merkwürdig, unheimlich, irritierend, es passt überhaupt nicht in das Bild, das Christina sich bislang von sich selbst und ihrem Leben gemacht hat. Doch es fühlt sich wunderbar an. Deswegen wehrt sie sich nicht dagegen, auch wenn ihre Angebetete nicht die leiseste Ahnung hat und zudem in einer festen Beziehung mit einem Mann lebt. Konkrete Aussicht auf ein Happy End besteht für Christina also nicht. Aber das – so erkennt sie bald – ist auch gar nicht der springende Punkt.

Vielmehr versteht sie ihre unbekannten, aber heftigen Gefühle als Aufforderung, endlich mit dem wahren Leben zu beginnen. Sie geht mit sich selbst streng ins Gebet und erkennt, dass der Weg – ihr Weg – des geringsten Widerstandes sich zwar als angenehm und unproblematisch erwiesen hat. Doch ihre Angewohnheit, die Dinge so zu nehmen, wie sie eben kommen, bringt Christina im Grunde genommen kein einziges Stück voran. Sie ist immer noch eine nette junge Dame aus der Kleinstadt. Das war sie schon als kleines Mädchen, als Teenager und als Finanzbeamtin. Sie hat einen freundlichen Mann, ein adrettes Haus, eine gute Ausbildung – aber sie hat keine Ahnung, wer sie eigentlich ist und was sie wirklich will.

Christina macht niemandem Vorwürfe, nicht ihren Eltern, nicht Gerd, höchstens sich selbst.

»Früher habe ich nie gefragt, was ich eigentlich selbst will. Nie hinterfragte ich Dinge, die mir irgendwie nicht stimmig erschienen … niemals fragte ich mich: Ist das, was du da machst, wirklich das, was du willst?«

Als das Diplom in der Tasche, der Umzugskarton gepackt und mit der Heimatadresse versehen ist, nimmt sie sich fest vor, es auf jeden Fall noch einmal mit Gerd zu versuchen. Vielleicht hat sich ihre Beziehung durch die vier Jahre Abwesenheit ja auch weiterentwickelt. Vielleicht gelingt es ihr, mit dem Mann an ihrer Seite neue Wege zu beschreiten. Vielleicht war die Verliebtheit in eine Frau nur eine Art Alarmsignal, dass etwas geschehen muss. Ob sie diese drei »Vielleichts« eher erhofft oder fürchtet, weiß sie selbst nicht. Fest steht nur: Es kann nie wieder so sein wie vorher, dazu hat sie sich zu sehr verändert.

Doch im neuen alten Alltag zu zweit verliert Christina jeden Glauben an einen sinnvollen Fortbestand ihrer Ehe. Statt miteinander über wichtige Dinge zu reden, bleibt vieles zwischen Gerd und ihr unausgesprochen. Für das, was in Christina brodelt und tobt, gibt es gottlob das Internet. Sie knüpft Kontakte zu Frauen – erst verschämt und mit ständiger Betonung, dass sie nur eine ganz normale Freundin suche. Irgendwann traut sie sich, besucht ein paar der Chatbekanntschaften, redet sich um Kopf und Kragen, wundert sich, als sie sich das erste Mal wildtanzend in einer Lesbenkneipe wiederfindet, genießt die Zeit an all den verschiedenen Orten, die sie bei den Verabredungen besucht. Doch sie verliebt sich nicht.

Und den neuen, aufregenden Erlebnissen folgen ganz andere Phasen: Es geht Christina schlecht. Sie hasst das Doppelleben, es macht sie fertig, ihren Mann auf diese Weise zu betrügen. Je stärker sie das neue Lebensgefühl als richtig empfindet, desto mehr kommt ihr der gewohnte Alltag wie eine Lüge vor. Trotzdem schafft sie es nicht, Gerd die Wahrheit zu sagen. Sie hängt irgendwie fest zwischen Vergangenheit und Zukunft. Sie hat Angst, sie hat ein schlechtes Gewissen, sie weiß nicht mehr, wo ihr der Kopf steht.

Christina hat keine Ahnung, wie es mit ihr weitergehen soll. Bislang hat sich immer alles praktisch von selbst ergeben, doch jetzt wird sie vergeblich darauf warten müssen. Damit es besser wird, muss sie selbst aktiv werden, gegen den Strom schwimmen, statt sich wie gewohnt treiben zu lassen. Im schmerzhaften Gefühlschaos bleibt Christina eine ganze Weile »bewegungsunfähig«, doch immerhin fällt in dieser Zeit der endgültige Entschluss, sich von Gerd zu trennen.

Irgendwann ist man an dem Punkt angekommen, an dem eines klar und unumstößlich ist: Es gibt für die Beziehung keine Zukunft mehr. Für diese Erkenntnis wurde nicht selten schon eine ganze Weile gelitten.

Wahrscheinlich fühlt man sich vollkommen am Ende, ist übermüdet durch die zergrübelten Nächte, vielleicht ein paar Kilo leichter, weil das Ganze auf den Magen geschlagen ist. Die Arbeit leidet, die Wohnung leidet, die Menschen um einen herum leiden. Einen klaren Gedanken zu fassen bedeutet einen wahren Kraftakt. Man überlegt, ein EKG machen zu lassen, denn es kann doch nicht gesund sein, wenn das Herz bis sonst wohin schlägt.

Immer ist da diese Angst. Wird man die Sache überstehen? Wie denn, wenn man sich jetzt schon fühlt, als wäre man durch die Mangel gedreht worden? Eigentlich hält man sich für komplett handlungsunfähig.

Aber genau das Gegenteil ist der Fall: So schlecht es einem in diesem Augenblick auch gehen mag, es ist genau der Zustand, den es bedarf, um endlich handeln zu können.

Das Unterbewusstsein setzt alle Hebel in Bewegung, um

keinen anderen Ausweg mehr zu lassen. Im Grunde genommen sollte man sich glücklich schätzen, wenn es einem so mies geht, denn nur dann wird man den Mut haben, die Trennung wirklich durchzuziehen. Dass der Mensch in auswegslosen Situationen besonders viel Kraft und Energie freisetzt, ist Allgemeinwissen – zumindest theoretisch. Denn unsere Vorfahren brauchten die Angst und das Herzklopfen, um zu überleben. Doch entgegen den Verhaltensmustern dieser Steinzeitmenschen sollte man in diesem Fall den Energiecocktail im Blut nicht dazu nutzen, schnell und unüberlegt die Flucht nach vorn anzutreten. Auch wenn man das Gefühl hat, die Situation nicht eine Sekunde länger ertragen zu können und es nun endlich jetzt und sofort und ohne Rücksicht auf Verluste aussprechen zu müssen – besser nicht!

48 % haben sich getrennt, als sie merkten, dass es einfach kein Vor und Zurück mehr gab

Stattdessen ist es nun wichtig, Grundlagen für die Trennung zu schaffen, dafür sollte man die ganze Kraft verwenden. Denn ein neues, vernünftig vorbereitetes Fundament kann helfen, nach und nach wieder auf die Beine zu kommen.

Planung ist nicht Berechnung

Die meisten Menschen, die sich zu einer Trennung entschlossen haben, scheuen sich davor, diese dann tatsächlich in die Wege zu leiten. Aber wenn man schon einmal so weit ist, kann man sicher sein: Es wird sowieso irgendwann herausbrechen. Sobald man sich selbst eingestanden hat, dass die eigene Beziehung am Ende ist und man die Konsequenzen daraus ziehen wird, liegt die Wahrheit schon auf der Zunge.

Nun sollte man aber nicht die erstbeste Gelegenheit nutzen und es aussprechen, sondern Vorbereitungen treffen. Dies mag vielleicht berechnend klingen: Soll man den Partner noch in Sicherheit wiegen und hinter seinem Rücken bereits den Auszug in die Wege leiten? Ist das nicht schrecklich unfair?

Dazu ganz kurz und schmerzlos: Eine Trennung ist nicht fair. Das kann sie gar nicht sein, solange der eine den anderen noch liebt oder zumindest meint, dies zu tun. Wenn der Wunsch nach dem Ende nur auf einer Seite vorhanden ist, wird sich die andere Seite zwangsläufig als chancenloser Verlierer fühlen. Daran kann man nichts ändern.

Man kann und sollte es nur für sich – und damit auch für den Partner – gut vorbereiten. Man könnte es mit einer Operation vergleichen: Der Blinddarm muss raus, daran geht kein Weg vorbei. Es macht aber für alle einen großen Unterschied, ob der Eingriff langfristig vorbereitet wird – die optimale Narkose kann geplant werden, der OP-Saal wird vorbereitet, die richtigen Instrumente liegen parat, den Ärzten und Schwestern sind wichtige Informationen über den Patienten bekannt, man kann die Familie und Freunde über die Sache in Kenntnis setzen usw. – oder ob man mit einem akuten Blinddarmdurchbruch auf eine Notoperation angewiesen ist. Der Effekt ist derselbe: Der Wurmfortsatz ist entfernt, die Wunde tut weh, und der Kopf ist schwer. Doch die erste Variante, wenn die Operation in Ruhe angegangen werden konnte, wird von allen Beteiligten eindeutig als angenehmer empfunden.

33 % sagen, wenn sie gewusst hätten, wie die Trennung verläuft, dann hätten sie sich besser darauf vorbereitet

Natürlich ist ein Partner kein entzündeter Blinddarm, doch wenn jemand scheinbar aus heiterem Himmel verlassen wird, fühlt er sich nicht viel anders. Er wird als lästig, als überflüssig empfunden und mit einem Schnitt aus dem bisherigen Leben entfernt. Dieser Moment wird ihn schutzlos machen, verletzen und ihm den Boden unter den Füßen wegziehen. Es wird dem verlassenen Partner definitiv schlecht gehen.

Und da nutzt es ihm überhaupt nichts, wenn der andere genauso hilflos danebensteht. Vielmehr kann eine gewisse Sicherheit, die der Verlassende im Vorfeld durch gezielte Trennungsplanung für sich erlangt hat, auch dem Zurückbleibenden in dieser Situation ein kleiner Hinweis auf die Zukunft sein.

Inmitten der schlimmsten Orientierungslosigkeit wird Christina auf einmal klar, es kommt gar nicht darauf an, dass sie weiß, was los ist. Es ist irrelevant, ob sie lesbisch ist oder sich nur mal ausprobieren will. Das muss sie noch gar nicht beantworten, weder sich selbst noch Gerd. Sie erkennt, dass sie nur in der Lage ist, einen ersten Schritt zu gehen, und dass sie selbst nach einer Trennung immer noch meilenweit von dem entfernt sein wird, was sie einmal sein kann. Aber das ist nicht wichtig.

»Wer sagt uns, dass wir uns und unsere Gefühle auf immer und ewig festlegen müssen? Zunächst erst einmal zur Ruhe kommen, Gefühle neu erkennen und die eigenen Bedürfnisse wieder wahrnehmen, das war mir am wichtigsten. Irgendwann konnte ich auch mit dem schlechten Gewissen Gerd gegenüber besser umgehen, denn ich merkte, wenn ich ihm von meinen unklaren Perspektiven erzähle, dann schade ich ihm mehr. Ehrlichkeit gegenüber meinem Mann wäre zu diesem Zeitpunkt einfach eine Zumutung für ihn gewesen. Ich wusste doch, wie er tickt, immerhin hatten wir bislang immer nur Veränderungen gewagt, wenn uns die neuen Möglichkeiten auf dem Silbertablett serviert wurden. Ich wollte ihm erst die Wahrheit sagen, wenn ich ihm auch eine handfeste Erklärung und entsprechende Zukunftsperspektiven bieten konnte.«

Christina überlegt, was sie in diesem Moment leisten kann. Sie weiß, sie will sich eine eigene Wohnung suchen, doch dafür möchte sie sich Zeit nehmen. Es soll keine Kompromisslösung mit spartanischer Einrichtung werden, das hatte sie lange genug. Ihr neues Zuhause soll zum Bleiben gemacht sein.

Sie beginnt, die Wohnungsangebote der Zeitung zu studieren und kalkuliert mit ihrem Gehalt. Dass beide gut verdienen und keine Kinder haben, erweist sich als klarer Vorteil. Sie muss sich nicht absichern, muss keine dringenden Klärungen schaffen, eine Scheidung kann – wenn Gerd mitspielt – erst einmal auf später verschoben werden. Die Raten für den Hauskauf wird Gerd auch allein begleichen können, und da er ohnehin mehr an dem Haus hängt als sie, ist ihr klar, dass er darin wohnen bleiben kann, wenn er möchte.

Vorerst zieht sie sich aus dem gemeinsamen Schlafzimmer zurück. Eine Erkältung dient zuerst als Ausrede, das Gästebett im Arbeitszimmer zu beziehen. Doch sie bleibt dort, richtet sich nach und nach ein und hofft, dass Gerd diese räumliche Zwischenlösung akzeptiert, bis sie ihre Traumwohnung gefunden hat.

Nun ist der erste Schritt getan. Und der zieht den zweiten zwangsläufig nach sich. Früher oder später wird Gerd schon merken, dass sie weder Husten noch Schnupfen hat, aber immer noch nebenan schläft.

Natürlich hat derjenige, der sich trennen will, einen Vorsprung, denn er hat sich mit dem wesentlichen Faktor – dem Aus der Beziehung – bereits auseinandergesetzt. Dies muss aber nicht zwangsläufig bedeuten, dass man vorhat, den anderen komplett abzuhängen oder gar zu überrunden. Vielmehr kann der Verlassende eine Art Wegbereiter sein.

Darauf, dass der Partner dies genauso sehen wird, sollte man besser nicht hoffen. Aus seiner Perspektive bedeutet jede auf die Trennung hinauslaufende Planung, dass man kaltblütig und berechnend gehandelt und im Vorfeld die für sich selbst besten Möglichkeiten ausgelotet hat. Diese Vorwürfe werden mit hundertprozentiger Wahrscheinlichkeit kommen. Wenn nicht offen, dann versteckt – das Gewissen wird es auf jeden Fall zu spüren kriegen.

Wohin soll es gehen?

Eine Trennung, ein Neubeginn, ein ganz anderes Leben bedeutet natürlich auch einen Schritt ins Ungewisse. Die meisten Ziele, die man vor Augen hat, sind nur schemenhaft zu erkennen. Vielleicht ist es so, dass man nur weiß, was man nicht mehr will. Aber neue Wünsche zu erkennen, damit fühlt man sich derzeit hoffnungslos überfordert.

Insbesondere, wenn die Beziehung, in der man bis jetzt gelebt hat, sehr darauf ausgerichtet war, sich auf die Bedürfnisse des anderen einzustellen, wird diese Wendemarke ganz neue Schwierigkeiten bedeuten: Wohin will man eigentlich? Was kann man schaffen? Woran wird man scheitern? Man will einen eigenen Weg gehen, kennt aber die Richtung nicht.

Einerseits ist dies eine denkbar schlechte Voraussetzung, um bei der Trennung einen entschlossenen Eindruck zu machen. Wenn der Partner fragt: »Und was willst du denn jetzt machen?«, erhält er womöglich nur ein wenig überzeugendes Schulterzucken als Antwort.

Eine gewisse Orientierungslosigkeit ist aber völlig normal. Jetzt in Zukunftsfragen voranzupreschen ist sinnlos, denn dann landet man viel zu schnell in einer neuen Sackgasse oder an derselben Stelle, vor der man doch eigentlich hatte flüchten wollen. Wer denkt, direkt nach der Trennung müsse man glücklich sein, um sich selbst und anderen zu beweisen, dass es keine Fehlentscheidung war, setzt viel zu hohe Maßstäbe. Dann ist ein Scheitern vorprogrammiert.

Besser, man richtet den Blick auf eine Zwischenlösung. Man rechnet sich genau aus, was derzeit zu schaffen ist – und belässt es erst einmal dabei.

Es ist, als biege man aus der altbekannten Straße in den Kreisverkehr ein. Hier kurvt man nun so lange herum – ganz gemächlich natürlich, damit einem nicht schwindelig wird –, bis man irgendwann den Blinker setzen kann, weil man die richtige Ausfahrt gefunden hat. So ein Kreisverkehr ist nicht das Ziel, welches man erreichen will, manchmal gibt es Stau und Gedränge, und oft verliert man den Überblick. Er ist aber eine adäquate Möglichkeit, in einer fremden Umgebung in Bewegung zu bleiben und sich alle Richtungen offen zu halten.

Dann zieht man eben für einen gewissen Zeitraum wieder zu den Eltern oder nimmt einen nicht ganz so attraktiven Nebenjob an, um sich über Wasser zu halten. Alles ist besser, als sich eine Wohnung zu suchen, die man dann nicht bezahlen kann, oder sich bei Bewerbungen um den Traumjob eine Absage nach der anderen einzuhandeln. Es ist eben nicht die Zeit der großen Sprünge, die kann (und wird höchstwahrscheinlich) später noch kommen.

Es gibt natürlich große Ziele, die einem helfen, mit der nötigen Portion Optimismus in die Trennung zu gehen, zum Beispiel, wenn die neuen Lebensumstände Möglichkeiten eröffnen, sich weiterzuentwickeln. Seien es die beruflichen Perspektiven, die man in der alten Heimat nicht verwirklichen konnte, der eigene Geschmack bei der Wohnungseinrichtung oder die veränderte Freizeitgestaltung – solche Dinge sind auf jeden Fall erstrebenswert. Doch all das hat im Endeffekt nur eine zweitrangige Bedeutung. Ob und wie der Neuanfang gelingt oder nicht, hängt davon ab, ob man sich von alten Verhaltens- und Rollenmustern bewusst trennt, um dann Möglichkeiten zur Veränderung und vor allem Verbesserung zu finden.

Natürlich stellt man sich vor dem Trennungsgespräch einige Fragen über die Zukunft. Aber man sollte sich auch nur Fragen stellen, deren Beantwortung man in diesem Moment wirklich gewachsen ist.

Frage nach dem	So besser nicht:	So kann es gehen:
Wo?	Wo will ich den Rest meines Lebens verbringen?	Wo habe ich Raum und Sicherheit, um die Phase der Trennung/Scheidung zu bestehen?
Wie?	Wie will ich es besser machen?	Wie will ich nicht mehr leben, und worauf kann ich mich stattdessen einlassen?
	Wie viel Geld und Sicherheit habe ich zum Leben?	Mit welchen Mitteln kann ich in nächster Zeit fest rechnen?
Wann?	Wann habe ich das alles möglichst schnell geregelt?	Welchen Schritt mache ich zuerst?
Warum?	Warum passiert das ausgerechnet mir, und wer ist schuld an dem ganzen Dilemma?	Was wäre die Alternative gewesen?
Wer?	Wer ist mein Freund und wer mein Feind?	Wem möchte ich mich jetzt anvertrauen? Wer kann meinem Partner in dieser Situation eine Stütze sein?
	Wer wird nun noch an meiner Seite sein – oder werde ich immer alleine bleiben?	Was kann ich machen, um mich selbst zu mögen?
Was?	Was geschieht mit den Kindern?	Wie kann ich in dieser Phase den Kindern möglichst viel Ruhe und Sicherheit geben?
	Was passiert mit dem Haus (dem Auto, dem Kredit, dem Job …)?	Welche Kompromisse und Zwischenlösungen sind bis zur endgültigen Klärung der Lage okay?

Man braucht keine neue Satzung im Leben aufzustellen. Das kann man jetzt auch gar nicht, weil noch viel zu viel passieren wird, mit dem man in diesem Augenblick nicht im Entferntesten rechnet. Wenn es dann nicht so klappt, wie man es sich ausgemalt hat, braucht man dies nicht als Scheitern auf der ganzen Linie zu sehen. Das alles lässt sich nicht zielstrebig planen. Man sollte es sich einfach machen und nur ein paar Regeln entwerfen, die einen auf dem neuen Weg begleiten sollen. Hinweisschilder, Ampeln und Parkverbote, wenn man bei der Straßenverkehrs-Metapher bleibt. Ein festes Ziel wird man wahrscheinlich nicht oder nur sehr schwer erreichen. Man kann sich verfahren, und dann wird es aussehen, als sei die ganze Fahrt ein Flop gewesen. Und dabei war man vielleicht bereits auf dem richtigen Weg.

Überzeugen Sie zuerst sich selbst

Jeder Mensch hat das Recht – und in einigen Fällen auch die Pflicht –, sich zu trennen. Diese Aussage wurde bereits im vorigen Kapitel unter die Lupe genommen. Dennoch – und das sei an dieser Stelle ein weiteres Mal doppelt unterstrichen –, es wird alles leichter und konsequenter gelingen, wenn man von der Richtigkeit der Entscheidung überzeugt ist.

Christina hat Angst. Obwohl sie bislang alles so überlegt und ruhig angegangen ist. Sie hat Angst, Gerd zu verletzen, was sie nicht will, denn immerhin mag sie ihren Mann, er ist für sie der beste Freund. Er hat nichts wirklich falsch gemacht, und eigentlich hat er es nicht verdient, verlassen zu werden.

Sie rechnet damit, auf vielen Seiten – im alten Kollegenkreis, bei den Sportkameraden, auf Seiten der Eltern – auf Unverständnis und Vorwürfe zu stoßen. Doch sie redet mit ihren besten

Freunden über ihren Entschluss und fühlt sich von ihnen bestätigt: Wenn man sich nach Liebe sehnt, die Gefühle zum Partner aber einfach nicht mehr da sind, dann ist das ein unumstößlicher Grund, die Beziehung zu beenden. Alles andere ist falsch und zerstört das eigene Leben.

»Sich einsam zu fühlen, obwohl man in einer Partnerschaft lebt, dass ist wohl das Schmerzlichste überhaupt. Man erträgt es irgendwann nicht mehr. Mit dieser Erkenntnis fühlte ich mich schließlich gewappnet, mein schlechtes Gewissen aushalten zu können.«

An einem Abend, an dem nichts Besonderes ansteht, kein Volleyballspiel ist, kein Stress im Beruf herrscht, bittet sie Gerd um ein Gespräch.

Sie macht ein paar Kerzen an und legt Musik auf, achtet aber darauf, es nicht zu gemütlich werden zu lassen. Ihr Herz pocht, sie kann den Pulsschlag durch den ganzen Körper verfolgen, der Mund ist trocken, und die Hände zittern.

»Dementsprechend fielen die Worte nicht leicht. Ich glaube, er hat es gespürt und fragte mich plötzlich, ob ich mich trennen wolle. Das hat mir noch viel mehr die Sprache verschlagen, und mir standen die Tränen in den Augen. Ich nickte und betonte, dass ich ihm nicht wehtun wolle und niemand schuld sei, dass wir uns nur sehr weit voneinander entfernt hätten. Dass er mein bester Freund, quasi wie ein Bruder für mich geworden sei und ich ihn auch nicht verlieren wolle. Dass ich aber auf der anderen Seite diesen Zustand in unserer Art Wohngemeinschaft so nicht länger aushalten könne. Dann fing ich auch an zu erzählen, dass ich mir bereits Wohnungsanzeigen angesehen hätte und mir bisher nur der Mut fehlte, dort tatsächlich anzurufen!«

Sie sagt ihm nichts von ihren neuen Gefühlen. Die gehören nur ihr allein, die sind noch nicht gereift, um sie mit ihm zu besprechen. Sie weiß aber jetzt schon, dass sie es ihm bald sagen wird.

Es geht ihr besser nach dem Gespräch. Die Tatsache, dass es im Grunde genau so verlaufen ist, wie sie es eingeschätzt hatte, beruhigt sie. Zwar schmerzt es, Gerd leiden zu sehen – er ist traurig, wirkt hilflos und unsicher –, doch er macht Christina keine Vorwürfe. Wie es seinem eher gemäßigten Temperament entspricht, versucht er die Sache mit sich allein auszumachen. Christina ist froh, denn sie weiß, dass sie Gerd nun ohnehin keine gute Hilfe sein kann. Ihre Hoffnung, die Freundschaft zwischen ihnen zu erhalten, scheint sich zu erfüllen.

»Ich hatte geahnt, wie er reagieren würde, dafür kannte ich ihn zu gut. Aber statt Erleichterung schlich sich auch das schlechte Gewissen wieder bei mir ein, und zwar in noch viel stärkerem Maße. Seltsamerweise machte seine Reaktion, dass er nichts sagte, nicht schimpfte, stattdessen für sich alleine litt und sogar eine Art von Verständnis zeigte, mir die ganze Situation überhaupt nicht leichter, im Gegenteil. Das Gewissen pochte: Wie kannst du dich von so einem lieben Menschen trennen? Bist du so egoistisch? Bist du so undankbar? Doch ich hatte nicht ganz vergessen, wie unglücklich ich war und wie einsam ich mich seit viel zu langer Zeit fühlte. Ich musste mich immer wieder ganz bewusst daran erinnern.«

Nun kann sie sich weiter geradeaus wagen. Über das Internet erfährt sie vom Wochenendseminar einer Lesbenorganisation, in dem Frauen in ähnlicher Situation in geführten Gesprächen und Spielen mehr über sich selbst und ihre Gefühle erfahren können. Als eine Kursteilnehmerin ihr sagt, sie würde ganz schön flirten, fällt es Christina auf, dass sie schon längst bereit ist, sich auf diesen neuen Weg einzulassen, ja, dass sie es eigentlich gar nicht erwarten kann.

Kurz darauf erzählt sie auch Gerd von ihren Erfahrungen. Er fällt aus allen Wolken: Seine Frau, mit der er 15 Jahre zusammen gewesen ist, soll lesbisch sein?

Viel sagt er nicht dazu, doch Christina merkt schon, dass sich sein Verhalten verändert. Er geht auf Distanz. Und im Grunde genommen findet sie das auch sehr gut so. Der zweite Schritt ist getan.

Ein halbes Jahr später zieht sie aus. In ihre sonnige 3-Zimmer-Wohnung stellt sie nur neue Möbel. Alles Gemeinsame hat sie im Haus zurückgelassen. Gerd bietet ihr sogar seine Hilfe an, doch sie will es lieber allein schaffen.

Der Weg, auf dem man eine Beziehung verlässt, ist unsicher genug. Da ist es gut, wenn man im Punkt »Trennungsgrund« sattelfest ist.

»Man müsste erst mal gar nicht so am Boden zerstört sein, wenn man begreifen würde, dass Liebe kein Tank ist, wo man bis zum Ende der Tage immer den Saft abzapfen kann. Einige Jahre Beziehung sind doch auch schon sehr schön. Die Liebe ist eine Energie, die sich jeden Tag verändert. Ihre Endlichkeit ist allgegenwärtig. Auch das macht sie so wertvoll«, sagt die Bremer Soziologin und Gesundheitswissenschaftlerin Prof. Dr. Annelie Keil. [4] Sie beschäftigt sich seit Jahren mit der Frage, wie man sein Leben sinnvoll gestalten kann, und nennt unglückliche Beziehungen den Hauptkrankmacher unserer Zeit. Für die Heilung ist nach ihrer Erkenntnis jeder selbst zuständig, indem er die Lebenssituation entscheidend und zu seiner Zufriedenheit ändert. Dabei kann eine Trennung oft die einzige Möglichkeit sein.

»Leben, das ist der nächste kleine Schritt, den wir wagen müssen, um das bisher noch Fremde zum Vertrauten zu machen«, sagt sie. Auf Nummer sicher setzen, fest auf beiden Beinen stehen …, das klingt alles nach Vernunft – und nach Stillstand. Wer Verantwortung für sich und sein Dasein übernehmen will, der muss vorangehen, auch wenn jeder Schritt den Fall bedeuten kann. Den Fall auf die Nase, auf den Hintern, auf den Boden der Tatsachen oder aus allen Wolken. Aber dennoch ist alles besser, als auf der Stelle stehen zu bleiben. Denn das bedeutet, den nächsten Schritt zu vermeiden, ergo ein Stück weit mit dem Leben aufzuhören. Das klingt ganz anders, als sich selbst vorzuwerfen: »Ich gebe alles auf, bloß weil ich nicht in der Lage bin, den anderen weiterhin zu lieben.«

Alle scheinbaren Sicherheiten, die man bislang in einer Partnerschaft aufgebaut haben mag, können, müssen aber nicht sein. Sie mögen zwar ein Fundament bieten, aber vielleicht ist es eines, in dem die eigenen Füße einbetoniert sind.

Vor dem Trennungsgespräch braucht man Zeit, diese Erkenntnis gründlich zu verinnerlichen. Wenn möglich, sollte man für ein paar Tage ausreißen. Ein Wochenende bei einem guten Freund, ein paar Tage allein am Meer oder in den Bergen, vielleicht auch ein Besuch bei den Eltern mit Schlafstätte im eigenen Jugendzimmer. Es ist eigentlich egal, wohin man verschwindet. Hauptsache, man hat genügend Zeit und Raum, sich selbst zu überzeugen und somit zu stärken. Das ist nicht nur für einen selbst wichtig, sondern wird auch für den Partner zum Tragen kommen, wenn er fragt: »Hast du dir das denn überhaupt wirklich gut überlegt?«

Wenn man dann antwortet: »Ja, ich habe die letzten Tage dazu genutzt, intensiv mit mir ins Gebet zu gehen, und es hat meinen Entschluss noch gefestigt«, dann mag das für den anderen hart sein, ihm aber auch die tragische Hoffnung auf ein Missverständnis nehmen.

Natürlich kann man sich auch in der gemeinsamen Wohnung eine Auszeit nehmen: Schlafen im Gästezimmer, keine gemeinsamen Fernsehabende, stattdessen einsame Spaziergänge, ein Saunatag oder das Stündchen im Café. Auch stupide Tätigkeiten wie puzzeln, Unkraut jäten und putzen eignen sich zum Nachdenken. Vermeiden sollte man in jedem Fall Ablenkungen, auch dieses Buch sollte in der Zeit aus der Hand gelegt werden. Selbst das Gespräch mit der Person des Vertrauens muss jetzt nicht sein. Davor oder danach kann man reden, mit wem man will, dann sollte man auch gemeinsam Argumente durchkauen, Vergangenes interpretieren und Zukünftiges ausmalen. Doch in der Auszeit sollte man unbeeinflusst bleiben. Niemand kann die Arbeit erleichtern, zu einer inneren Überzeugung zu kommen.

Zudem kann dieser Zustand motivierenden Grübelns über das eigene Leben und die Schritte, die man wagen muss, über das Trennungsgespräch hinaus eine Bereicherung sein. Ein regelrechtes Training auf diesem Gebiet nutzt einem auch später noch immer, wenn Dinge anstehen, vor denen man lieber davonlaufen würde, statt geradewegs darauf zuzusteuern.

Inzwischen ist Christina »angekommen«. Die Trennung liegt zwei Jahre zurück. Und seit einem Jahr ist sie verknallt über beide Ohren. In Maike, eine Arbeitskollegin, die überhaupt nicht Volleyball spielen kann, dafür aber Schlagzeug. Sie schlendern Hand in Hand durch die Stadt. Sie machen kein Geheimnis aus ihrer Liebe.

Christina kümmert es nicht wirklich, was Gerd, ihre Eltern und Freunde davon halten. Es ist schließlich ihr Leben, welches sie sich bewusst ausgesucht und um das sie schwer gekämpft hat. Es ist so anders als das alte, dass jedem Mitmenschen klar sein muss: Es hätte für Christina gar keine Alternative gegeben. Der einzige Vorwurf, den sie sich manchmal macht, ist, dass sie schon eher hätte gehen sollen. Doch sie weiß auch, dies ist im Nachhinein leicht zu sagen. Man kann, wenn man mittendrin steckt, immer nur so schnell sein, wie es das Leben vorgibt.

Christina und Maike überlegen, demnächst zusammenzuziehen. Christina spielt kein Volleyball mehr, hat aber seit ein paar Monaten Gitarrenunterricht. Also schon wieder ein Richtungswechsel?

»Das kann man sehen, wie man will. Ich bin in meinem Leben angekommen, also kann ich ihm doch folgen, wohin es mich führt, oder?«

Den Dingen ins Auge blicken

Man hört und liest allerlei über Trennung und Scheidung. Begriffe wie Unterhalt, Sorgerecht und Trennungsjahr sind niemandem ganz fremd. Dass es – Gott sei Dank – seit Mitte der siebziger Jahre keine Schuldfrage mehr zu klären gibt, ist wohl auch jedem geläufig. In den Buchhandlungen sind die Regale mit den Scheidungsratgebern gut gefüllt, und im Internet wartet eine Vielzahl informativer Präsenzen auf den Besuch der frisch Getrennten.

Dennoch sollte man in der Phase vor der ausgesprochenen Trennung fachlichen Rat einholen, der sich auf den eigenen, individuellen Fall bezieht. Denn wenn der Stein erst einmal ins Rollen gebracht wurde, bleibt weder Ruhe noch Kraft, diese rein praktischen, aber so wichtigen Dinge zu regeln.

Man sollte davon ausgehen, dass nach der Aussprache mindestens drei Monate der Ausnahmezustand herrschen wird, auch wenn man jetzt denkt, es kann nicht schlimmer werden, als es im Moment ist. Zu einer Trennung gehört Trauer, egal, ob man verlassen hat oder verlassen wurde. Dieser Schmerz nimmt beide Partner in jedem Fall massiv in Beschlag.

Wie gut, wenn man dann schon Vorbereitungen getroffen hat und darauf zurückgreifen kann. Der zeitige Gang zum Anwalt, zur Bank, zum Jugendamt oder zur Beratungsstelle hilft enorm, einen realistischen Blick auf die jetzige Lebenssituation und die Möglichkeiten nach der Trennung zu wagen. Wenn man weiß, worauf man sich einlässt, was man eventuell zu befürchten hat, dann lähmen einen hinterher weder Selbstvorwürfe noch Selbstmitleid – zumindest nicht in dem Maße.

Der Paragraphendschungel im Familienrecht ist sehr dicht, dennoch gibt es immer einige Schlupflöcher, die scheinbar sichere Gesetze auf einmal wertloser machen als das Papier, auf dem sie gedruckt sind. Insbesondere im Trennungsjahr, welches einer Scheidung vorausgeht und oftmals Fragen wie

Unterhalt und Sorgerecht ungeklärt lässt, gerät manch einer in ein juristisches Niemandsland. Wer dann schon im Vorfeld für Sicherheiten gesorgt hat, läuft weniger Gefahr, neben dem ganzen Gefühlschaos auch noch persönliche und finanzielle Probleme zu bekommen.

Was aber sollte man im Vorfeld schon alles beachten?

Worauf sollten Sie im Vorfeld achten?

Kindesunterhalt

Was ist das?

Wenn Sie gemeinsame Kinder haben, so steht diesen ein monatlicher Unterhalt zu ab dem Moment, an dem die Elternteile in getrennten Wohnungen leben und einer von beiden die hauptsächliche Erziehungsarbeit leistet. Der andere Elternteil – egal ob verheiratet oder nicht – muss innerhalb der ersten Tage eines Monats pro Kind einen Betrag auf das Konto des Erziehenden überweisen. Die Höhe dieses Betrages richtet sich nach dem Einkommen des Unterhaltspflichtigen. Berechnungsgrundlage ist die »Düsseldorfer Tabelle«, die Sie beim Jugendamt oder im Internet einsehen können. Sollte der erziehende Elternteil mit einem neuen Partner zusammenziehen, so hat dies keine Auswirkung auf den Kindesunterhalt.

Was sollten Sie im Vorfeld klären?

Rechnen Sie mit Hilfe eines professionellen Beraters (Anwalt, Jugendamt, Steuerberater) aus, wie viel Sie zu zahlen bzw. an Unterhaltszahlungen zu erwarten haben. Dazu brauchen Sie alle Unterlagen, die Ihr gemeinsames Einkommen betreffen, also Lohnabrechnungen oder – bei Selbständigen – die letzten Gewinn- und Verlustrechnungen zuzüglich Bilanzen. Machen Sie sich Kopien von diesen wichtigen Dokumenten.

Womit müssen Sie schlimmstenfalls rechnen?

Die regelmäßige und pünktliche Zahlung des Kindesunterhaltes ist eine Pflicht, aber dennoch ist nicht gesagt, dass Sie – wenn Sie in Zukunft alleinerziehend sind – fest damit rechnen können. Ein wütender Expartner hat sehr viele Möglichkeiten, die Zahlung herauszuzögern, z. B. indem er sein Einkommen verändert, verschleiert oder eben ganz einfach nicht zahlt. Dann gehen unter Umständen einige Monate ins Land, in denen Sie Anträge ausfüllen und notfalls Klage einreichen müssen, bis das erste Geld tatsächlich auf dem Konto landet. Zum Glück übernimmt das Jugendamt einen Anteil in Form von Unterhaltsvorschussleistungen (aber nur sechs Jahre lang und bei Kindern unter 12 Jahren). Informieren Sie sich über die in Ihrem Fall zustehende Summe. Doch auch hier kann es einige Zeit dauern, bis der Antrag bearbeitet ist. Ein gewisses finanzielles Polster ist also in Ihrem und vor allem dem Interesse der Kinder wichtig.

Machen Sie sich klar:

Beim Kindesunterhalt geht es nicht um Ihr Geld – sondern um das Ihrer Kinder. Auch wenn Sie von Ihrem Gewissen gequält werden, Sie haben nicht das Recht, auf diese Zahlungen zu verzichten. Im Grunde würden Sie bei Verzicht sogar Ihre elterliche Sorgepflicht verletzen, denn alle Auswirkungen, die mit einem finanziellen Engpass verbunden sind, haben auch Ihre Kinder zu tragen. Wenn Sie nun mehr arbeiten müssen, gestresst oder wütend sind, Existenzängste haben, jeden Cent zweimal umdrehen müssen – Ihre Kinder bekommen das zu allererst mit. Das dürfen Sie nicht zulassen, deswegen machen Sie in Sachen Kindesunterhalt keine Kompromisse!

Und:

Denken Sie, wenn Sie die Kindererziehung übernehmen werden, auch daran, das Kindergeld ab Trennungsmonat gegebenenfalls auf Ihren Namen und Ihr Konto umzumelden. Dies können Sie mit einem formlosen Antrag bei der zuständigen Agentur für Arbeit. Sie brauchen dazu die Kindergeldnummer, die auf jeder Überweisung vermerkt ist.

Betreuungs- und Ehegattenunterhalt:

Was ist das?

Dem Elternteil, der wegen der Erziehungsarbeit gar nicht oder nur im geringen Maße ein eigenes Einkommen hat, steht von Seiten des verdienenden Expartners ein Betreuungsunterhalt zu. Allerdings nur bis zum 3. Geburtstag des jüngsten Kindes, danach muss im Einzelfall entschieden werden, in welchem Maße die Betreuung noch vonnöten ist und ob sich dies mit einer Teil- oder Vollzeitstelle vereinbaren lässt. Die Höhe des Betreuungsunterhaltes richtet sich bei verheirateten Eltern nach den ehelichen Lebensverhältnissen zum Zeitpunkt der Scheidung, bei Vater und Mutter ohne Trauschein ist das Einkommen des Unterhaltpflichtigen ausschlaggebend.

Bei kinderlosen Paaren gibt es einen Unterhaltsanspruch nur, wenn man verheiratet war. Man unterteilt diesen Anspruch in »Trennungsunterhalt« (vor dem Scheidungsurteil) und »Nachehelichen Unterhalt«. Ersterer richtet sich in der Höhe nach den während der Ehe vorliegenden Einkommensverhältnissen und der Leistungsfähigkeit der getrennt lebenden Partner. Doch nach der Scheidung sieht das seit 2008 reformierte Unterhaltsgesetz vor, dass von diesem Termin an jeder wieder für seinen eigenen Lebensunterhalt verantwortlich ist, auch wenn dies eine Einschränkung der bisherigen Lebensumstände bedeutet.

Sobald man mit einem neuen Partner in einer eheähnlichen Gemeinschaft lebt oder erneut heiratet, entfällt der Unterhaltsanspruch gegen den Expartner.

Was sollten Sie im Vorfeld klären?

Siehe Kindesunterhalt

Womit müssen Sie schlimmstenfalls rechnen?

Wenn Sie derjenige sind, der bislang ein höheres Einkommen gehabt hat, dann sollten Sie darauf bestehen, dass der Expartner sich umgehend und ernsthaft um Arbeit bemüht, sofern es ihm die Kindeserziehung betreffend möglich ist. Ein wütender, verletzter Expartner kann sich uneinsichtig zeigen und meinen, wenn er schon so schmählich verlassen wurde, könne man nicht auch noch von ihm verlangen, auf einmal mehr arbeiten zu gehen. Dann kann Ihnen der andere bis zur juristischen Klärung im Scheidungsverfahren ganz schön auf der Tasche liegen. Wenn dann noch die Abzahlungen für Kredite und die Miete sowie Anschaffungen für die eigene neue Wohnung dazukommen, wird es schnell eng.

Sollten Sie unterhaltsberechtigt sein, müssen Sie – genau wie beim Kindesunterhalt – damit rechnen, eine ganze Weile auf das Geld warten zu müssen. Wichtig ist, sofort nach der Trennung sollten Sie Ihren Anspruch auf Unterhalt per Anwalt geltend machen, denn dann steht Ihnen nach der Klärung auch rückwirkend die betreffende Summe zu.

Erkundigen Sie sich schon einmal prophylaktisch, welche finanzielle Unterstützung für Sie in Frage käme, wenn Sie erst einmal ohne Unterhalt zurechtkommen müssen. Suchen Sie sich in jedem Fall nur eine Wohnung aus, deren Miete Sie im schlimmsten Fall auch allein tragen können.

Machen Sie sich klar:

Durch eine von Ihnen herbeigeführte Trennung müssen Sie eventuell eine Herabsetzung Ihres Lebensstandards in Kauf nehmen. Andererseits ist es ohnehin absolut erstrebenswert, dass Sie sich möglichst schnell finanziell unabhängig von Ihrem Partner machen. Dies schafft nicht nur klarere Verhältnisse in Sachen Trennung, sondern auch ein positives Selbstwertgefühl. Neue Aufgaben, neue Kontakte können Ihnen über die schlimmste Zeit hinweghelfen. Sollte eine Erwerbstätigkeit nicht möglich sein, da Sie körperlich nicht mehr in der Lage sind oder in der Ehe auf eine Aus- bzw. Weiterbildung verzichtet haben und so auf dem Arbeitsmarkt weniger Chancen haben, dann sollten Sie sich unbedingt zuvor von einem Anwalt detailliert beraten lassen.

Sorge- und Umgangsrecht

Was ist das?

Sobald die Trennung auch räumlich vollzogen wird, muss die Frage geklärt sein, bei wem die Kinder in Zukunft leben werden und wie das Umgangsrecht (Besuchsrecht) zu regeln ist. Bis zur Klärung haben beide Elternteile dieselben Rechte und Pflichten. Es muss dafür gesorgt werden, dass der Kontakt zum anderen Elternteil regelmäßig und für die Kinder unproblematisch gewährleistet ist. Beide Eltern sind verpflichtet, Auseinandersetzungen nicht im Beisein der Kinder auszutragen und sämtliche Streitereien nicht auf deren Rücken zu führen. In der Regel wird nahegelegt, die Kinder mit möglichst wenigen Veränderungen zusätzlich zu belasten, das heißt, derjenige, der bislang in erster Linie die Erziehungsarbeit geleistet hat, sollte dies auch weiterhin tun, und ein Verbleiben in der gewohnten Umgebung wäre auch wünschenswert.

Derjenige, bei dem die Kinder nicht leben, hat ein Umgangsrecht – aber auch eine Umgangspflicht. In der Regel verbringen die Kinder alle 14 Tage die Wochenenden und die Hälfte der Ferienzeiten bei ihm, das Besuchsrecht kann aber ganz flexibel und individuell gestaltet werden. Für die organisatorische und finanzielle Abwicklung der An- und Abreise an den Besuchstagen ist der Umgangsberechtigte zuständig, die Häufigkeit der Besuche hat keine Auswirkung auf die Höhe des Kindesunterhaltes. Nur wenn beide Eltern trotz räumlicher Trennung gleich viel alltägliche Erziehungsarbeit leisten – zum Beispiel, wenn die Kinder in wöchentlichem Wechsel mal beim Vater und mal bei der Mutter leben –, entfällt die Unterhaltspflicht.

Was sollten Sie im Vorfeld klären?

Gehen Sie zum Jugendamt oder zur Familienberatungsstelle und reden Sie über Ihren Fall. Machen Sie sich zugunsten Ihrer Kinder möglichst frei von eigenen Ansprüchen und Gefühlen, entscheiden Sie so objektiv wie möglich, was für

Ihre Kinder auf lange Sicht das Beste ist. Wenn Sie vorhaben, sehr bald aus der gemeinsamen Wohnung auszuziehen und die Kinder mitzunehmen, dann müssen Sie sich vorher unbedingt um eine geeignete Unterkunft, eine Unterstützung in der Betreuung und die neuen Kindergarten- beziehungsweise Schulplätze kümmern. Eigentlich dürfen diese Einrichtungen keine Kinder aufnehmen, wenn nicht beide Unterschriften der Erziehungsberechtigten vorliegen, jedoch zeigen sich hier die meisten flexibel. Dennoch sollten Sie diesen Punkt schon vor dem Umzug ansprechen und klären.

Wenn Sie mit den Kindern in der Ehewohnung bleiben wollen, müssen Sie sich unbedingt zuvor bei den Beratungsstellen erkundigen, welche Schritte Sie rechtlich einleiten müssen, um einen trennungsunwilligen Partner zum Auszug zu bewegen.

Womit müssen Sie schlimmstenfalls rechnen?

Traurig, aber wahr: Nur wenige schaffen es, die Erziehungsangelegenheiten aus dem Trennungsdrama herauszuhalten. Selbst wenn der eine – und dies ist meistens derjenige, der die Trennung herbeigeführt hat – noch so guten Willens ist, in erster Linie Verantwortung und Vernunft walten zu lassen, kann der andere trotzdem die Kinder als Mittel zum Zweck nutzen. In der Praxis bedeutet das: Es wird kein Kindesunterhalt gezahlt, bei einem eventuellen Umzug werden die nötigen Unterschriften verweigert, das Umgangsrecht wird gezielt verhindert oder nicht in Anspruch genommen, die Kinder werden gegen den anderen aufgehetzt usw. Hier kann man nur Ruhe bewahren und eventuell das Jugendamt als Vermittler einschalten.

Machen Sie sich klar:

Die Trennung bedeutet eine alles umfassende Veränderung des Eltern-Kind-Verhältnisses, egal, ob die Kinder weiterhin bei Ihnen leben oder bei Ihrem Expartner. Besonders in der Phase bis zur juristischen Klärung wird der ganzen Familie sehr viel abverlangt. Sie sollten jede Kraftreserve und jedes Angebot nutzen, um trotz allem ihren Kindern so viel Sicherheit und Stärke wie möglich zu bieten.

Vermögensfrage

Was ist das?

Wenn Sie im Vorfeld keinen Ehevertrag abgeschlossen haben, dann gelten bei Ihnen automatisch die Regeln der Zugewinngemeinschaft, das heißt, alles was Sie während der Ehe an Vermögen (oder auch Schulden) erwirtschaftet haben, wird durch zwei geteilt, ausgenommen sind Erbschaften und Schenkungen. Dies ist im Prinzip eine gerechte Lösung, denn sie erkennt auch die Leistung an, die der Partner erbracht hat, der nicht erwerbstätig war, sich aber stattdessen um den Haushalt und die Kinder gekümmert hat. Ihm steht beispielsweise genau derselbe Anteil des gemeinsamen Hauses zu wie demjenigen, der all die Jahre mit seinem Gehalt die Kredite dafür abgezahlt hat. Ebenso umfasst die Vermögensfrage auch den Hausrat, das sind die beweglichen Gegenstände wie das Auto, der Fernseher, die Waschmaschine oder das Sofa. Hier wird im Zweifelsfall entschieden, wer von beiden mehr auf die Benutzung der Sache angewiesen ist.

Was sollten Sie im Vorfeld klären?

Machen Sie sich eine genaue Liste mit allen wichtigen Gegenständen und Vermögenswerten, notieren Sie sich nach Möglichkeit das Anschaffungsdatum. Kopieren Sie sich alle Kontostände, Kredit- und Kaufverträge, ebenso Unterlagen über Abschreibungsobjekte. Es kann auch sinnvoll sein, einen Gutachter durch das Haus gehen zu lassen, um den Wert der Einrichtungsgegenstände und der Immobilie unabhängig schätzen zu lassen. Wenn Sie im Laufe der Ehe etwas geschenkt bekommen haben, so gehört es Ihnen, auch wenn es ein Geschenk des Expartners gewesen ist. Dasselbe gilt natürlich im umgekehrten Fall. Am besten notieren Sie alle Dinge, die sich eindeutig einem Besitzer zuordnen lassen. Nun sollten Sie sich aus dieser Liste alles herausschreiben, was Sie unbedingt nach der Trennung behalten wollen oder müssen.

Gehen Sie zur Bank und richten Sie sich ein neues, eigenes Konto ein. Wenn auf dem gemeinsamen Familienkonto ein Guthaben ist, sollten Sie die Hälfte davon an sich selbst überweisen – natürlich nur, wenn das Konto dann nicht durch regelmäßig abgehende Zahlungen wie Krankenversicherung, Miete oder Kredittilgung in absehbarer Zukunft ins Minus rauscht. Dies ist eine sehr unangenehme Angelegenheit, doch sie kann sich später als wichtig und richtig erweisen. Keine Sorge: Sie machen nichts Illegales, Sie bereichern sich nicht, Sie nehmen sich nur das, was Ihnen zusteht. Wenn Sie in einem Tresor ein Bargelddepot oder sonstige Werte gelagert haben, nehmen Sie auch davon die Hälfte und legen sie es in einen eigenen Safe.

Die auf diese Weise gesicherten Vermögenswerte sollten Sie auf keinen Fall »auf den Kopf hauen«, sondern nach Möglichkeit erst einmal unangetastet als Finanzpolster liegen lassen.

Womit müssen Sie schlimmstenfalls rechnen?

Irgendwann geht es vielleicht gar nicht mehr um die Sachen an sich, sondern nur noch darum, dem anderen etwas wegzunehmen. Da kann der schlimmste Streit um eine hässliche und völlig wertlose Blumenvase ausbrechen, nur weil man sie dem andern nicht gönnt. Das klingt für Sie jetzt wahrscheinlich absolut lächerlich, dieses Verhalten kommt aber in den besten Familien vor. Doch viel gravierender sind die unzähligen anderen Tricks, mit denen das Vermögen auf einmal größer oder kleiner gemacht werden soll, als es eigentlich ist. Da werden Autos unter Wert verkauft, Konten gesperrt, künstlich Schulden gemacht, oder ganze Hauseinrichtungen verschwinden spurlos. Aus diesem Grund ist es so wichtig, dass Sie zuvor mit einigermaßen klarem Kopf eine genaue Aufstellung gemacht haben.

Machen Sie sich klar:

Eine Trennung bedeutet immer, dass man auch auf Dinge verzichten muss, die einem bislang zur Verfügung standen. Versuchen Sie, das Auseinandersortieren Ihres Besitzes so sachlich wie möglich zu sehen. Etwas dem anderen zu überlassen bedeutet nicht, verloren zu haben, genauso ist es kein Gewinn, wenn man etwas zugesprochen bekommt. Es ist im Prinzip nur eine Rechenaufgabe: geteilt durch zwei.

Versorgungsausgleich

Was ist das?

Bevor das Scheidungsurteil ausgesprochen wird, muss der sogenannte Versorgungsausgleich geklärt sein. Hier werden die während der Ehe geleisteten Ansprüche aus gesetzlichen oder privaten Rentenkassen einander angeglichen. Wenn der eine Partner mehr in die Altersvorsorge eingezahlt hat als der andere, so muss er später einen gewissen Anteil der Rente des Expartners tragen.

Was sollten Sie im Vorfeld klären:

Kopieren Sie alle Rentenunterlagen, auch Kapitallebensversicherungen, Verträge über die sogenannte »Riester-Rente« und Unterlagen, die Erziehungs- oder Pflegezeiten rententechnisch berücksichtigen. Lassen Sie sich von Ihrem Versicherungsträger einen kompletten Ablauf Ihrer Renteneinzahlung schicken – und, wenn möglich, auch den Ihres Expartners.

Womit müssen Sie schlimmstenfalls rechnen?

Da die Familiengerichte nur einem Scheidungsantrag stattgeben, wenn der Versorgungsausgleich geklärt ist, ist das nur allmähliche Vorlegen der Renteninformationen eine beliebte Verzögerungstaktik des scheidungsunwilligen Expartners. Deswegen ist es gut, wenn Sie bereits einige Unterlagen im Vorfeld kopiert haben. Ansonsten ist die Berechnung des Versorgungsausgleiches eine recht sichere Sache, bei der nur wenig manipuliert und getrickst werden kann.

Es ist nicht möglich, auf alle Fragen, die einen vor der Trennung quälen, die richtige Antwort zu finden. Man kann ebenso wenig alles im Vorfeld abklären. Die Auflistung der emotionalen wie juristischen Aspekte erweckt den Anschein, dass alles sehr schwer und kompliziert wird. Doch wer sich gut vorbereitet hat, wer nicht mit rosaroter Brille in die Trennung geht und glaubt, nach dem Schlusswort wird alles nur noch besser, der ist schon auf dem richtigen Weg. Und wer trotz aller dieser Wenn und Aber, trotz aller verständlichen Zweifel noch immer entschlossen ist, die Beziehung zu beenden, der wird auf jeden Fall genug Kraft und Mut besitzen, es zu schaffen.

Stärken Sie sich selbst

- Nutzen Sie den Leidensdruck, jetzt endlich die Trennung in die Wege zu leiten.
- Sprechen Sie die Trennung nicht voreilig aus, sondern nehmen Sie sich die Zeit, sich gut vorzubereiten und zu stärken – auch im Interesse Ihres Partners.
- Setzen Sie sich keine endgültigen Ziele, sondern suchen Sie nach realistischen Zwischenlösungen.
- Sie müssen sich selbst über den Wunsch nach Trennung klar werden, Ihre Motivation verstehen lernen und dazu stehen können.
- Bringen Sie schon jetzt alle Angelegenheiten in Ordnung, die bei der juristischen Trennung wichtig sind – und lassen Sie sich von Fachleuten beraten.

---

3. Die Trennung: Sprechen Sie es aus

Wann? Und wann nicht?

Einen optimalen Zeitpunkt für das Trennungsgespräch gibt es wahrscheinlich nicht. Im alltäglichen Zusammenleben steht immer noch etwas Wichtiges an – Familienfeiern, Urlaub, Besuch, Stresszeiten im Beruf, Krankheit. Aber es macht überhaupt keinen Sinn, es ist sogar unmöglich, auf alles Rücksicht zu nehmen, denn ein Herausschieben macht das Ganze nicht leichter. Im Gegenteil.

Je länger die Zeitspanne zwischen Entschluss und Aussprache dauert, desto größer wird die Kluft zwischen den Partnern. Derjenige, der den Trennungsentschluss gefasst hat, wird zwangsläufig auf Distanz gehen, selbst wenn er sich nach außen hin nichts anmerken lässt und man vielleicht sogar noch miteinander schläft. Ab dem Moment, wo man sich selbst eingestanden hat, dass es für beide keine Zukunft mehr gibt, nistet sich die Unwahrheit in der Beziehung ein.

Gut, vielleicht nimmt man noch die Hochzeit der Schwägerin mit, um des lieben Friedens willen, den Kindergeburtstag überlebt man auch noch und dann ein bisschen Weihnachten – Silvester – Halbjahreszeugnisse …

Man muss sich genau überlegen, wie lange man den Partner im Unklaren lassen kann und will. Die Vorwürfe, die er einem später für diese Lügen machen wird, die Verletzung, weil er die ganze Zeit etwas vorgespielt bekommen hat, das alles wird immer schlimmer, je länger man wartet. Genau wie im Vorfeld gilt es, nichts zu überstürzen, sollte man sich davor hüten, das Trennungsgespräch auf einen »geeigneten Zeitpunkt« zu vertagen. Denn wie gesagt: den gibt es nicht.

Gut geeignet ist ein Tag, an dem nichts Besonderes ansteht,

an dem man sich normalerweise einen gemütlichen Fernseh-
abend oder etwas in der Art gegönnt hätte.

Wenn der Partner nicht allzu nervös und misstrauisch ist,
sollte man schon ein paar Tage vorher ankündigen, dass ein
wichtiges Gespräch ansteht. Auf die Nachfrage, was es denn
so Großartiges zu besprechen gebe, sagt man dann ruhig die
Wahrheit: Man hat sich in der letzten Zeit Gedanken über die
Partnerschaft gemacht und will darüber reden. Auf weiteres
Nachhaken sollte man ausweichend reagieren. Wenn man
Kinder hat, sollte man diese unbedingt woanders – zum Beispiel bei Freunden oder den Großeltern – unterbringen.

Ob es gut oder schlecht ist, wenn man am nächsten Tag zur
Arbeit muss, darüber kann man nur spekulieren. Natürlich
werden beide in dieser Nacht schlecht schlafen
und sich am kommenden Tag alles andere als
fit fühlen. Doch wenn am folgenden Morgen
der Job wartet, haben beide wenigstens die
Option, sich dort mit alltäglichen Dingen abzulenken. Ansonsten besteht ja immer die Möglichkeit, sich
krankschreiben zu lassen. Jeder Arzt wird die psychische Belastung nach einem Trennungsgespräch als Grund für eine
Arbeitsunfähigkeit anerkennen und einen gelben Zettel ausfüllen.

60 % haben ein sach-
liches Gespräch unter
vier Augen geführt

Doch es kann auch sein, dass es keinen solchen Tag auf dem
Terminkalender gibt und es scheint, als habe man gar keine
Zeit, sich vom Partner zu trennen – was natürlich nicht selten
als Ausrede herhalten muss, weil man in Wirklichkeit tatsächlich lieber zum Mond fliegen würde. Dann sagt man die ent-
scheidenden Worte eben beim Spülmaschinenausräumen
oder bei der Fahrt vom Steuerberater nach Hause oder nach
dem fröhlichen Kegelabend.

Oft werden Trennungen auch während oder nach einem
heftigen Streit ausgesprochen. Wenn ohnehin die Fetzen
fliegen, dann kann man die Gelegenheit nutzen und Schluss

machen, oder nicht? Nachteil ist hierbei, dass die vielleicht schon lange gereifte Entscheidung in diesem Moment vom Partner als Kurzschlussreaktion begriffen und entsprechend nicht wirklich ernst genommen wird. Manchmal denkt der Verlassene noch nach Jahren, die Beziehung wäre nur gescheitert, weil es diesen unsäglichen Streit um eine Lappalie gab, selbst wenn die Partnerschaft tatsächlich schon jahrelang im Argen gelegen hat. Es ist besser, den Streit ein paar Tage sacken zu lassen, um ihn dann noch einmal aufzugreifen und zu sagen, diese Szene wäre wieder beispielhaft gewesen für die Problematik, die der Beziehung zugrunde liegt.

Wie? Und wie nicht?

Wie kriegt man die Kurve vom alltäglichen Geplauder zum alles verändernden Trennungsgespräch? Darüber zerbrechen sich die meisten Trennungswilligen den Kopf. Sie legen sich Worte zurecht, sprechen sie sich tausendmal vor dem Spiegel vor, variieren von kurz und schmerzlos bis ausgiebig und erklärend. Und je länger sie darüber nachdenken, desto mehr verlässt sie der Mut.

Solange man das wichtige Gespräch noch nicht im Vorfeld angekündigt hat, fällt der Einstieg am leichtesten, wenn man das »Schlusswort« über einen kleinen Umweg ansteuert. Gut, wenn sich das Thema Beziehung scheinbar von allein ergibt. Man kann sich vielleicht einen klassischen Scheidungs- oder Beziehungsfilm auf DVD ausleihen, z.B. »Kramer gegen Kramer«, »Der Rosenkrieg« oder »Harry und Sally«. Oder man schaut eine Reportage im Fernsehen an, in der es um das Thema geht (Sendungen über Familienprobleme haben eine recht große Zielgruppe und laufen entsprechend oft und auf allen Kanälen). Auch die großen Illustrierten und Nachrichtenmagazine bringen in regelmäßigen Abständen ellenlange Berichte mit neuesten Erkenntnissen, wissenschaftlichen Prognosen und jeder Menge Fallbeispiele. Ein oder zwei Zitate aus der Lektüre stoßen ein Beziehungsgespräch ohne viel Anstrengung an.

Eine andere Möglichkeit, ein kleines »Vorspiel« zu inszenieren: Man spricht über Paare aus dem Bekanntenkreis, die sich getrennt haben. Gemeinsam überlegt man, ob es den Betroffenen schon im Vorfeld anzumerken war, ob man die Gründe nachvollziehen kann, ob die Trennung fair oder verquer verläuft. Bei dieser Diskussion sollte man klar Stellung beziehen für die Entscheidung, eine unglückliche Beziehung zu beenden. Früher oder später beginnt man dann, sich selbst mit den anderen zu vergleichen und landet bei der eigenen Geschichte.

Natürlich fällt es trotz aller Starthilfen schwer, dem anderen schließlich ins Gesicht zu sagen, dass es aus ist. Die Verlockung ist groß, es dann doch nicht auszusprechen, es zu vertagen oder auf die lange Bank zu schieben.

Auch hier gibt es einen kleinen Trick mit großer Wirkung: Man sucht sich einen Komplizen. Wahrscheinlich gibt es bereits einen oder mehrere Freunde, denen man über das Unglück berichtet hat. Eventuell weiß auch ein enger Vertrauter, dass die Trennung ansteht. Wenn nicht, dann sollte man jetzt im Vorfeld einer unbeteiligten Person alles erzählen. Besser, man verabredet sich sogar noch für denselben Tag. Und zwar so konkret wie möglich:

60 % haben zuvor Freunden von ihrer konkreten Trennungsabsicht erzählt

»Ich werde es ihm heute Abend sagen, und danach rufe ich dich an. Wenn ich mich bis Mitternacht nicht gemeldet habe, dann klingelst du bitte bei mir durch.« Oder: »Wenn ich sie verlasse, dann auch richtig. Ich werde um Mitternacht mit gepackten Koffern vor meiner Haustür stehen. Wenn nicht, dann hol mich auch gegen meinen Willen da raus.«

Der Effekt: durch diese Absprachen, die die Zeit »danach« betreffen, nimmt man sich selbst in die Pflicht, die Trennung tatsächlich durchzuziehen. Zudem setzt man einen begrenzten Rahmen, was die zeitliche Abwicklung des Gesprächs angeht. So läuft man gar nicht erst Gefahr, in ein zermürbendes Endlosgespräch verwickelt zu werden. Ganz abgesehen davon tut es ohnehin gut, im Anschluss mit einem nicht direkt betroffenen Freund über alles reden zu können.

Natürlich wäre es fair, dem Partner dieselbe Möglichkeit zu bieten und ihn nicht in seiner Not allein zurückzulassen. Vielleicht gibt es jemanden, dem beide vertrauen können und der bereit ist, zu einem abgemachten Zeitpunkt oder nach einem Anruf am Ort des Geschehens aufzutauchen. Es wird für den Verlassenen zwar so aussehen, als habe sich die ganze Welt gegen ihn verschworen und als sei er allein der Einzige, der von der aufziehenden Katastrophe nichts geahnt hat. Doch im Nachhinein wird er vielleicht anerkennen, dass diese Entscheidung gut überdacht und zu seinem Wohle gemeint war.

Die Variante, seinen Partner beim Zigarettenholen zu verlassen oder ihn mit einem Zettel auf dem Küchentisch darüber aufzuklären, dass er ab sofort wieder Single ist, wird nur selten praktiziert. Aus gutem Grund, denn nach einigen gemeinsamen Jahren ist man es sich selbst und dem anderen schuldig, ein Gespräch von Angesicht zu Angesicht zu führen. Es sei denn, man hat mit einem zu Wutausbrüchen und Gewalt neigenden Partner zu tun, dann ist das Verschwinden bei Nacht und Nebel natürlich sinnvoll und ratsam.

Die Hoffnung auf Konfliktvermeidung, die mit dem wortlosen Verlassen einhergeht, ist jedoch trügerisch. Früher oder später werden Erklärungen und Auseinandersetzungen fällig.

Was? Und was nicht?

Was wird passieren? Diese Frage beinhaltet jede Menge Ängste. Das ist verständlich, schließlich kennt man den anderen zwar so gut wie auswendig, aber man hat sich noch nie endgültig von ihm getrennt – und ist somit völlig im Unklaren, wie er auf diese schmerzliche Nachricht reagieren wird. Welche Fragen wird er stellen? Welche Vorwürfe machen? Bleibt er ruhig und sachlich – oder rastet er in seiner Verzweiflung aus? Das anstehende Gespräch erscheint einem wie der Sprung in ein unbekanntes Gewässer, von dem man weder weiß, wie tief es ist, wie kalt oder warm, noch ob vielleicht unbekannte Gefahren darin lauern. Doch bleibt einem nichts anderes übrig, als es darauf ankommen zu lassen.

Vielleicht hilft es, im Kopf ein Worst-Case-Szenario durchzuspielen: Was kann schlimmstenfalls passieren? Wird man sich an die Gurgel gehen? Wird man Dinge sagen oder tun, die bei aller Reue nicht mehr rückgängig zu machen sind? Oder – auch eine reelle Befürchtung – lässt es den anderen vielleicht kalt, dass man sich trennen will?

Ein paar Gedankengänge lang kann man sich die allerschlimmsten Sachen vorstellen, sie in der Phantasie erleiden – und dann sollte man sie vergessen! Es nutzt nichts, jetzt schon tiefschwarz zu sehen. Und es ist wahrscheinlich sogar überhaupt nicht nötig.

In den allermeisten Fällen verläuft ein Trennungsgespräch nämlich auf einer weitestgehend sachlichen Ebene, egal, ob der andere etwas geahnt hat oder nicht. Dies mag mit dem Schockzustand einhergehen, der einen in den ersten Tagen die Ausmaße der Katastrophe erst einmal verdrängen lässt. Oft gibt es auf beiden Seiten ein Wechselbad der Gefühle, aus Selbstbeherrschung wird Aufruhr, oder umgekehrt weicht die erste Verzweiflung einer verständnisvollen Gelassenheit. Man liegt sich in den Armen oder rennt vor dem anderen davon.

Man stellt bohrende Fragen und hält sich bei der Beantwortung die Ohren zu. Wut ist übrigens nur selten mit im Spiel, die taucht meist erst ein paar Tage später auf.

Ausschlaggebend für ein sinnvolles Trennungsgespräch ist unter anderem, dass man sich zuvor genau überlegt, was man dem anderen sagen will und was nicht. Es wird nicht funktionieren, in wenigen Minuten all die Beweggründe herunterzurattern, die man sich selbst in monatelangen Grübeleien erarbeitet hat. Man sollte sich auf einige wenige Argumente beschränken und die anderen erst einmal zurückhalten. Eine gültige Beziehungsanalyse, warum es nicht klappen konnte, wer welche Fehler gemacht hat usw., ist hier absolut fehl am Platz, diese kann man, wenn überhaupt, erst sehr viel später und nur gemeinsam wagen.

78 % haben sich das Trennungsgespräch im Vorfeld genauso oder schlimmer vorgestellt, als es dann tatsächlich war

Jetzt sind unumstößliche Fakten viel wichtiger.

Wenn man sich beispielsweise in einen anderen Menschen verliebt hat, so sollte man dies sagen, denn es macht die Lage für den Partner ernst und unmissverständlich. Warum man hingegen für den anderen schwärmt, ob und wieweit dieses schon zu intimen Kontakten geführt hat, welche Zukunft man mit der neuen Liebe plant – dies alles muss nicht unbedingt erläutert werden, auch wenn der andere noch so sehr darauf drängt.

Insbesondere wenn ein Zukunftsgedanke noch nicht ausgereift ist, sollte man ihn besser für sich behalten, sonst scheint dem anderen der gesamte Trennungsentschluss unausgegoren zu sein. Auskunft sollte man nur geben, wo man nicht allzu verletzlich und angreifbar ist.

Im Umkehrschluss muss man sich auch vom anderen nicht alles anhören und gefallen lassen. Natürlich fallen in dieser Ausnahmesituation nicht selten Sätze, die unter die Gürtellinie oder direkt ins Herz treffen. Der andere kennt die Schwächen nur zu gut, und wenn er sich verletzt oder gedemütigt fühlt, zielt er in seiner Verzweiflung genau dahin, wo es wehtut. Wenn er zum Beispiel weiß, dass man ein problematisches Verhältnis zum Kind hat, so wird der Satz kommen: »Du wirst der Erziehungsaufgabe ganz allein überhaupt nicht gewachsen sein, wo du jetzt schon immer so gejammert hast.« Wenn man mit seinem Selbstwertgefühl zu kämpfen hat, ist es für den anderen leicht, genau hier den Hebel anzusetzen und sämtliche Sicherheiten in Frage zu stellen. Auch hier ist es wichtig, schon zuvor Grenzen abgesteckt zu haben und im Notfall zu sagen: »Bis hierher und nicht weiter!« Man kann sich vieles anhören. Man muss aber nicht, auch wenn man sich dem anderen gegenüber noch so schuldig fühlt.

Vorsicht gilt auch für verallgemeinernde Schuldzuweisungen, die man schon in vielen Streitgesprächen geäußert hat, sie sind bei der Trennung irrelevant. Dass der andere immer unpünktlich ist oder die Socken auf dem Sofa herumliegen lässt, klingt als Trennungsgrund lächerlich. Vielmehr sollte man hier die Essenz aus den Ärgernissen ziehen, also etwas sagen wie: »Ich habe das Gefühl, es ist dir im Grunde nicht so wichtig, wenn mich etwas stört.« Damit bringt man eine neue Ebene ins Spiel: Nicht mehr die kleinen, sich summierenden Ärgernisse sind relevant, sondern das daraus resultierende Gefühl, mit dem anderen keine befriedigende Partnerschaft mehr führen zu können.

Ein absolutes Tabu: Ein Hintertürchen offen lassen! Und wenn es noch so verlockend ist, mit diesem Trick das Ganze etwas abzumildern, es ist eine absolut unfaire Sache, die keinerlei Erleichterung für beide Partner bringt. Die Trennung muss unmissverständlich als endgültig dargestellt werden, sonst war alles für die Katz. Jedes Versprechen auf Änderung, jedes Flehen und auch jede Drohung sollten auf taube Ohren stoßen. Ganz vielleicht und ganz eventuell kann es unter Umständen nochmal zu einer Wiedervereinigung kommen, aber das ist hier und heute nicht das Thema. Erst einmal muss man durch diese Trennung durch, ohne Wenn und Aber. Wenn das Drängen auf eine letzte Chance zu energisch wird und man Angst hat, schwach zu werden, dann sollte man sofort gehen.

Ein ebenso deutliches Signal für die möglichst baldige Beendigung des Gesprächs ist, wenn Sätze und Fragen sich zu wiederholen beginnen. Eine Antwort wird nicht dadurch erträglicher, dass man sie ein viertes Mal hört. Diskussionen, die sich im Kreis drehen, kosten viel zu viel Kraft – die beide für etwas anderes brauchen.

Ein hauptsächliches Problem bei der Trennung ist, dass sich die Partner in diesem Gespräch auf ganz unterschiedlichen Stufen befinden. Für den, der auf einmal mit dem endgültigen Aus konfrontiert wird, war bislang vielleicht alles so weit in Ordnung. Er liebt den anderen noch. Selbst wenn es Warnschüsse gegeben hat, kommt es ihm vor, als bräche in diesem Moment erst alles auseinander und niemand gäbe ihm die Chance, die Sache ins Reine zu bringen.

Ein und dieselbe Situation wird von den Partnern völlig unterschiedlich wahrgenommen:

Annettes Sicht	Manfreds Sicht
Wir waren schon seit Monaten so weit voneinander entfernt, dass mir Manfred wie ein Fremder im eigenen Haus erschien. Als ich dann Didi bei einem Meditationskurs kennenlernte, war er mir schon nach wenigen Tagen vertrauter als mein eigener Mann. Ich hatte keine Skrupel, mich in ihn zu verlieben, es erschien	Annette fing auf einmal an, sich für Esoterik und diesen Kram zu interessieren. Ich kann damit nichts anfangen und tat es als komische Phase ab, die Frauen nun mal kriegen, wenn die Kinder aus dem Gröbsten raus sind. Doch eines Tages fand ich zufällig eine Hotelrechnung in ihrer Schreibtischschublade, ein Doppelzimmer in der

mir sogar irgendwie richtig. Deswegen gab ich mir nicht wirklich Mühe, mein Verhältnis geheim zu halten. Als Manfred endlich dahinterkam, war ich geradezu erleichtert. Ich sagte ihm ohne Umschweife, dass ich ihn schon lange nicht mehr wirklich liebe und der Meinung bin, dass wir in zwei verschiedenen Welten leben. Was mich total irritierte: Manfred tat so, als wäre ihm die Tatsache, dass wir nicht mehr zueinander passen, nicht im Entferntesten in den Sinn gekommen. Er redete die ganze Zeit nur davon, dass Didi mir den Kopf verdreht hätte und sobald ich mit ihm und den spirituellen Kursen aufhören würde, mir wieder klar wäre, wie toll wir beide doch zusammenpassten. Dass wir kaum noch miteinander sprachen, dass wir seit Wochen keinen Sex mehr hatten, dass wir uns im Grunde gegenseitig völlig egal waren, wollte er nicht bemerkt haben. Oder er schob es auf den Stress im Beruf, auf die pubertierenden Kinder, auf die Sorgen wegen des Hauskaufs. Erst als ich in

»Romantik-Suite«. Es war lächerlich, aber ich durchwühlte wie ein Verrückter ihre persönlichen Sachen. Ein zweites Handy, das ich noch nie gesehen hatte und auf welchem nur eine einzige Nummer von einem Didi eingespeichert war, bestätigte meinen Verdacht. Ich rief direkt bei dem Mistkerl an und sagte ihm klipp und klar, er solle die Finger von meiner Frau lassen. Doch er antwortete nur, ich müsste erst einmal mit Annette selbst sprechen. Ich stellte sie zur Rede, aber es hatte keinen Sinn. Sie war wie besessen von der Idee, dass dieser Didi der absolute Supermann sei. Ich konnte nicht verstehen, warum sie wegen diesem Typen, den sie kaum kannte, alles hinschmeißen wollte, was wir in den letzten 15 Jahren zusammen aufgebaut hatten. Es erschien mir wie ein böser Spuk. Aber alle Argumente, sei es das Wohl der Kinder oder mein wirklich ernstgemeintes Angebot, eine Paartherapie zu machen, prallten gnadenlos an ihr ab. Sie sagte, es sei schon viel derselben Nacht meine Koffer packte und zu einer Freundin zog, schien er zu kapieren, dass es um mehr ging als die wechselhafte Laune eines verknallten Teenagers.

Weit nach unserer Scheidung, fast zwei Jahre später, als ich schon lange nicht mehr mit Didi zusammen war und er seit ein paar Monaten mit einer neuen Frau zusammenlebte, konnten wir wieder dieselbe Sprache sprechen. Er hat erkannt, dass unsere Beziehung im Grunde für beide mehr eine Zweckgemeinschaft gewesen ist. Manfred hat sich sogar bei mir bedankt, dass ich ihm die Chance für einen Neuanfang gegeben habe.

länger aus zwischen uns, aber erst durch Didi habe sie den Mut gehabt, die Konsequenzen zu ziehen. Ich hielt das für ausgemachten Blödsinn. Irgendwann ist sie abgehauen und hat sich erst eine Woche später wieder bei mir und den Kindern gemeldet. Inzwischen war mein Unverständnis einer unbändigen Wut gewichen. Ich hatte keine Lust mehr, mit ihr nur einen Satz zu wechseln, solange sie in diesem verdrehten Zustand war.

Heute sehe ich das anders. Durch meine neue Freundin Gisa habe ich erkannt, dass auch ich in der Ehe einige Sachen vermisst habe, aber im Gegensatz zu Annette eher unbewusst.

Die meisten fürchten sich vor *dem* Trennungsgespräch, doch in den meisten Fällen gibt es nicht nur eines, sondern mehrere. Jeder Austausch über die organisatorischen und emotionalen Konsequenzen des Beziehungsendes bis zum tatsächlichen Vollzug ist ein Trennungsgespräch. Sie verlaufen mal dramatisch und mal geschäftlich, manchmal findet man eine Lösung und manchmal eben auch nicht. Es gibt Diskussionen, nach denen fühlt man sich richtig gut und optimistisch, ein andermal zieht es einen hinunter in einen Sumpf aus Schuldgefühl und Selbstzweifel.

Vieles hat damit zu tun, wie der andere mit der neuen Situation zurechtkommt. Aber ebenso liegt es auch daran, wie man als vermeintlich Schuldiger mit den Vorwürfen umgeht, ob man sie sich ungefiltert zu Herzen oder im Gegenteil gar nicht zur Kenntnis nimmt, ob man zum Gegenangriff übergeht oder sich lieber aus dem Staub macht. Oder ob man die Königsdisziplin im Trennungsspiel beherrscht und es schafft, Verständnis aufzubringen, nicht nur für den anderen, sondern auch für sich selbst.

Die Akzeptanz der Bedürfnisse des anderen, dies ist einer der Grundsätze der Mediation, von der ja bereits im ersten Kapitel die Rede war. Es geht 60 % fühlten sich um das bewusste und aggressionsfreie Genach dem Trennungs- spräch über Dinge, die gesagt werden müssen, gespräch besser, 19 % auch wenn sie wehtun. Mit einigen Merksät- sogar sehr gut zen im Hinterkopf kann es einem gelingen, dem anderen über die verlorene Liebe zu erzählen, ohne daraus eine Anklage oder ein Schuldgeständnis werden zu lassen.

Eine der ersten Regeln der Mediation ist es, für eine einigermaßen gleiche Gesprächsebene der Partner zu sorgen. Erst, wenn beide ungefähr dieselbe Ausgangsposition haben, kann man sich vernünftig austauschen, »dieselbe Sprache sprechen«. Dies ist oft die Hürde, an der die Aussprache scheitert.

»Reden, reden, reden!«

Interview mit Ulrike Flügge, Mediatorin aus Oldenburg

Frau Flügge, warum sind Trennungsgespräche oft so zäh, verletzend und schließlich auch noch meistens ergebnislos?
Eine der ersten Fragen eines Mediators bei einem trennungsbegleitenden Gespräch lautet: »Haben Sie sich beide mit dem Trennungsentschluss abgefunden?« Und das aus gutem

Grund, denn erst wenn beide Gesprächspartner dies mit Ja beantworten, wird ein Mediator seine Arbeit beginnen. Ein wesentlicher Faktor für ein vernünftiges Gespräch – egal ob beim Mediator oder unter vier Augen – ist, dass man in dieselbe Richtung will, am besten auch dasselbe Ziel vor Augen hat. Dies ist die Basis, auf der man es schaffen kann, sich ohne Groll die Dinge zu sagen und anzuhören, die in der Vergangenheit unausgesprochen blieben oder die man sich für die neue Zukunft wünscht. Bei einer »frischen« Trennung ist es eher unwahrscheinlich, dass sich beide Partner schon so schnell damit abgefunden haben. Vielleicht sagt der Verlassene zwar, er wünscht sich eine gütliche Einigung und ein faires Auseinandergehen, aber in Wirklichkeit ersehnt er, dass der andere möglichst bald erkennt, was für eine fatale Fehlentscheidung die Trennung gewesen ist. Nicht wenige hoffen, sich bei einem vernünftigen Gespräch sogar wieder versöhnen zu können. Die Frustration, dass sich diese Hoffnung nicht erfüllt, schlägt dann schnell in Aggression um. Dies ist dann oft der Beginn von zermürbenden und sich im Kreis drehenden Diskussionen, an deren Ende sich beide Partner einfach nur unzufrieden fühlen.

Sollte man dem anderen also lieber aus dem Weg gehen, bis er sich beruhigt hat?
Nein, Gespräche sind wichtig, gerade in den ersten Wochen sollte man miteinander reden, reden, reden. Aber man darf nicht allzu hohe Erwartungen an eventuelle »Ergebnisse« dieser Auseinandersetzungen stellen. Sie dienen mehr der Angleichung aneinander, helfen dem Verlassenen, sich mit der neuen Situation auseinanderzusetzen und ein Stück »aufzurücken«, damit Gleichstand herrscht. Und man sollte sich zurückziehen, wenn das Gesprächsklima in ein Streitklima umschwenkt. Dann rate ich: lieber viele kurze Gespräche als einen endlosen Zweikampf.

Wie lange dauert es, bis man endlich »richtig« reden kann?
Dafür gibt es keine allgemein gültige Regel. Dies hängt sowohl mit der Mentalität der Betroffenen zusammen wie auch mit den Vorgesprächen, die sich vielleicht schon seit geraumer Zeit mit den bestehenden Beziehungsproblemen beschäftigt haben. Aber es gibt auch noch eine andere Variante: Nicht wenige Verlassene wollen eigentlich gar nicht versöhnt sein. Sie fühlen sich in ihrer Rolle als Betrogener und Verratener ganz wohl und denken gar nicht daran, sich durch gezielte Auseinandersetzung in eine vom Partner unabhängige Position zu bewegen. Hier kann es mitunter ein paar Jahre dauern, bevor zukunftsorientiertes Reden zwischen den Ehemaligen stattfindet – manchmal dauert es sogar das ganze Leben.

Was ist denn im Trennungsgespräch wichtiger: Zuhören oder Reden?
Derjenige, der die Trennung wünscht, hat eine Art »Vorsprung«. Der Verlassene kann diesen nur »einholen«, wenn er darüber reden kann. Wenn es möglich ist, sollte man ihm viel zuhören, den eigenen Widerstand und voreilige Reaktionen auf die lange Bank schieben. »Von der Seele reden«, dieser Ausdruck kommt nicht von irgendwoher. Wenn man die oft immer gleiche Litanei nicht mehr hören will und kann, dann findet sich vielleicht ein Freund, der sich als geduldiger Zuhörer erweist. Wenn der schlimmste Schmerz dann in Form von Anschuldigungen und auch Selbstmitleid seinen Weg nach draußen gefunden hat, stehen die Chancen für ein ausgewogenes Verhältnis zwischen Reden und Zuhören ganz gut.

Freunde und Verwandte als Gesprächsleiter zwischen den Fronten – funktioniert so etwas?
Ich würde jedem Freund und Verwandten abraten, sich als Schiedsrichter im Trennungskampf zu betätigen. Denn wirk-

lich unparteiisch ist niemand, und spätestens im Gesprächs-
verlauf wird der Vermittler dann dem einen mehr und dem
anderen weniger recht geben. So etwas mag gut gemeint sein,
kann aber auch Freundschaften oder familiäre Bindungen auf
einen schweren Prüfstand stellen. Gespräche mit den einzelnen Partnern sind natürlich gut und helfen weiter, weil der
Außenstehende hier ganz konzentriert auf die Bedürfnisse des
Leidenden eingehen kann. Nur: Irgendwann ist auch der beste
Freund der Welt am Ende mit seiner Geduld, wenn ständig
Selbstmitleid und Beschimpfungen auf den anderen das Thema sind. Dies sollte man auch direkt so formulieren. Vielleicht
ist dann der richtige Zeitpunkt für den Betroffenen, die Vergangenheit ruhen zu lassen und eine neue Gesprächsebene zu
betreten.

*Und was dann? Liegt es in der Hand eines Einzelnen, die nun
folgenden Gespräche in vernünftige Bahnen zu lenken?*
Hier zeigt sich, dass ein gutes, jahrelanges Training den Wie-
dereinstieg erleichtert: Wenn in der bestehenden Beziehung
viel miteinander gesprochen wurde, dann kann man ganz
schnell wieder an diese Fähigkeit anknüpfen. Hat es jedoch
schon immer an guter Kommunikation gemangelt, wird man
nun kaum auf reibungslose Konversation hoffen können.
Gerade hier bieten sich Mediationsgespräche an, die man bei
Familienberatungen und ähnlichen Einrichtungen, aber auch
bei freiarbeitenden Diplom-Mediatoren wahrnehmen kann.
Bei den Sitzungen lernt man auch viel über sich und sein eigenes Konfliktverhalten – und davon profitiert man nicht nur
in der Auseinandersetzung mit der Trennung, sondern in allen
Bereichen des Lebens.

Sprechen Sie es aus

- Warten Sie nicht auf den »idealen Zeitpunkt«, sondern nehmen Sie den nächstbesten ruhigen Tag, an dem Sie ungestört reden können (ein Streit sollte nicht der Auslöser sein, dann lieber warten).
- Beginnen Sie mit dem allgemeinen Thema »Beziehung« und leiten so auf Ihre persönliche Situation über.
- Treffen Sie eine Verabredung für später, eventuell auch für den Partner.
- Sie müssen nicht alles sagen.
- Sie müssen sich nicht alles anhören.
- Bringen Sie keine banalen Alltagsärgernisse ins Spiel.
- Machen Sie die Trennung als endgültig und wohlbedacht deutlich.
- Haben Sie Verständnis, dass sich der Partner auf einer vollkommen anderen Ebene bewegt und deswegen viele seiner Sätze anders zu interpretieren sind.
- Bleiben Sie loyal sich und Ihren Bedürfnissen gegenüber.

Teil 2: Mittendrin

Von: Dir   **An:** Jemanden, der es gut mit dir meint
Betreff: Die ganze Welt ist gegen mich

Eigentlich dachte ich, wenn es erst einmal ausgesprochen ist, liegt das Schlimmste hinter mir. Und die ersten zwei, drei Tage schien das auch wirklich der Fall zu sein. Wir haben miteinander geredet wie zwei erwachsene Menschen, die wissen, was sie tun. Aber dann, von einer Sekunde auf die andere, gab es den totalen Zusammenbruch. Nie hätte ich gedacht, dass wir uns einmal so fremd sein könnten. Es ist unheimlich. Fast so unheimlich wie die Blicke, die mich verfolgen. Auf der Straße, in der Familie, im Freundeskreis. Alle starren mich an, als hätte ich das Kainsmal auf der Stirn. Es gibt niemanden, der mich versteht. Jeder hält mich für schuldig …

Betreff: Re: Die ganze Welt ist gegen mich
Das bildest du dir nur ein. Dein schlechtes Gewissen lässt dich die Welt durch einen Filter sehen, der in alle Reaktionen deiner Mitmenschen die Vorwürfe hineininterpretiert, die du dir selbst machst. Und selbst wenn es anders wäre, kratzt dich das? Du hast es dir wirklich reiflich überlegt und dir die Entscheidung nicht leichtgemacht. Ich zum Beispiel bin richtig stolz auf dich, weil du es geschafft hast.

Betreff: Re: Re: Die ganze Welt ist gegen mich
Aber wenn ich mir ein bisschen mehr Mühe gegeben hätte …

Betreff: Re: Re: Re: Die ganze Welt ist gegen mich

Papperlapapp. Du warst wie ein Wischmopp in den letzten Wochen. Grau, am Boden und vollgesogen mit dem, was schon zu lange im Weg gewesen ist. Wo bitteschön war da noch Kraft für ein bisschen mehr Mühe? Und davon mal abgesehen, was hätte es dir gebracht? Du weißt genau, warum du gegangen bist. Das muss reichen. Es wird sich nicht die Möglichkeit ergeben, alles zu erklären, jedem deine Entscheidung verständlich zu machen. Aber die Ausstrahlung einer inneren Sicherheit überzeugt auch ohne Worte.

Betreff: Re: Re: Re: Re: Die ganze Welt ist gegen mich

Innere Sicherheit? Was ist das bloß? Der Mensch, der mich seit Jahren in- und auswendig kennt, hält mich auf einmal für gefühlskalt und egoistisch …

Betreff: Re: Re: Re: Re: Re: Die ganze Welt ist gegen mich

Klar, weil du ihn verlassen hast.

Betreff: Re: Re: Re: Re: Re: Re: Die ganze Welt ist gegen mich

Meine Kinder schauen mich so traurig an und weinen sich abends in den Schlaf. Am nächsten Morgen erzählen sie freudestrahlend, sie hätten geträumt, Mama und Papa und alle wären zusammen in den Urlaub gefahren und es wäre ganz toll gewesen …

Betreff: Re: Re: Re: Re: Re: Re: Re: Die ganze Welt ist gegen mich

Sie brauchen viel Zeit, um die Tatsache zu akzeptieren.

Betreff: Re: Re: Re: Re: Re: Re: Re: Re: Die ganze Welt ist gegen mich

Meine Eltern fragen immer wieder nach, ob es denn wirklich sein müsse. Ob ich mir das genau überlegt habe. Ob es nicht doch noch eine Chance gebe. Man müsse eben auch die schlechten Zeiten gemeinsam bestehen …

Betreff: <u>Re: Re: Re: Re: Re: Re: Re: Re: Re: Die ganze Welt ist gegen mich</u>
Lass sie reden, du bist erwachsen.

Betreff: <u>Re: Re: Re: Re: Re: Re: Re: Re: Re: Re: Die ganze Welt ist gegen mich</u>
Und die Leute? Die Nachbarn und Freunde?

Betreff: <u>Re: Re: Re: Re: Re: Re: Re: Re: Re: Re: Die ganze Welt ist g…</u>
Jetzt wirst du aber wirklich albern! Was wissen die denn schon über dich und deine Gefühle? Ich glaube noch nicht einmal, dass die sich wirklich alle so brennend für deine Beziehungsgeschichten interessieren. Es kommt dir nur so vor, weil bei dir derzeit alles nur um ein Thema kreist. Aber wenn doch mal jemand den Mut haben sollte, dich darauf anzusprechen und dir vielleicht auch noch einen Vorwurf zu machen, dann sage einfach: »Was hätte ich denn machen sollen? Mit dem anderen ins Bett gehen, ohne ihn zu lieben?« Die meisten schlucken dann heftig und halten die Klappe – weil sie verstanden haben.

Letztlich musst du mit dir selbst und deinem Gewissen klarkommen, dann kannst du auch den Rest der Welt überzeugen.

Der Expartner: (Ver-)Lassen Sie ihn

Für den anderen gestorben

Man kennt sich seit Ewigkeiten. Man ist gemeinsam durch dick und dünn gegangen, hat zusammen gelacht und geheult, war sich unendlich nah oder sehnte sich schrecklich nacheinander, hat die ganz großen Momente – zum Beispiel die Geburt der Kinder – gemeinsam erlebt.

Und dann spricht einer die Trennung aus, und man ist sich im selben Augenblick so fremd, als käme man aus verschiedenen Galaxien. Dies ist ein seltsames Phänomen, es ist das erste Indiz für die komplette Verdrehung der Beziehung, die ab diesem Moment einsetzt. Und es ist notwendig für beide, denn nur eine zeitweilige Entfremdung macht die Trennung tatsächlich möglich und lässt dann irgendwann einmal ein neues Kennenlernen auf einer anderen Ebene zu.

Der Partner – nein, das ist er ja gar nicht mehr –, der Expartner erscheint auf einmal in einem neuen Licht. Denn mit den Worten »Ich verlasse dich« verändern sich alle Vorzeichen, die bislang die Wahrnehmung dieses Menschen beeinflusst haben.

Er ist nicht mehr »mein« Mann, sie ist nicht mehr »meine« Frau. Im Grunde genommen gibt es gar keinen schönen, passenden und würdevollen Ausdruck für das, was der andere nun ist: »der/die Ex« – »der/die Verflossene« – »der/die Nochmann/-frau« – klingt alles künstlich und kommt anfangs nur holprig über die Lippen.

17 Jahre lang sind Markus und Anne schon zusammen. Miriam, die älteste Tochter, wegen der die beiden Mitarbeiter eines pharmazeutischen Instituts damals überhaupt geheiratet haben,

hat gerade die mittlere Reife beendet, die jüngere Tochter Sarah kommt im Sommer auf das Gymnasium.

Markus ist stolz auf seine Mädchen, sie geben ihm die Bestätigung, dass sein Leben eigentlich ganz in Ordnung ist, auch wenn zwischen ihm und seiner Frau Anne nicht mehr alles so glatt läuft. Sie verstehen sich zwar ganz gut, sind ein eingespieltes Team, haben alles im Griff, aber sie schlafen schon seit Jahren nur sporadisch miteinander. Anne hat ein Problem mit körperlicher Nähe. Markus' Versuche, dem Grund für diese Lustlosigkeit nachzugehen, scheiterten an Anne. Sie ist doch zufrieden mit der Situation, warum sollte sie sich in eine Therapie quälen?

Markus ist nicht der Typ, der mit Nachdruck fordert. Überhaupt kann er ganz schlecht seine eigenen Wünsche formulieren, manchmal hat er seine eigenen Bedürfnisse geradezu vergessen. Bis Gabriele, die Frau eines Kollegen, ihn von einem Tag auf den anderen mitten ins Herz trifft.

»Ich hatte überhaupt nicht damit gerechnet, dass mir so etwas noch einmal passieren würde. So ein tiefes Gefühl, ich hatte mich unsterblich verliebt in diese Frau. Es war wunderbar, wie aus einem langen Schlaf aufzuwachen, doch es führte mir gleichzeitig glasklar vor Augen, dass ich bei Anne nie so empfunden habe, nicht in der Vergangenheit, nicht jetzt, wahrscheinlich auch in Zukunft nicht. Das erste Mal stand ich in meinem eigenen Leben und fragte mich selbst: Bist du hier überhaupt richtig?«

Obwohl Gabriele die kurze, aber sehr intensive Affäre zugunsten ihres Ehemannes wieder beendet, bleibt für Markus die Erkenntnis bestehen: Er liebt seine Frau nicht. Sein Leben mit ihr ist leer. Nur die Kinder und das reibungslose Miteinander sind die Berührungspunkte zwischen ihm und Anne.

Er ist aus der Bahn geworfen, und das entgeht seiner Frau natürlich nicht. Bei einem Gespräch sagt er ihr die Wahrheit: Er hat sich in eine andere Frau verliebt und mit ihr geschlafen. Und viel wichtiger: Er hat dabei erkannt, dass er in der Ehe nicht glücklich ist, es niemals war und so nicht weiterleben will.

Für Anne kommt das alles aus heiterem Himmel. Sie kann nicht fassen, was ihr Mann in diesem Moment ausspricht. Es ist weniger die Affäre und das Verliebtsein in eine andere Frau, sondern die Tatsache, dass Markus sich allem Anschein nach schon seit Jahren unwohl gefühlt hat, ohne etwas Konkretes zu sagen.

»Fast schon tragikomisch: Auf einmal hechelten wir in wenigen Stunden all die Probleme durch, die wir 17 Jahre lang unter den Teppich gekehrt haben. Anne hat geheult und gewimmert, dann ist sie ausgerastet, hat gebrüllt wie am Spieß. Das war schlimm anzusehen, doch ich habe in dem Moment nicht darüber nachgedacht, etwas von dem Gesagten zurückzunehmen. Ich hatte mich zuvor schon so viele Wochen mit dieser Sache gequält, und nun war es endlich raus. Toll ging es mir nicht in dem Moment. Aber ich wusste, ich tat das Richtige.«

Die gemeinsame Zeit ist nun Vergangenheit. Es wird keine Küsse mehr geben, keine Zärtlichkeiten, keinen Sex. Die Intimität ist fort, stattdessen hält eine neue Form von Zweisamkeit Einzug. Es ist irgendetwas zwischen Sieger und Verlierer, so ähnlich wie Täter und Opfer, Verräter und Verratener. Wo früher Gleichstand herrschte, klafft nun eine breite Lücke zwischen zwei Menschen, von denen sich einer am Boden zerstört fühlt und den anderen als überlegen sieht. Denn der andere hat alles, was vorher war, zerstört.

Das kann man noch so unbedingt zu vermeiden versuchen, es wird keinem gelingen, den Verlassenen vor seiner Verzweiflung zu bewahren. Ob man wollte oder nicht, man hat dem Partner etwas Schreckliches angetan, und dafür wird er sich von einem abwenden, einen wahrscheinlich sogar eine ganze Weile hassen. Es mag noch so gute Gründe für die Entscheidung geben, man kann es dem anderen noch so plausibel gemacht haben, in seinen Augen ist man ein grausamer Mensch.

Nicht selten fällt der Satz: »Du bist für mich gestorben!« Tatsächlich kommt der Trennungsschmerz der Trauer um einen Verstorbenen sehr nahe, und zwar auf beiden Seiten. Doch für den Verlassenen geht das Unheil an einigen Stellen sogar darüber hinaus, weil der andere ja bewusst die Entscheidung getroffen hat, ihn allein zurückzulassen. Ständig wird der Verlassene damit konfrontiert, den Geliebten verloren zu haben – an eine neue Liebe, an das Leben, wie auch immer.

Die Zeit vom Tag X (die Trennung wird ausgesprochen) bis zum Tag Y (das Thema Trennung ist verarbeitet) wird in die vier Phasen der Trauer eingeteilt [5]:

- **Nicht-wahrhaben-Wollen**
Im ersten Schockzustand, der ein paar Stunden, Tage oder Wochen dauern kann, wird die Trennung als Missverständnis abgetan. Der Verlassene hofft, aus diesem bösen Traum zu erwachen oder den anderen von seiner Fehlentscheidung überzeugen zu können.

- **Aufbrechende Gefühle**
Die Realität wird jetzt erkannt, und die dadurch verursachten Schmerzen und Ängste finden ihr Ventil in Wutausbrüchen, Bedrohung, Weinkrämpfen, Depressionen, körperlichen Beschwerden, Schlaf- und Appetitlosigkeit, Selbstmord- und Mordgelüsten. Die negative Energie richtet sich sowohl gegen einen selbst wie auch gegen den Expartner, der einem das angetan hat.

- **Neuorientierung**
Erste – oft nur halbherzige – Versuche werden unternommen, um dem Elend zu entfliehen und mal wieder etwas für sich selbst zu tun, z. B. durch neue Beziehungen und Freundschaften, sexuelle Kontakte, Sport, Nachtleben und vieles mehr. Langsam kommt die Erkenntnis, dass zwar die Liebe, aber nicht das Leben vorbei ist.

- **Neues Gleichgewicht**
Endlich versteht oder akzeptiert man, warum es zur Trennung gekommen ist und kann dem Expartner ohne Groll und Miss-

trauen begegnen. Eine Versöhnung mit dem, was geschehen ist, findet statt, auch wenn dies nicht zwangsläufig bedeuten muss, dass man noch befreundet ist. Man kann sein Leben und die Zukunft nun unabhängig von der Trennungsgeschichte und dem Expartner sehen.

Die Erfahrung zeigt, dass die gesamte Trauerarbeit in den meisten Fällen drei bis vier Jahre dauert, wobei die ersten zwei Phasen etwas mehr als ein Jahr in Anspruch nehmen und am heftigsten sind.

Es kann auch schneller gehen oder viel länger dauern, darauf haben die Beteiligten allerdings so gut wie keinen Einfluss. Jede einzelne Phase muss durchlebt werden, um als Fundament für die nächste zu dienen. Und gerade die anstrengende »Phase 2« birgt die Gefahr, sich im Übermaß an Gefühlen zu verheddern oder sie, weil der Verlassene es mit sich selbst nicht mehr aushält, zu überspringen. Aber dann bleibt immer etwas zurück und verhindert die tatsächliche Verarbeitung des Dilemmas.

Dass Liebeskummer zudem nicht nur psychisch, sondern auch körperlich von dem Verlassenen Besitz ergreift, ist eine Tatsache, die vielleicht zu Nachsicht und Geduld im Umgang mit dem Expartner verhelfen kann: Ein Mangel an Neurotransmittern verursacht Entzugssymptome, macht depressiv und – durch zusätzliche Stresshormone – aggressiv. Zudem geht es mit der Blutkonzentration anderer »Glückshormone« wie Dopamin und Phenylethylamin rapide bergab. [6] Erleichtern kann dies nur ein kleines Pillenarsenal – helfen wird nur die Zeit.

Bei einem Drittel war der Expartner die erste Zeit nach der Trennung sehr aggressiv, bei einem Drittel sehr depressiv

Es bringt also nichts, sich eine Strategie auszudenken, wie man es dem Expartner leichter machen könnte. Man kann nur versuchen, ihn in seiner explosiven Mischung aus Verzweiflung, Wut und Angst zu verstehen und ihm in dieser Phase eine Art Auszeit zu gönnen, deren Länge er allein bestimmen kann. Vielleicht kann nach deren Ende alles Gewesene irgendwie vergeben und vergessen werden. Vielleicht auch nicht.

Das Heulen und Wehklagen

… soll ja angeblich auch in der Hölle herrschen. Die Schmerzensschreie der Hoffnungslosen im Fegefeuer müssen sogar fast das Schlimmste sein. Insbesondere, weil man sie nicht abstellen kann und sich irgendwie schuldig daran fühlt.

Und doch sollte man froh sein um jede Träne, die in dieser ersten Trauerphase vergossen wird. Denn die Gabe, weinen und klagen zu können, ist bei der Verarbeitung des Verlustes eine große Erleichterung, nicht umsonst gibt es in einigen Kulturen die Klageweiber. Irgendwann brechen die Emotionen sowieso heraus, und da ist es besser, wenn durch das Weinen der Schmerz zumindest schon mal ein Stück aufgeweicht wurde. Im Grunde sind dies keine Tränen der tiefen Trauer, sondern es ist eine Stressreaktion, die die unerträgliche innere Spannung löst.

In der Psychoanalyse sieht man den Trennungsschmerz als ein archaisches Gefühl, also eine Erfahrung, die zum Menschsein dazugehört, tief prägt, und zwar schon von Geburt an, da dies schließlich bereits die erste und heftigste Trennungserfahrung ist. Der Tod als Finale hat dann auch wieder mit dem Verlassen zu tun. Menschen, die verlassen wurden, begegnen also einem tiefen Urschmerz wieder, der viel mit der Vergänglichkeit des Lebens und der Machtlosigkeit gegenüber dem Schicksal zu tun hat.

Der Berliner Psychoanalytiker Dr. Horst Petri [7] vergleicht das Verhalten der Verlassenen mit dem von Kindern, denen man für einen gewissen Zeitraum etwas vorenthält. Die akute

Trauer verläuft demnach in einer schnell an- und langsam wieder abschwellenden Kurve. Erst lautstarkes Heulen, gefolgt von monotonem Wimmern, welches dann schließlich in resigniertem Schweigen endet, bei dem der eigentliche Auslöser für das Unglück schon längst vergessen ist.

Wenn man den kurzen Moment, in dem der Verlassene den Schock verdauen muss und alles nur für einen schlechten Scherz hält, außer Acht lässt, toben die meisten Verlassenen erst einmal. Geschirr wird zertrümmert, Rache und Vergeltung werden angedroht, Rotz und Wasser wird geheult, nicht selten wird »Amok gelaufen«. Als derjenige, der für diesen Ausbruch verantwortlich ist, steht man ziemlich hilflos daneben, hat gleichzeitig Angst vor dem anderen und um den anderen. Einerseits will man dem Menschen helfen, ihn in den Arm nehmen und trösten, andererseits hat man ja gerade eben ausgesprochen, dass man von nun an auf Distanz gehen wird.

Natürlich besteht da ein Konflikt. Im Falle einer Trennung von erwachsenen Menschen ist das Trösten nicht so einfach möglich, es sei denn, man kapituliert schon an dieser Stelle und zeigt sich reumütig: »Ist ja schon gut, wir können es ja nochmal versuchen ...«

Die Verlockung, auf diese Weise das »Weinen und Wehklagen« abzustellen, ist sehr groß. Nicht wenige Menschen haben schon vor dem Trennungsgespräch Sorge, an diesem Punkt einzuknicken, schließlich mögen, respektieren, vielleicht lieben sie den Expartner noch und wollen alles andere, als ihm Schaden zufügen.

Anne fühlt sich nach Markus' Geständnis gleich doppelt betrogen, einmal durch die Affäre mit Gabriele, zum anderen durch die offensichtlich schon lange schwelende Unzufriedenheit, die Markus vor ihr verheimlicht hatte. Seine Trennungsabsicht stellt sie vor vollendete Tatsachen. Die Angst, ihren Ehemann zu verlieren, weckt in Anne ganz neue Gefühle, sie nimmt sich vor, nun endlich mit ganzer Leidenschaft zu zeigen, wie sehr sie um ihn kämpfen will. Doch sie ist hilflos, kann mit diesem Übermaß an Emotionen nur schwer umgehen, schnell werden Liebesbeteuerungen zu nervenaufreibendem Flehen, sie nicht zu verlassen. Fast im selben Moment schwenkt sie um, fühlt sich ungerecht behandelt, hintergangen, und kann diesen Schmerz nur herauslassen, indem sie durch die Wohnung tobt, ohne auf die Kinder oder sonst etwas Rücksicht zu nehmen.

Markus ist mit diesen plötzlichen Gefühlsausbrüchen überfordert. Er versucht es mit Zuhören, mit Trösten, mit Zurückschreien und Ohrenzuhalten. Aber nichts ändert sich, egal wie er reagiert.

»Es waren die schrecklichsten Monate meines Lebens. Nie werde ich den Anblick vergessen: Anne sitzt da, zittert am ganzen Körper, raucht Kette, flüstert wie besessen vor sich hin, und wenn ich sie beruhigend in den Arm nehmen will, fährt sie hoch wie von der Tarantel gestochen und beschimpft mich mit Worten, von denen ich nie gedacht hätte, das einer von uns sie jemals in den Mund nehmen würde. Mal wollte sie sich das Leben nehmen, dann drohte sie, mich umzubringen. Und das alles, während unsere beiden Mädchen im Zimmer nebenan Fernsehen guckten. Es wurde erst besser, als ich für mich die Entscheidung traf, so bald wie möglich auszuziehen.«

Der Antagonismus, helfen zu wollen, aber der Letzte zu sein, der es in diesem Moment kann, ist schwer zu ertragen. Der Kern der Trennung wird hier so offensichtlich, wie vorher und nachher nie wieder. Doch wenn man sich wirklich klar gemacht hat, warum die Trennung der einzige ehrliche und faire Weg – auch dem anderen gegenüber – ist, kann man es aushalten. Vielleicht hat man sich in der Zeit vor der Trennung Notizen gemacht, kleine Briefe, Tagebucheintragungen oder E-Mails geschrieben. Diese sollte man sich notfalls noch einmal durchlesen, um sich die Beweggründe in Erinnerung zu rufen und »hart« zu bleiben.

Wenn das alles nichts bringt, wenn das Übermaß an Verzweiflung einen umwirft, dann sollte man sich so schnell wie möglich aus der Situation zurückziehen. Sich selbst und auch dem Expartner zuliebe. Es gilt während des Trennungsgespräches genau wie in der Zeit danach: Zum eigenen Schutz muss man konsequent die Grenzen setzen, was man sich anhören kann und will. Dass körperliche Übergriffe ein sofortiges Beenden der Auseinandersetzung bedeuten müssen, sollte ohnehin klar sein, selbst wenn der gewalttätig werdende Gegenüber im Grunde kräftemäßig unterlegen ist.

Irgendwann versiegt der Tränenfluss, wie bei den kleinen Kindern das Heulen in ein Wimmern übergeht, und man sitzt auf einmal einem Häufchen Elend gegenüber.

Sätze wie »Wie soll ich denn ohne dich leben« und »Sag mir doch, was ich falsch gemacht habe, ich werde mich ganz bestimmt ändern« werden beinahe liturgisch aufgesagt und rufen abermals Angst um den anderen und jede Menge Mitleid auf den Plan. Aber auch oft Verachtung und Ekel. Es kann sein, dass man den anderen ein Stück weit zu hassen beginnt, weil er sich so gehen lässt, so apathisch ist.

So hart es klingen mag: An dieser Stelle hilft es dem Expartner am meisten, wenn man auf Distanz geht. Denn er neigt in seiner Verzweiflung dazu, freundschaftliches Entgegenkommen zu missdeuten und als Zeichen einer neu entflammten oder immer noch bestehenden Liebe zu sehen. Ein herzlich gemeintes Vertrösten »Heute habe ich keine Zeit zum Telefonieren, vielleicht am Wochenende …« kann in seinen Ohren klingen wie »Ich will am Freitagabend ein Versöhnungsgespräch mit dir«. Dann ist es besser, gleich klar und unmissverständlich zu formulieren: »Ich will nicht mit dir reden!«

Auch hier ist es wieder eine echte Hilfe, einen guten Freund oder Berater über die Situation zu informieren und um Unterstützung für den Expartner zu bitten. Es wird den meisten einleuchten, dass es einem nicht darum geht, die Verantwortung für das Dilemma abzuschieben. Kassiert man trotzdem Vorwürfe für das scheinbar unbarmherzige Verhalten, so sollte man diese nicht persönlich nehmen.

Zudem ist es keine gute Idee, die Aussagen anderer vor die eigene Meinung zu schieben: »Meine Eltern sagen auch, es sei besser, wenn wir uns eine Zeit aus dem Weg gehen.« Verlassene neigen in ihrer Verzweiflung dazu, dem Expartner den eigenen Willen abzuerkennen, ihn als Spielball vieler falscher Freunde und Berater zu sehen, die aus welchen Gründen auch immer die Beziehung zerstören wollen. Denn alles ist besser als zu akzeptieren, dass man nach reiflicher Überlegung und aus freien Stücken verlassen wurde.

Ein absolutes Tabu: Sex mit dem/der Ex! Natürlich macht man selbst eine harte Zeit durch und hat Zweifel, ob man jemals wieder eine funktionierende Beziehung haben wird. Vielleicht fühlt man sich selbst hässlich und unliebenswert, die neue Verliebtheit, wegen der man sich getrennt hat, entpuppte sich als Flop, das Bett ist so groß für einen allein, und das Gewissen lässt einen nicht ruhig schlafen. Wie verlockend ist es dann, wenn der Mensch, der einen ohnehin schon mit allen Macken kennengelernt hat, einen nur allzu gern wieder ganz in seiner Nähe hätte. Einmal ist keinmal, oder? Nein, jegliche Intimität muss vermieden werden. Damit ist niemandem geholfen, im Gegenteil, man fällt in der Trennungsentwicklung wieder ein ganzes Stück zurück und hat dem anderen wahrscheinlich noch falsche Hoffnungen gemacht. Eine aufgewärmte Liebesnacht hätte sogar juristische Folgen, denn das für die Scheidungsklage wichtige Trennungsjahr würde damit unterbrochen werden.

Es ist hart und unbequem, es klingt sogar grausam, aber als Verlassender muss man in dieser Zeit klar und unmissverständlich auftreten. Auch wenn man selbst den anderen vielleicht ganz gern einmal wieder – rein freundschaftlich natürlich – gedrückt hätte. All das geschieht nicht dem anderen zuliebe, sondern weil man in diesem Augenblick selbst Angst vor der eigenen Courage hat. Die Trennung ist mit Leiden verbunden, Verursacher ist man selbst, aber man tat es nicht, weil man den anderen fertigmachen wollte, sondern weil man »fertig« mit ihm war. Auch wenn einem der Expartner leidtut und einen das schlechte Gewissen plagt, eine eindeutige Position gegen den anderen ist hier weniger egoistisch.

Die letzte Phase des akuten Trauerns ist unheimlich. Sie ist still und versteckt sich, insbesondere im Vergleich zu den davor so aufdringlichen Ausbrüchen. Wenn die Augen schließlich trocken bleiben, wird der Blick auf einmal hart und fremd. Der Expartner scheint durch einen hindurchzusehen. Es fallen nur wenige Sätze, und die klingen wie: »Du hast dich so verändert, ich erkenne dich gar nicht wieder.«

Türen werden abgeschlossen, offensichtliche Heimlichkeiten sollen verunsichern, kleine Fluchten ins Getümmel der Stadt, ins Nachtleben oder ins Sonstwo minimieren das zwangsläufige Zusammentreffen. Es ist die sprichwörtliche Ruhe vor dem Sturm. Der Moment vor dem Gewitter, in dem alles stillzustehen scheint, in dem der Druck der verschiedenen Fronten schwer auf einem lastet.

Das lautlose Klagen ist gleichzeitig Auftakt für die nächste Runde im Trennungstheater.

Jetzt ist man einander fremd genug. Jetzt beginnt der eigentliche Kampf.

Das Toben und Um-sich-Schlagen

Anders als bei der Trauer nach dem Tod des Geliebten werden bei einer Trennung die zum Verarbeitungsprozess gehörenden Komponenten Wut und Rachelust viel mehr ausgelebt. Auch bei einem Sterbefall sind diese Gefühle da, wenden sich gegen das Schicksal, gegen einen Unfallverursacher, gegen die machtlosen Mediziner oder auch gegen den Verstorbenen selbst. Aber die Aggressionen erscheinen im Vergleich zur Verzweiflung über die Endgültigkeit winzig. Dies ist bei der Trennung anders: Die Endgültigkeit wird ohnehin nicht akzeptiert, und die Wut auf den anderen, der sich so uneinsichtig zeigt und so blind gegenüber all dem Leid zu sein scheint, kann übermächtig werden.

Eine Grenze, wie viel Wut »normal« ist, gibt es nicht. Dies liegt in der Natur des Betroffenen. Vielleicht sind ihm die anderen Begleiterscheinungen der Trauer – die Angst vor dem Alleinsein und die Machtlosigkeit gegenüber der scheinbaren Willkür – unerträglich, und deswegen legt er alle Energie in die aufkommenden Rachegedanken.

Das kann auch sein Gutes haben. Einige Wissenschaftler sind sich sicher, dass mit aggressiven Emotionen der psychische Stress und Druck schneller durchlebt werden kann als mit passiven Gefühlen wie Traurigkeit und Wehmut. Entweder hat man es also mit einem relativ kurzen Orkan zu tun, der einiges durcheinanderwirbelt und zerstört, oder man leidet unter einem ausdauernden Föhnwind, der nur mäßig weht, einen aber niederdrückt und ständiges Unwohlsein verursacht.

Leider gilt dieser Vergleich aber nicht grundsätzlich. Es gibt genügend Beispiele, wo ein Verlassener in seiner Wutphase hängenbleibt und jahrelang – manchmal auch sein restliches Leben – das gesamte Handeln darauf abzielt, Gleiches mit Gleichem zu vergelten und dem anderen das Leben schwer zu machen, so wie dieser mit der Trennung das eigene zerstört hat. Die Rechtfertigung für das destruktive Verhalten sehen die Tobenden in einer Art »Konto«, wo der Verlassende so viel »Schuld« auf sich geladen hat, dass der Verlassene noch unendlich viele »Freibeträge« guthat, bis es zu einem »gerechten« Ausgleich kommt. Aus diesem Grund schaltet sich bei den Racheaktionen auch das Gewissen ab und wird taub für rationale Argumente und Appelle, doch endlich wieder zur Vernunft zu kommen, für den Betroffenen sind die Aktionen nämlich absolut statthaft. Dieses Verhalten kommt so häufig vor, dass es schon als Normalfall angesehen werden kann, auch wenn es auf eine pathologische Verarbeitungsunfähigkeit schließen lässt, deren Wurzeln man wahrscheinlich ganz woanders finden wird als im Trennungskonflikt. Sollte das Ganze jedoch ausufern, eventuell gepaart sein mit Telefonterror, Verfolgungsjagden oder Nötigung, dann sollte man sich nicht scheuen, rechtliche Hilfe zu suchen. Die andauernde Belästigung kann einem nicht nur den letzten Nerv rauben, sie kann sogar krank machen. Deswegen wird das exzessive Nachstellen – besser als Stalking bekannt – als Verstoß gegen das Gewaltschutzgesetz gewertet. Opfer können gerichtlich dagegen vorgehen und eine Unterlassung erzwingen. Und jeder, der sich durch Bedrängung eingeschränkt sieht und unwohl fühlt, ist ein Opfer. Auch wenn man mit dem Täter noch vor kurzer Zeit ein Herz und eine Seele gewesen ist.

Für Markus ist der Tag, an dem er endlich in eine eigene Wohnung zieht, der erste Tag seit langem, an dem er sich wieder einmal tief durchzuatmen traut. Viel hat er aus der Ehewohnung nicht mitgenommen, es widerstrebt ihm, der ohnehin schon so leidenden Anne irgendetwas wegzunehmen, auch wenn es ihm rein rechtlich zustünde. So ist es in seinen eigenen vier Wänden karg – aber wunderbar ruhig. Er nimmt sich eine Woche Urlaub und schläft zwei Tage lang. Doch als sein neuer Telefonanschluss in Betrieb genommen wird, ist es mit der Ruhe vorbei.

»Telefonanrufe Tag und Nacht. Immer war es Anne. Meistens schob sie irgendeine organisatorische Sache als Grund für ihren Anruf vor. Wo sind eigentlich die Geburtsurkunden der Kinder und so weiter. Aber ziemlich schnell ging es dann in Schimpftiraden über. Manchmal nahm ich gar nicht mehr den Hörer ab, wenn es wieder ununterbrochen klingelte. Es wurde so schlimm, dass ich mir einen Apparat zulegte, bei dem ich die Nummer des Anrufers erkennen konnte. So war ich wenigstens halbwegs darauf eingestellt, wenn ich sah, dass wieder Anne in der Leitung lauerte.«

Anne wirft ihm vor, ihr nicht den Hauch einer Chance gegeben zu haben, um sich vielleicht zu ändern, es besser zu machen, die Ehe zu retten. Sie nennt ihn einen Egoisten, der sich einen Dreck um das Wohl der Kinder und den Zustand seiner Ehefrau kümmert. Sie kündigt an, nie wieder in ihrem Leben einen Mann haben zu wollen. Nach alldem, was Markus ihr angetan habe, sei sie mit diesem Thema endgültig durch.

Noch härter als die Belästigung am Telefon trifft Markus die Tatsache, dass Anne die beiden Mädchen in die Sache hineinzieht. Während es ihm wichtig war, Miriam und Sarah aus dem Konflikt herauszuhalten, um ihnen die ohnehin schmerzliche Trennung der Eltern zu erleichtern, nutzt seine Frau die zahlreichen Gelegenheiten allein mit den Kindern, um den Vater schlechtzumachen, ihn als den selbstsüchtigen Bösewicht darzustellen, der die ganze Familie kaputtgemacht hat.

»Da kann man noch so gute Vorsätze haben, sich als verantwortungsbewusste Eltern zu zeigen, wenn der eine nicht dabei mitmachen will oder kann, ist das Dilemma da. Ich habe sehr lange gebraucht, bis ich den Mädchen das erste Mal ganz sachte meine Version der Geschichte erzählen konnte. Doch da war es schon fast zu spät, zumindest bei der Jüngeren, die mit mir umsprang, als sei ich ihr Lakai. Mir war klar, Anne hatte das Gefühl, durch meinen Weggang hätte ich mich dermaßen an der Familie versündigt, dass ich es nicht mehr wert war, vernünftig behandelt zu werden. Ich war der Buhmann, und meine Frau machte sich fast einen Sport daraus, auf meinen Schuldgefühlen herumzureiten.«

Dasselbe Verhalten legt Anne auch in der juristischen Scheidung an den Tag. Frei nach dem Motto »Er hat es schließlich so gewollt« setzt sie alle Energie in eine schmutzige Trennung. Um jedes kleine bisschen will sie sich streiten, wo man eine Klage einreichen kann, da klagt sie. Und obwohl sich Markus, schwer gebeutelt von seinen Schuldgefühlen, oft nachsichtig und großzügig zeigt, ihr die Eigentumswohnung mit kompletter Einrichtung überlässt, regelmäßigen Unterhalt über den vorgeschriebenen Satz zahlt, kein schlechtes Wort über seine Exfrau fallen lässt – es wird dadurch nicht besser. Anne kann und will sich nicht beruhigen.

Freunde, die anfangs an der Seite der verlassenen Frau standen, wenden sich nach und nach von ihr ab, weil sie das Jammern und Schimpfen nach nunmehr über einem Jahr nicht mehr hören wollen. Sie erzählen Markus davon, auch von Annes Therapieversuchen und den Psychopharmaka, die sie verordnet bekommen hat.

»Trotz allem, was sie mir und auch den Kindern in dieser Zeit angetan hat, ich war nicht in der Lage, sie dafür zu hassen. Längst war mir klar, dass meine Vision von einer friedlichen Trennung sich niemals würde umsetzen lassen. Doch ich erkannte nach und nach, dass diese Raserei gar nicht wirklich an mir und meinem vermeintlichen Fehlverhalten lag, sondern vielmehr in Annes Problemen begründet ist. So wie sie während unserer Ehe nicht zu Liebe und Hingabe fähig gewesen war, schaffte sie es nun nicht, mit Trauer und Angst fertigzuwerden. Ich wusste, dass Anne eine schwere Kindheit mit einem sehr strengen Vater gehabt hatte, und nach und nach gelang es mir, sie als Person in ihrer Ganzheit zu erkennen. Sie ist schon als erwachsener Mensch in mein Leben getreten, sie war bereits geprägt durch frühere Erfahrungen. Ich war überhaupt nicht der Dreh- und Angelpunkt ihres Zusammenbruchs, höchstens der Auslöser.«

Diese Erkenntnis macht es Markus zum ersten Mal möglich, sich von der schweren Schuldenlast zu befreien. Er kann gelassener auf Annes Angriffe reagieren, er nimmt den Hass und die Wut einfach hin und schafft sich ein dickes Fell an. Was damit einhergeht: Die Attacken haben nun kein wirklich lohnendes Ziel mehr. Je mehr Markus' Gelassenheit wächst, desto weniger kann Anne ihn mit ihren Vorwürfen manipulieren, also verpufft die destruktive Energie im Nirgendwo. Die Anrufe und Briefe werden weniger, der Druck auf die Kinder und den Exmann nimmt ab.

Eine Psychotherapie soll Markus dabei helfen, endlich einmal für sich selbst und seine Bedürfnisse einzutreten. Immer öfter hat er nun Lust, bei Anne mal ordentlich auf den Tisch zu hauen und dem Drama ein Ende zu bereiten. Er macht es nicht, aber allein der Wunsch danach bedeutet für ihn schon eine Befreiung aus der passiven Duldungspose.

Wenn man bereit ist, die Reaktion des Expartners in all ihren wilden Auswüchsen als Symptome des Trennungsschmerzes zu sehen, dann kann es am besten gelingen, die Vorhaltungen und Angriffe nicht persönlich zu nehmen. Schafft man es, seinen Vorwürfen den verletzenden Stachel zu ziehen, wird man daraus eventuell auch etwas über sich selbst und das Beziehungsverhalten lernen und dem anderen ein Stück weit dankbar sein für die ungefilterte Wut der Worte.

Genau genommen schafft der Expartner mit seinen Angriffen sogar die klaren Fronten, die man selbst so vielleicht gar nicht ziehen konnte. Es fällt wesentlich schwerer, sich von einem verständnisvollen und freundlichen Menschen konsequent zu trennen als von einer Person, die einem durch ihre plötzliche Bösartigkeit ohnehin das Zusammensein gründlich verleidet. Selbst wenn der Expartner in der Beziehung noch die Friedfertigkeit in Person gewesen ist, liefert er mit seinen Wutausbrüchen im Nachhinein eine zusätzliche Rechtfertigung, dass man mit so einem Menschen ohnehin nie glücklich geworden wäre.

Nur selten wird die Gewalt der destruktiven Gefühle körperlich oder direkt verbal geäußert, vielmehr versteckt sie sich in der Energie, die im so verharmlosend genannten »Rosenkrieg« wütet. Jedes Detail der Trennungsorganisation wird auf einmal zum Symbol für Sieg oder Niederlage. Es geht dem

Expartner nicht mehr darum, beispielsweise die Skiausrüstung zu behalten, schließlich haben die Schuhe auch gar nicht die passende Größe. Es geht vielmehr darum, dass der andere sie nicht haben soll. In den Ohren der Außenstehenden klingt es lächerlich, sich um jeden Kleinkram zu streiten wie Kinder. Doch wenn man selbst in dieser Schlacht steckt, verschieben sich die Relationen. Da wird der Skistiefel zum Synonym für die schöne Zeit, die man gemeinsam hatte, die aber nie wiederkommen wird, weil der andere alles kaputt gemacht hat.

Die Skiausrüstung lässt sich beliebig ersetzen durch Fotoalben (all die vielen Bilder, auf denen man zu zweit in die Kamera lacht), Musik-CDs (»unser« Lied), Geschirr, Gartenzwerge, Fußabtreter … Wenn diese Lappalien schon zum ausgewachsenen Duell führen, endet die Auseinandersetzung um die wirklich wichtigen Dinge in einem Nervenkrieg. Die Kinder werden zum Spielball im Scheidungsdesaster, das gemeinsame Haus wird versteigert, weil niemand es dem anderen überlassen will, das Auto wird absichtlich gegen eine Mauer gefahren, um den Wert zu mindern …

Ob und inwieweit es zu diesem Supergau der Trennung kommt, liegt nicht in der Hand eines Einzelnen. Wenn ein Expartner partout auf diese Weise seine Wut herauslassen muss, dann kann der andere mit noch so lobenswertem Pazifismus an die Sache herangegangen sein, es wird nichts nutzen.

Bei allem Verständnis für die Seelenpein des Verlassenen, irgendwann muss auch der friedlichste Mensch anfangen, sich gegen Angriffe, Vorwürfe und Verleumdungen zu wehren. Sonst passiert Folgendes: Vor lauter Rücksicht und Verständnis für den verzweifelten Expartner versucht man, es ihm irgendwie recht zu machen, bis er sich beruhigt hat. Doch gleichsam wird man an allen Ecken und Enden in der

Nur bei der Hälfte derer, die sich eine gütliche Einigung wünschten, hat sich die Hoffnung erfüllt

Persönlichkeit eingeschränkt, die man durch die Trennung doch eigentlich hatte befreien wollen. Das Handeln des anderen, seine Laune, seine Ansichten von Richtig und Falsch bestimmen dann auch das neue Leben. In diesem Fall wäre die Trennung auf ganzer Linie misslungen. Man sollte nur nicht der Versuchung erliegen, nun seinerseits Angriffe zu starten, um es dem anderen irgendwie heimzuzahlen, denn dann dreht sich die Schraube der Machtspielchen immer enger. Die Devise muss lauten: Reagieren statt agieren. Wehren statt angreifen. Und Geduld bewahren, die Zeit spielt für den, der im Recht ist.

Das Vergeben und Vergessen

»Vergebung« kann man nicht fordern, sie muss wachsen. Und da aus der Sicht des Verlassenen die Akzeptanz der Trennung einer »Begnadigung« gleichkommt, sollte man nicht wirklich hoffen, dass sie einmal ausgesprochen wird. Aber selbst wenn der Expartner die Beweggründe irgendwann versteht, ist es eher unwahrscheinlich, dass er dies dem anderen gegenüber bekennt und ihm somit die »Restschuld erlässt«.

Zugegeben, diese Ausdrücke wirken sehr moralistisch, denn natürlich geht es objektiv gesehen nicht um Schuld und Unschuld, wenn man sich trennt. Doch für denjenigen, der gegen seinen Willen auf einmal allein dasteht, sagt die subjektive Wahrheit, dass er um sein Lebensglück betrogen wurde. Irgendwann entdeckt er bestimmt, dass es auch anders weitergeht – vielleicht sogar besser. Aber bis dahin ist man schon so weit voneinander entfernt, dass es wenig sinnvoll erscheint, die »alte Sache« noch einmal aufzuwärmen.

Ob es dem Expartner gelingt, die Trauer zu überwinden und einen neuen Weg einzuschlagen, liegt allein in seiner Hand.

Markus und Anne sind immer noch weit davon entfernt, miteinander befreundet zu sein. Fünf Jahre nach der Trennung können sie sich aber immerhin begegnen, ohne einander an die Gurgel zu gehen. Die Kindererziehung teilen sich die beiden sogar im erstaunlich harmonischen Einvernehmen.

Markus hat seit zwei Jahren eine neue Freundin, die im Gegensatz zu Anne sehr genau darauf achtet, seine immer noch viel zu schüchtern geäußerten Bedürfnisse zu bemerken.

»Ich bereue nicht, aus meiner unglücklichen Ehe ausgebrochen zu sein, auch wenn ich jetzt noch weit davon entfernt bin, wirklich zufrieden zu sein. Ein schlechtes Gewissen habe ich nicht mehr. Inzwischen weiß ich, nicht ich war der Versager, der die Familie über den Haufen geschmissen hat, wir haben es zu zweit nicht geschafft. An einer gescheiterten Ehe sind immer beide schuld – ein abgedroschener Spruch, ich weiß, aber als ich ihn wirklich begriffen habe, war das wie ein Freispruch für mich.«

Anne hat ihre Prophezeiung wahrgemacht. Sie lebt noch immer allein, hatte in all den Jahren keine Beziehung und auch nicht das geringste Interesse daran, sich irgendwie weiterzuentwickeln. Die Therapie hat sie nicht durchgehalten, und noch immer macht sie ihren Exmann für all das Unglück in ihrem Leben verantwortlich.

»Ich habe es aufgegeben, sie zu einer Änderung bewegen zu wollen. Wahrscheinlich bin ich ohnehin der Letzte, der ihr helfen kann. Manchmal habe ich das Gefühl, sie geht in der Rolle als verlassene Ehefrau regelrecht auf und denkt gar nicht daran, sich eine neue Aufgabe zu suchen. Das macht die ganze Sache für mich sehr tragisch, denn es bedeutet, dass ich für sie wahrscheinlich immer nur der Schuft sein werde. Das wird mich wohl nie kaltlassen, aber ich arbeite daran, mein eigenes Selbstwertgefühl nicht mehr davon abhängig zu machen, was Anne über mich denkt. Ich kann mich nicht gegen Annes Willen von ihr trennen und gleichzeitig darauf hoffen, dass sie mich weiterhin schätzt. Wäre dies der Fall gewesen, hätte mich das gefreut.

Aber nun, wo das nicht so ist, muss ich auch das aushalten können. Und das ist gottlob allmählich nicht mehr mein Problem.«

Es gibt nur wenige Möglichkeiten, Hilfestellung zu leisten. Die wichtigste lautet: Den anderen gehen lassen. Keine Einmischung in die neuen Lebensentwürfe wagen, keine Vorwürfe, wenn die Distanz auf einmal größer wird, als es einem eigentlich lieb ist, keine Urteile über neue Partnerschaften oder Freundeskreise äußern. Den Weg, den der andere nun einschlägt, darf und muss er selbst aussuchen.

So selbstverständlich diese Regel klingen mag, sie bedeutet doch für viele eine Hürde, die genommen werden muss. Und zwar auch von dem, der die Trennung wollte. Auch wenn man den anderen ganz bewusst verlassen hat, auch wenn man mit ihm eine konfliktreiche Zeit durchlebt hat, auf einmal tut es weh, ihn mit einer neuen Liebe zu sehen oder von Freunden zu hören, dass es ihm gut geht. Insbesondere, wenn der andere das Verlassenwerden dazu genutzt hat, an sich selbst zu arbeiten und sein Leben umzustellen, fragt man sich: Warum ging das nicht viel eher? Warum war dieser Mann zu meiner Zeit ein Stubenhocker, und nun trifft man ihn in jeder Theateraufführung? Warum hat sich diese Frau in unserer Beziehung gehenlassen und trägt nun schicke Klamotten und hat einige Kilos abgespeckt?

Es ist müßig, darüber nachzudenken. Wahrscheinlich hätte der andere sich nie im Leben so entwickelt, wenn er nicht verlassen worden wäre. An dieser Stelle bleibt nur noch, dem anderen alles Gute zu wünschen und ihn – als Partner und auch als Expartner – in sein eigenes Leben zu entlassen.

Einige Faktoren knüpfen einen ohnehin für immer an den anderen, seien es gemeinsame Kinder, wichtige Erlebnisse oder materielle Werte, die man während der Beziehung geschaffen oder verprasst hat. Ganz aus der Erinnerung streichen soll und kann man keinen Menschen, den man eine ganze Weile geliebt hat. Aber man sollte versuchen, ihn in einem neuen Licht zu sehen. Vielleicht passiert es ja, dass sich nun eine Freundschaft entwickelt.

(Ver-)Lassen Sie ihn

- Die Trauer des Verlassenen lässt sich in vier Phasen einteilen, die alle durchlebt werden müssen, um den Verlust zu bewältigen.
- Liebeskummer hat körperliche Auswirkungen, die sich als Depression oder Aggression bemerkbar machen. Heulen und Toben ist also normal.
- Sie können Ihrem Expartner nicht helfen, da muss er allein durch.
- Bleiben Sie konsequent bei Ihrer Entscheidung, auch wenn Sie sich dabei hart und herzlos fühlen – also kein Trösten, keine Eventualitäten und vor allem kein Sex!
- Durch die Wut schafft Ihr Expartner klare Fronten.
- Gehen Sie beim »Rosenkrieg« in die Defensive, ohne Ihre eigenen Interessen zu verleugnen.
- Sie können es Ihrem Expartner nicht recht machen, um so Frieden zu schaffen.
- Begrüßen Sie die Entwicklung von Ihnen weg, lassen Sie ihn gehen.

5. Die Kinder: Bleiben Sie Vater und Mutter

Nur wer stark ist, kann tragen

Jeder, der Kinder hat und sich vom anderen Elternteil lösen will, steckt in einer entsetzlichen Zwangslage. Denn den Kindern wird eine Welt zerstört, wenn die Eltern sich trennen und das gewohnte Familiengefüge zerbricht. Alle Sicherheiten wie das Zusammengehörigkeitsgefühl, die Verantwortung füreinander und auch das finanzielle und emotionale Fundament geraten ins Wanken. Mutter und Vater, von den Kindern gleichermaßen bedingungslos geliebt, gehen aufeinander los oder sind sich scheinbar gleichgültig. Selbst die von Erwachsenen als einvernehmlich eingeschätzten Trennungen ohne Streitereien werden von den Kindern als traumatisch erlebt. Es schmerzt eben, wenn die liebsten Menschen auf der Welt einander nicht mehr lieb haben.

70 % hatten Angst, mit der Trennung das Leben der Kinder zu zerstören

Zusätzlich »verlieren« Kinder mit dem Auszug eines Elternteils eine wichtige Bezugsperson, oder, schlimmer noch, durch den Umzug in eine fremde Umgebung müssen sie womöglich einen Schulwechsel und den Abschied von ihrem Freundeskreis in Kauf nehmen.

Die an der ganzen Entwicklung unschuldigen Kinder haben eine Menge zu verkraften. Es gibt zwar Unterschiede, ob es sich um Mädchen oder Jungen handelt und in welchem Alter diese gerade sind, aber leicht ist es für keinen. Kleinkinder reagieren meistens psychosomatisch mit Schlafstörungen oder Bauchweh. Schulkinder hingegen geben sich oft besonders viel Mühe, alles richtig zu machen und niemandem zu Last zu fallen. Sie werden überangepasst – und verlieren nicht selten ihren eigenen kindlichen Kopf. Oder das Gegenteil ist der Fall: Die schlechte Stimmung im Elternhaus macht das Kind unausgeglichen und aggressiv, die ersten Anrufe von Lehrern, die ersten Einträge ins Klassenbuch folgen. Die Zeit von der beginnenden bis abgeschlossenen Pubertät ist am schwierigsten, weil genau jetzt die Geschlechtsidentifikation stattfindet und sowohl Vater wie auch Mutter beide – wenngleich auch auf unterschiedliche Art – gebraucht werden. Teenagerjungen neigen bei einer Trennung der Eltern oft zum übersteigerten Risikoverhalten, während Mädchen sich schon früh in intime Beziehungen stürzen oder in eine Depression zurückziehen. Schmerzhaft ist es also für alle, selbst für inzwischen fast erwachsene Kinder.

Was quält ein Scheidungskind?

• **Angst** – Mein Vater/meine Mutter verlässt den/die andere/n, obwohl sie sich doch einmal geliebt haben. Wird er/sie das auch mit mir machen?

• **Schuld** – Vielleicht habe ich mich nicht richtig verhalten und somit zu den Problemen geführt. Hätte ich es irgendwie verhindern können?

• **Selbstwert** – Ich habe so viele Eigenschaften von meinem Vater/meiner Mutter geerbt, auf die der andere jetzt schimpft. Bin ich schlecht?

• **Sehnsucht** – Ich kann den Vater/die Mutter nicht mehr so oft sehen, wie ich es gern würde. Was ist, wenn er/sie mich vergisst?

• **Scham** – Meine Familie hat nicht funktioniert, aber bei den anderen ist alles in Ordnung. Macht mich das zum Außenseiter?

• **Wut** – Meine Eltern wissen doch ganz genau, wie sehr sie mir mit ihrem Verhalten wehtun. Warum ist ihnen das egal?

• **Loyalitätskonflikt** – Ich liebe beide Eltern, auch wenn sie sich gegenseitig schlechtmachen. Muss ich mich zwischen ihnen entscheiden?

• **Verantwortungsgefühl** – Ich muss die Sache hier alleine hinkriegen, denn meine Eltern haben so viel mit sich selbst zu tun. Warum kann ich nicht helfen?

• **Geschlechtsidentifikation** – Papa sagt, Mama ist wie alle Frauen eine Furie, Mama hält Papa für einen typischen Obermacho. Und was bin ich?

• **Zukunftssorgen** – Das Haus muss verkauft werden, Mama muss arbeiten gehen, und ständig streiten sie sich um Geld. Sind wir jetzt arm?

• **Wunschdenken** – Wenn ich nur fest daran glaube, dann wird alles wieder gut, schließlich gehören wir doch zusammen. Warum weiß das denn außer mir niemand?

Sicher gibt es Antworten auf die ängstlichen Fragen der Kinder. Doch Worte bringen in diesem Moment nicht allzu viel. Was erlebt wird, wirkt viel intensiver und nachhaltiger. Man kann tausendmal versichern, dass man das Kind noch genauso lieb hat wie zuvor – wenn man danach ins Auto steigt und in eine andere Wohnung fährt, hat man es doch offensichtlich verlassen.

Neben all den verständlichen Sorgen, die man seinem Nachwuchs lieber ersparen möchte, sitzt dann noch das Klischee über die traumatisierten Kinder aus kaputten Ehen im Hinterkopf. Wie oft wird in den Medien der Begriff »Kinder aus zerrütteten Familienverhältnissen« in direkten Zusammenhang mit gesellschaftlichen Problemen gebracht. Jugendkriminalität, Essstörungen, Schulschwierigkeiten, Drogenmissbrauch, Pubertätsdepressionen, sexuelle Frühreife, Beziehungsunfähigkeit – waren die davon Betroffenen nicht größtenteils Scheidungskinder?

Nicht umsonst zögern die meisten Menschen eine Trennung hinaus. Manche hoffen, so lange durchzuhalten, bis die

Kinder älter und eigenständiger sind, auch wenn dies mitunter einige Jahre sein können. Und selbst dann ist nicht gesagt, dass die Trennung der Eltern leicht zu verkraften ist. Auch fast Erwachsene fühlen sich aus den Angeln gerissen, wenn Vater und Mutter auf einmal nicht mehr eine Einheit sind.

Der ideale Zeitpunkt wird sich also – wie bei allen geplanten »Trennungsterminen« – nicht finden lassen. Die Suche danach ist nicht nur sinnlos, man sollte sogar ganz davon abraten. Denn so werden die Kinder gegen ihren Willen und ohne ihr Wissen zum Aufopferungsgrund. Man hält ihnen zuliebe noch ein bisschen länger durch. Ist das wirklich gut? Tut man den Söhnen und Töchtern damit wirklich einen Gefallen?

Nicht selten ergeben sich dadurch ungesunde Verstrickungen, und man erwartet später einmal so etwas wie Dankbarkeit oder Solidarität, weil man so viel auf sich genommen hat.

Denn was bedeutet der Satz »Ich warte mit der Trennung, bis die Kinder aus dem Gröbsten heraus sind«? Das Zusammenleben mit einem Menschen, den man womöglich schon am Morgen nicht mehr sehen kann. Das Verleugnen eigener Gefühle und Wünsche. Die Unehrlichkeit, den Nächsten nicht zu sagen, was man denkt und fühlt. Die unterschwelligen Konflikte, Heimlichkeiten, Zweifel. Annäherungen körperlicher Art gegen den eigenen Willen. Die Abwesenheit durch reale oder psychische Fluchten in eine andere Welt. Die Gereiztheit, weil man nicht das Leben führt, das man gern hätte.

Man muss ein Übermensch sein, wenn man das alles Tag für Tag und Nacht für Nacht auf sich nehmen will, ohne selbst daran zu zerbrechen. Es ist geradezu vorprogrammiert, dass irgendwann Körper und Seele kapitulieren, psychosomatische Krankheiten sind die Folge. Und dann? Wird man unter diesen Umständen noch ein guter Vater, eine gute Mutter sein können?

Der Leidensdruck für Kinder, die in einer spannungsgeladenen Familie aufwachsen, ist unter Umständen größer, als bei einem alleinerziehenden Elternteil zu leben, das aber mit sich und seinem Schicksal im Reinen ist. Und hier ist der Punkt, wo man ansetzen sollte: Wenn es einem gelingt, sich vom persönlichen Druck der Trennung (z. B. Schuldgefühle, Paarkonflikte, Zukunftsangst) halbwegs frei zu machen, dann kann man seine Kinder durch die schwierige Zeit begleiten und sie trotz allem zu fröhlichen, vertrauensvollen Menschen heranwachsen lassen. Diese Aufgabe ist zwar schwierig, verlangt sehr viel Selbstdisziplin und Kraft, doch sie ist es allemal wert. Übrigens nicht nur im Interesse der Kinder, sondern auch für einen selbst. Denn wer sich in seiner neugestalteten Erziehungsaufgabe ernst nimmt, handelt zukunftsorientiert und hält sich nicht mehr unnötig mit den Altlasten der gescheiterten Beziehung auf.

Hierzu gibt es eine interessante Studie, die in den siebziger Jahren des letzten Jahrhunderts in den USA begonnen hat, Scheidungsfamilien mit Kindern über einen langen Zeitraum hinweg – mitunter über 28 Jahre lang – zu beobachten. Es ist die bislang einzige umfangreiche Langzeitstudie zu diesem Thema, und sie hat einige wichtige Erkenntnisse gebracht, die alle bisherigen Vorurteile über Scheidungskinder außer Kraft setzen. Die leitende Psychologin Prof. E. Mavis Hetherington [8] kommt zu der Erkenntnis, dass man wohl lange Zeit so damit beschäftigt war, die schlimmen Folgen einer Scheidung auszubreiten, dass dies fast zu einer sich selbst erfüllenden Prophezeiung führte. Denn Kinder, die trotz des Auseinanderfallens ihrer Ursprungsfamilie eine stete Form von Sicherheit und Vertrauen erleben durften, unterschieden sich in keiner Weise von Kindern aus noch bestehenden – und glücklichen – Ehen. In einigen Dingen waren sie den Nicht-Scheidungskindern sogar einen Schritt voraus, nämlich in puncto Selbständigkeit und Eigenwahrnehmung.

Das Zauberwort lautet hier: autoritative Erziehung. Eltern, die sowohl emotionale Wärme als auch das konsequente

Setzen von Grenzen zu den tragenden Pfeilern ihres Erziehungsstils machen, bieten nachweislich den besten Schutz für ihre Kinder, um mit Stressbelastung und der Verwirrung des neuen Lebens zurechtzukommen. Respektvolles Miteinander, unterstützende Anteilnahme, aber auch klare Regeln im Alltag schaffen für Heranwachsende ein optimales Klima.

Kinder werden für das Leben gestärkt, wenn ihnen eine gesunde und tragfähige Beziehung vorgelebt wird. Dies kann die Ehe der Eltern sein – muss aber nicht. Eine vertrauensvolle Bindung an Vater und Mutter, ein konfliktfähiges und liebevolles Miteinander kann auch bei alleinerziehenden Eltern, bei der Wahrnehmung des Umgangsrechtes am Wochenende oder in einer Stieffamilie erfahren werden.

Optimalerweise, indem Mann und Frau es schaffen, trotz ihres Trennungskonfliktes weiterhin gute Eltern zu bleiben. Doch auch, wenn einer von beiden sich als unfähig erweist, die Kinder aus dem Streit herauszuhalten, kann der andere durch innere Gelassenheit die Situation zumindest entschärfen.

Tanjas Sicht

Ich habe mich von Holger getrennt, als ich 25 war. Wir hatten viel zu jung geheiratet, und irgendwann war dann doch aus dem schüchternen Dorfmädchen eine erwachsene Frau geworden, und ich merkte, dass ich es mit einem herrischen und eifersüchtigen Mann wie Holger nicht bis ans Ende meines Lebens aushalten kann. Als ich Albert im Chor kennenlernte und mich in ihn verliebte, hatte ich

Olivers Sicht

Ich war fünf Jahre alt, als meine Mutter eines Vormittags unsere Sachen in ein fremdes Auto packte und mit mir in ein kleines Dorf zu einem unbekannten Mann namens Albert zog. Ich verstand die Welt nicht mehr. Mein Papa war für mich der tollste Held, ich himmelte ihn an. Und dieser neue Kerl von meiner Mutter war ein langweiliger Schlurfi, soviel stand für mich fest. Die Wochenenden mit meinem endlich einen triftigen Grund zu gehen. Dass unser Sohn Oliver bei mir bleibt, daran habe ich nicht einen Moment gezweifelt. Schließlich habe ich mich schon immer Tag und Nacht allein um das Kind gekümmert, während Holger lieber Fußball spielte oder mit seinen Kumpels auf Tour ging. Die Zeit bis zur Scheidung war sehr hart. Holger verlor auf einmal seinen Job und zahlte keinen Unterhalt. An den Wochenenden verprasste er jedoch sein schwarz verdientes Geld mit Oliver, machte einen auf Sonntagspapa, und ich bekam am Abend immer einen kleinen Supermacho ins Haus geliefert. Aber ich war zu schwach, mich dagegen zu wehren. Ich hatte ein solch schlechtes Gewissen meinem Sohn gegenüber, der den Vater ja offensichtlich sehr liebte und im Alltag schmerzlich vermisste, da konnte ich nicht streng und konsequent sein. Ich hatte viel zu viel Angst, dass Oliver dann bei den Sorgerechtsverhandlungen auf einmal sagt, er will zu Holger zurück.

Dad waren dann richtig toll. Er nahm mich mit zu den Fußballspielen, wir gingen auf die Kartbahn und ernährten uns von Hamburgern und Eis. Die Woche bei meiner Mutter erschien mir wie eine Zumutung, sie musste viel arbeiten gehen und sah immer irgendwie verheult und fertig aus. Zudem nahm ich sie nicht mehr richtig ernst, ich konnte machen, was ich wollte: Mein Zimmer sah aus wie eine Müllkippe, und als ich in die Schule kam, schmierte ich in den Heften rum – aber sie hat nie geschimpft, sondern nur traurig geguckt. Der Einzige, der mal was gesagt hat, war Albert, aber den habe ich sowieso nicht für voll genommen. Mein Vater hatte mir gesagt, dass dieser Typ schuld daran sei, dass meine Mutter auf einmal so durchgeknallt ist. Mir leuchtete das ein.

Alles wurde schlimmer, als meine Eltern sich dann endlich scheiden ließen. Meine Mutter wollte mich an den Wochenenden kaum noch gehen lassen. Mein Vater, der seine Wochenendaktivitäten nun

Erst im Scheidungsprozess wachte ich auf. Bevor die Sache mit Oliver verhandelt wurde, ging es um finanzielle Sachen, um das gemeinsame Auto, um die Möbel, um die Rentenversorgung. Und bei jeder Kleinigkeit hat Holger mich über den Tisch ziehen wollen. Obwohl ich bei meinem Auszug alles zurückgelassen hatte, war es ihm irgendwie gelungen, mir zum Abschied einen Haufen Schulden aufs Auge zu drücken. Und Unterhalt forderte er auch noch für sich ein. Ich musste noch mehr arbeiten gehen und noch mehr sparen. Da fiel es mir endlich auf: Wenn ich nicht anfange zu kämpfen, dann geht nicht nur mein Leben den Bach runter, sondern auch das von Oliver. Es ging Holger nur darum, mich am Boden zu sehen, weil ich ihn so schmählich verlassen hatte. Und da war es ihm egal, ob sein Sohn in Mitleidenschaft gezogen wurde oder nicht. Während ich mich vor lauter Anstrengung, meine Schuld durch Freundlichkeit und Güte wettzumachen,

doch merklich zurückschraubte und mit mir lieber vor dem Fernseher hing, als etwas zu unternehmen, machte beim Abschied immer eine ganz große Szene, wie wunderschön es mit mir gewesen sei und wie sehr er mich in der Woche wieder vermissen würde. Mir ging das auf die Nerven. Und ich begann, meine Eltern nicht mehr ernst zu nehmen – weil sie mich auch nicht wirklich ernst zu nehmen schienen. Bis eines Tages der große Knall kam. Mein Vater weigerte sich an einem Sonntagabend, mich wieder nach Hause zu bringen, und fuhr stattdessen mit mir an die Ostsee. Er sagte, mit der Schule würde er das schon klären und meine Mutter hätte gesagt, ihr wäre es auch lieber so, denn sie würde mit mir nicht mehr klarkommen. Natürlich, ich hatte es in letzter Zeit meiner Mum alles andere als leicht gemacht, doch ich konnte nicht glauben, dass sie mich nicht mehr haben wollte. Ich war zwar erst acht Jahre alt, aber ich spürte genau, dass hier etwas faul war.

um den letzten Rest Autorität gebracht hatte, war es für Holger ein Leichtes, an dieser Stelle auch noch das Kind einzufordern. Das wollte ich mit aller Macht verhindern. Als Holger dann noch den gravierenden Fehler beging, nach einem Wochenende den Jungen bei sich zu behalten, war der Zeitpunkt gekommen: Ich klärte mit professioneller Hilfe meinen achtjährigen Sohn auf, worum es eigentlich ging. Und ab diesem Moment war ich endlich wieder eine richtige Mutter: Ich drohte mit Fernsehverbot, wenn er seine Bude nicht aufräumte. Ich kontrollierte seine Hausaufgaben und paukte gnadenlos Vokabeln mit ihm. Zum Abreagieren seiner Aggressionen schickte ich ihn zum Judotraining. Und ich nahm ihn endlich wieder einmal in den Arm, ohne ihn als Verbündeten meines Exmannes zu sehen. Und es geschah das Gegenteil von dem, was ich im Vorfeld befürchtet hatte: Statt meinen Sohn mit strenger Erziehung zu überlasten, nahm ich ihm eine ganze Bürde ab. Er konn-

Ich maulte und heulte so lange, bis mein Vater mich mit grollendem Blick vor dem Haus meiner Mutter absetzte. Sie war nicht da, denn sie suchte mich zu der Zeit überall. Aber Albert machte die Tür auf, kochte uns einen Tee, machte keine großen Worte, aber gab mir deutlich zu verstehen, wie froh er war, mich zu sehen. Der Unterschied zwischen ihm und meinem aufbrausenden Vater war in diesem Augenblick so krass, dass ich das erste Mal kapierte, warum meine Mutter eigentlich aus ihrem alten Leben ausgebrochen war. Mein Vater und meine Mutter passten eigentlich überhaupt nicht zusammen. Ich sagte natürlich nichts davon. Meine Mutter kriegte auf einmal den Rappel und machte einen auf autoritär. Im Nachhinein weiß ich, dass mir das ganz gut getan hat. Eines Tages ist meine Mutter mit mir zu einer Beratungsstelle gegangen und hat mir zusammen mit einem Sozialarbeiter endlich mal richtig vernünftig erklärt, was eigentlich gespielt wurde. Ich

te endlich wieder Kind sein. Er traute mir wieder etwas zu, nahm mich ernst und glaubte daran, dass ich das Leben im Griff hatte. Und noch etwas geschah: Er schloss nach und nach Freundschaft mit Albert. Einfach, weil ich die beiden auch mal in Ruhe ließ und mich nicht ständig bemühte, alles in die richtigen Bahnen zu lenken.

Das Gericht sprach mir Oliver zu, nicht zuletzt, weil mein Sohn sich bei seiner – vom Vater veranlassten – Befragung ganz klar und unmissverständlich für ein Leben bei Albert und mir ausgesprochen hatte.

Inzwischen geht Oliver auf das Gymnasium, er ist ein sehr verantwortungsbewusster und freundlicher junger Mann geworden. Seinen Vater will er nicht mehr sehen. Es ist schade, dass er ihn so verleugnet, aber ich bin mir sicher, irgendwann wird er sich wieder einmal für Holger interessieren. Ich werde die Letzte sein, die eine Begegnung verhindern würde.

Ich hege keinen Groll gegen wusste ja gar nicht, dass mein Dad mich wieder zu sich nach Hause holen wollte. Sie haben mich nicht beeinflusst oder so, sondern nur die Fakten über Sorgerecht und den ganzen Juristenkram erzählt. Und dann war mir klar: Ich hatte meinen Vater zwar irgendwie gern, aber leben wollte ich auf keinen Fall bei ihm. So sagte ich das dann auch beim Gericht, obwohl der Anwalt meines Vaters mich immer wieder überreden wollte zu sagen, dass meine Mutter und Albert gegen meinen Dad gehetzt hätten. Was dann am meisten wehgetan hat: Kaum war die Gerichtssache entschieden, hatte mein Vater auf einmal überhaupt kein Interesse an mir. Ständig verschob er die Treffen aus fadenscheinigen Gründen, und irgendwann hat er sich mal drei Monate lang nicht gemeldet. Auch zu einem wichtigen Judoturnier kam er nicht, obwohl er es versprochen hatte. Als er dann an meinem elften Geburtstag anrief, habe ich den Hörer aufgelegt. Seitdem ist Funkstille. Auch wenn meine meinen Exmann, ich habe kein schlechtes Gewissen mehr, im Grunde genommen ist er mir egal. Und diese Entwicklung verdanke ich ein Stück weit meinem Sohn, wegen dem ich endlich endgültig aus dem Beziehungskrampf ausbrechen und als eigenständige Person handeln musste.

Mutter ab und zu mal nachfragt, ob ich nicht mal wieder zu Holger fahren will. Sie kann es eben immer noch nicht ganz sein lassen, irgendwie dauernd einen auf Harmonie zu machen. Dabei sollte sie froh sein, dass er uns endlich in Ruhe lässt.

Wer sich also trennen, aber dennoch für die Kinder ein sicherer Pol bleiben will, der muss bei sich selbst anfangen, muss sich selbst mögen und die getroffene Entscheidung vor sich rechtfertigen können. Schuldgefühle – insbesondere den Kindern gegenüber – sind eigentlich unangemessen, es sei denn, man hat sich im Vorfeld nicht genug Zeit für den neuen Lebensentwurf genommen. Ansonsten steht das schlechte Gewissen nur im Weg, verlockt dazu, die Kinder allzu sehr schonen zu wollen und deswegen inkonsequent und unsicher zu erziehen – was letztlich wesentlich fatalere Folgen haben kann als die Trennung an sich.

Eltern sein heute und morgen

An dem Tag, an dem die Trennung vollzogen wird, also einer von beiden die gemeinsame Wohnung verlässt, werden auch die Weichen für die Kinder gestellt. Zwar trifft das Familiengericht die endgültige Entscheidung über deren Aufenthalt, und zwar nur auf entsprechenden Antrag, aber nach dem Kontinuitätsprinzip dient es dem Wohl des Kindes, ein Hin und Her zwischen den Eltern zu vermeiden. Dies bedeutet im Klartext: Wer die Erziehungsarbeit dem Expartner lässt, wird es – auch wenn es sich nach Absprache um eine Übergangslösung handelt – schwer haben, die Kinder später zu sich zu holen.

Aus diesem Grunde empfiehlt es sich, so lange im gemeinsamen Haushalt auszuhalten, bis eine zukunftsorientierte Entscheidung getroffen und in die Tat umgesetzt werden kann. Dies ist in der Praxis fast unzumutbar und kann den ohnehin eskalierenden Konflikt zwischen den Expartnern noch verschärfen – was letztlich auch für die Kinder schädlich ist. Eine alternative Zwischenlösung: Ein Zimmer in der Nähe, bei einem Nachbarn oder Freund gemietet, zeigt, dass das Interesse an den Kindern sehr groß ist und man wirklich nur vom Expartner Abstand gewinnen will. Zeitgleich ist ein Weg zu einer Familienberatung oder zum Jugendamt unabdingbar – und zwar optimalerweise gemeinsam, da nur eine einvernehmliche Entscheidung rechtlich relevant ist.

Wenn sich nun der Expartner weigert, auszuziehen oder die Kinder gehen zu lassen, dann wird es schwierig. Hier braucht man unbedingt Rechtsbeistand durch einen Anwalt oder Rechtspfleger des zuständigen Gerichts, um eine Klärung zu erreichen. Doch auch für Fragen des Kindesunterhaltes, des Umgangs- und Aufenthaltsbestimmungsrechtes sollte man so bald wie möglich fachliche Hilfe in Anspruch nehmen. Bei finanziellen Engpässen kann hierfür entsprechende Prozesskostenbeihilfe beantragt werden.

Wichtig ist, sich an dieser Stelle nicht zum Sündenbock für das Leid der Kinder zu machen. Selbst wenn es der eigene Wunsch war, sich zu trennen, und der Expartner viel lieber eine »heile Welt« behalten hätte – dies hat mit den nun anstehenden Entscheidungen nicht das Geringste zu tun! Ob und wieweit die Kinder Schaden aus der Sache nehmen, liegt gleichermaßen an beiden Elternteilen. Dies ist eine Arbeit, die sich mit der Zukunftsgestaltung beschäftigt, Vorwürfe aus der Vergangenheit haben hier nichts zu suchen.

Weder »Du hast die Kinder unglücklich gemacht, weil du dich scheiden lassen willst, deswegen bleiben sie jetzt bei mir« noch »Ich habe mich nur scheiden lassen, weil du dich nie für die Kinder interessiert hast, also wirst du sie auch jetzt nicht kriegen« sind vernünftige und relevante Sätze. Sie bringen den Ehekonflikt in die Elternaufgabe hinein – und werden so ziemlich bald die Klärung der Kinderfrage zu einem Machtspiel werden lassen, welches sich über Jahre hinziehen kann.

Es kann auch sein, dass nur einer von beiden diese Trennung zwischen Früher und Heute nicht in den Griff bekommt – und dies ist in den meisten Fällen der Verlassene. Der andere – meist der, der gegangen ist und ohnehin schon ein schlechtes Gewissen hat – neigt nicht selten dazu, nun als »Wiedergutmachung« Entscheidungen zu fällen, die eher auf seinem Schuldgefühl denn auf seinem Verstand beruhen. Dies darf nicht geschehen, denn es schadet den Kindern.

Die Kinder »verlassen«

Es gibt verschiedene Gründe, die Kinder bei einer Trennung zurück- oder gehen zu lassen. Vielleicht war in der gemeinsamen Zeit der andere bereits in erster Linie für die Kindererziehung zuständig. Vielleicht wird man in eine andere Stadt ziehen und möchte den Kindern den Umzug ersparen, oder andere berufliche und private Pläne machen es schwer bis unmöglich, die alleinige Versorgung der Kinder zu gewährleisten. Aber auch Angst vor der alleinigen Verantwortung kann ausschlaggebend sein. Es ist gut und wichtig, sich selbst in diesem Moment ehrlich einzugestehen, ob man sich der Erziehungsarbeit wirklich gewachsen fühlt. Es bringt nichts, sich selbst oder anderen beweisen zu wollen, dass man eine

25 % ließen die Kinder beim Expartner zurück

gute Mutter oder ein guter Vater ist. Diesen Beweis kann man auch auf anderer Ebene erbringen.

Als Faustregel gilt: Die Qualität des Eltern-Kind-Verhältnisses bleibt, wie sie zuvor gewesen ist.

Wer also schon vor der Trennung einen intensiven Kontakt zu den Kindern hatte, bei dem wird sich die Beziehung auch hinterher als tragfähig erweisen. Gemeinsame Erfahrungen sind ein Bindungselement, dem man so leicht nichts anhaben kann. Wenn man in der bestehenden Beziehung auch allein mit dem Sohn oder der Tochter regelmäßig etwas unternommen hat – zum Beispiel Radtouren in den Ferien, »Männerabende« mit Fußballländerspiel, Einkaufsbummel und anschließender Kaffeeklatsch –, dann sollte man diese zweisamen Gewohnheiten unbedingt beibehalten und die vorhandene Vertrautheit pflegen.

Wer jedoch bislang nicht so reges Interesse an Familienunternehmungen gehabt hat, dem wird es schwerfallen, ausgerechnet in der Trennung ein intensiveres und langfristiges Verhältnis aufzubauen. Was innerhalb der angeblich intakten Familie bereits im Argen lag, tritt nach deren Auflösung zutage. Mangelnde Routine und die Unsicherheit im Umgang miteinander potenzieren sich in schweren Zeiten. Natürlich kann es sein, dass Vätern und Müttern erst in dieser Situation auffällt, wie viel ihnen an den Kindern liegt. Sie erkennen ihre bisherigen Defizite, bereuen diese wahrscheinlich auch. Dann kann eine langfristige und zuverlässige Zuwendung, die über aufgedrehte Wochenend- und Ferienanimation hinausgeht, vielleicht sogar etwas fördern, was ohne die Trennung niemals beachtet worden wäre.

Nutzung des Umgangsrechtes, regelmäßige Anrufe und interessierte Anteilnahme an den alltäglichen Erlebnissen der Kinder sollten in jedem Fall selbstverständlich sein. Dazu gehören zum Beispiel Besuche der Elternsprechtage, Mitfiebern bei Sportturnieren und Schultheateraufführungen, Begleiten zu Arztterminen. Warum kann man an den Wochenenden nicht auch mal gemeinsam für eine Mathearbeit üben? Und wie wäre es, wenn ein Schulfreund für ein paar Ferientage mitkommen darf? Das Kind erfährt auf diese Weise, mein Vater oder meine Mutter nimmt nach wie vor an meinem Leben teil, weiß, was mich beschäftigt und interessiert sich für mich.

Doch wie erklärt man, dass man sich entschlossen hat, in Zukunft nicht mehr mit am Frühstückstisch zu sitzen? Besonders kleine Kinder, die glauben, die ganze Welt drehe sich nur um sie, werden nicht differenzieren können, dass der Vater oder die Mutter den Ehepartner verlässt, nicht aber die Kinder. Für sie ist nur offensichtlich: Die Zahnbürste von Papa steht nicht mehr auf dem Waschbecken, Mama gibt mir abends keinen Gutenachtkuss mehr. Die Antwort hängt vom Einzelfall ab. Wie alt ist das Kind, welches Verständnis traut man ihm in dieser Sache zu, wie viel will es wirklich hören? Aufrichtigkeit ist natürlich ein Muss. Zuversicht, dass sich auch die neue Situation einspielen wird und man ganz sicher nach wie vor Vater und Mutter bleiben wird, hilft dem Kind, mit den Zukunftsängsten klarzukommen. Die eigene Trauer und Verzweiflung über die Trennung sollte man für sich behalten. Das Kind darf nicht das Gefühl haben, die Eltern trösten zu müssen. Genauso sollte man natürlich auch keine künstliche gute Laune an den Tag legen. Es wird eine Gratwanderung sein zwischen Sorge und Hoffnung, aber nicht eine Sekunde sollte man dabei vergessen, dass man der Erwachsene ist, der das Kind an die Hand nehmen sollte und ihm so zeigt: Ich weiß schon, dass es weitergeht mit uns, auch wenn ich nicht immer da sein kann.

Die Kinder »behalten«

Alleinerziehende – wer denkt da nicht an völlig überanstrengte Mütter oder Väter, denen man auf den ersten Blick das Unglück ansieht?

Doch von diesem Klischee sollte man sich nicht abschrecken lassen, denn es entspricht ganz und gar nicht der Realität. Die meisten, die nach einer Trennung mit den Kindern allein zurückbleiben, erkennen – abgesehen vom ganz normalen Scheidungsstress –, dass diese Form der Erziehung auch seine Vorteile hat. Insbesondere, wenn man sich in der Beziehung auf kein pädagogisches Konzept einigen konnte. Nicht selten sind Streitereien über Erziehungsmethoden (»du bist übertrieben streng«, »du lässt viel zu viel durchgehen«) auch ein Grund, der die Liebe zum Abkühlen brachte. Ebenso steht der Ärger darüber, dass sich der andere ständig der unangenehmeren Elternpflichten entzieht, hoch im Kurs, wenn es um Vorwürfe in einer Familie geht.

55 % behielten die Kinder nach der Trennung

Wenn man nun nur noch allein für den Nachwuchs zuständig ist, ist vieles einfacher und klarer: Man kann die Regeln aufstellen, die man für die Kinder als sinnvoll erachtet und bei denen man auch bereit ist, konsequent auf Einhaltung zu pochen. Und man braucht sich nicht mehr ärgern, wenn man zum x-ten Mal nachts ein hustendes Kind beruhigen muss, weil im Ehebett einer einfach so liegen bleibt und weiterschläft.

Doch nur eitel Sonnenschein bringt das Alleinerziehen natürlich auch nicht mit sich. Vielleicht vermisst man gerade die Strenge der Mutter oder die Nachsichtigkeit des Vaters, denn die stand der eigenen Erziehungsrolle kontrastreich gegenüber. Nun kann man nicht mehr sagen: »Die Mama kommt gleich nach Hause. Was wird die wohl sagen, wenn sie diese Unordnung im Garten sieht.« Oder »Wenn es nach mir ginge, müsstest du die kaputte Blumenvase von deinem Taschengeld bezahlen. Aber wir können ja deinen Vater nochmal fragen.«

So etwas funktioniert nicht mehr. Als Alleinerziehender muss man Allroundtalent sein, da zählt das gesagte Wort eins zu eins, da muss die nötige Strenge glaubhaft sein und die Schmusestunde von ganzem Herzen kommen. Das strengt an – und läuft zudem noch parallel zur aufreibenden Trennungszeit.

Oft muss man die Kinder trösten, weil sie den anderen Elternteil schmerzhaft vermissen, selbst wenn man gerade mit diesem Objekt der kindlichen Sehnsucht einen erbitterten Streit um die regelmäßige Zahlung des Unterhalts führt. Oder man muss lachend und gutgelaunt einen Kindergeburtstag schmeißen, auch wenn einem vor Wut auf den Expartner Tränen in den Augen stehen.

Erschwerend hinzu kommt noch die ungleiche Verteilung der Erziehungsaufgaben. Während der eine in den Ferien und an den Wochenenden zum Sonntagspapa oder zur Schulfreimama wird, mit dem oder der man gutgelaunt und ausgeschlafen alle Zeit der Welt hat, um lauter schöne Sachen zu unternehmen, bleibt dem anderen die triste Alltagserziehung. Schulaufgaben statt Eisessen, Wäscheberge statt Zoobesuch, Impftermine statt Popcorn im Kino. Es kann frustrierend sein, wenn die Kinder von den schönen Erlebnissen mit dem anderen Elternteil schwärmen, während man selbst einer Woche mit Mathearbeiten und Zimmeraufräumen entgegensieht.

Doch keine Sorge: Kinder können schon differenzieren, wer für sie sorgt und wer »nur« für die Freizeit zu haben ist. Auch Geschenke, die einem eher mittellosen Alleinerziehenden manchmal wie »Bestechungsversuche« erscheinen mögen, können da nicht allzu viel ändern – es sei denn, man macht die Sache zum großen Thema.

Man sollte sich trotz allem Stress und der manchmal übergroß erscheinenden Verantwortung auf jeden Fall die Zeit nehmen, Spaß miteinander zu haben. Dann bleibt die Wäsche lieber mal ungebügelt oder das Diktat nur oberflächlich geübt, ein paar Mußestunden sind hundertmal wichtiger. Man muss gar nicht viel unternehmen, nicht das große Geld springen lassen, Kitzeln auf dem Sofa oder Vorlesen beim Zubettgehen sind unbezahlbar – und sorgen bei allen für gute Stimmung.

Und, so schwer es einem fallen mag, gegen die Sehnsucht nach dem anderen Elternteil kann man nichts unternehmen. Und man sollte es auch nicht. Vielmehr hilft es den Kindern, wenn man ab und zu eine Erinnerung an den anderen zum Besten gibt. Natürlich eine positive, denn so wissen die Kinder, dass ihre Liebe zum Vater oder zur Mutter weiter geduldet wird, auch wenn der andere sich derzeit nicht mit ihm oder ihr versteht. Die Kinder freuen sich auch über Fotos vom anderen in ihrem Zimmer, Familienbilder aus vergangenen Zeiten neben neueren Aufnahmen an der Fotowand sind auch eine schöne Sache.

Solange das Kind das Gefühl hat, die Vergangenheit wie einen Schatz bewahren zu dürfen, kann es auch positiv in die Zukunft blicken.

Die Kinder »teilen« – und dabei als Ganzes bewahren

Seit 1998 gibt es ein reformiertes Kindschaftsrecht, welches besonderen Wert auf das gemeinsame Sorgerecht bei Ehescheidungen legt. Was früher einmal die Ausnahme war – Vater und Mutter sollen gleichermaßen verantwortlich für ihre Kinder handeln, auch wenn sie nicht mehr zusammenleben –, ist jetzt die Regel. Das alleinige Sorgerecht gibt es nur noch, wenn ein Elternteil den entsprechenden Antrag stellt – und der andere oder das Gericht diesem zustimmt. Dies passiert nur in Ausnahmefällen und muss sich mit dem Kindeswohl begründen lassen.

Normalerweise ist es tatsächlich das Beste für Scheidungskinder, wenn sie spüren: Beide Eltern sind noch für mich zuständig, ich kann mich auf beide gleichermaßen verlassen.

Auch umfangreiche Studien, die sich mit den Auswirkungen der neuen Gesetzgebung beschäftigt haben, belegen das. [9] Laut Umfrage ist zudem bei gemeinsamem Sorgerecht die Zahlungsmoral der unterhaltspflichtigen Elternteile besser, das Umgangsrecht wird gewissenhafter wahrgenommen, und die zwangsläufige Kommunikation zwischen den Geschiedenen, wenn es um Angelegenheiten der Kinder geht, führt langfristig zu einer Wiederannäherung, wo es vielleicht sonst bei einer verfeindeten Sprachlosigkeit geblieben wäre.

10 % teilten sich die Kindererziehung weiterhin

Das gemeinsame Sorgerecht kann vielseitig gestaltet werden. Entweder lebt das Kind bei einem Elternteil, welcher dann in den Alltag betreffenden Angelegenheiten auch allein entscheiden kann. Zu Terminen wie Elternabenden oder Arztbesuchen können beide Eltern gleichermaßen gehen. Die Treffen mit dem Elternteil, bei dem das Kind nicht lebt, werden über das Umgangsrecht geregelt.

Als anderes Modell können sich Eltern auch die Betreuungszeiten teilen. Wenn beide am selben Ort und in entsprechend ausgestatteten Wohnungen leben, ist es möglich, wochenweise oder auch tageweise das Kind einmal beim Vater und dann bei der Mutter leben zu lassen. Hier ist die gute Zusammenarbeit beider Eltern, ein einheitlicher Erziehungsstil und der Austausch untereinander unverzichtbar, damit dieses Hin und Her für das Kind so ruhig und selbstverständlich wie möglich ablaufen kann. Insbesondere wenn Mann und Frau beide berufstätig sind, bildet die geteilte Sorge um die Kinder eine gute Möglichkeit, Arbeit und Familie unter einen Hut zu bekommen. Dies würde auch der strapazierten Familienkasse zugute kommen.

Doch natürlich hat die Sache mit dem gemeinsamen Sorgerecht auch einen gewaltigen Haken: Wenn es funktioniert, ist es wunderbar. Wenn es aber nicht klappt, wenn die beiden Elternteile sich noch derart grollen und sehr viel Energie darauf verwenden, dem anderen zu schaden, dann kann das gemeinsame Sorgerecht auch genau das Gegenteil bewirken und für weiteres Konfliktpotenzial sorgen. Denn das Sorgerecht beinhaltet auch den Passus, dass für wichtige Entscheidungen immer beide Eltern unterschreiben müssen. Wenn einer von beiden diese Tatsache nutzt, den anderen am ausgestreckten Arm verhungern zu lassen, dann wird es schwierig mit den selbstverständlichsten Sachen: Anmeldungen an Schulen, Abschluss eines Berufsausbildungsvertrages, Therapieansatz bei Allergiekrankheiten, Eröffnung eines Sparbuchs, Verschreiben der Antibabypille … Alles wird zum kleinen Machtspiel aufgebauscht. Und dabei lässt vor allem derjenige Nerven, der ohnehin den Großteil der Erziehungsarbeit leistet.

Der Verband alleinerziehender Mütter und Väter e.V. hat sich schon vor der Neugestaltung des Kindschaftsrechtes skeptisch zu den allzu optimistischen Vorstellungen vom gemeinsamen Sorgerecht geäußert. In einer kritischen Erörterung heißt es: »Nur mit verlässlichen Absprachen kann die gemeinsame Sorge gelingen. … Dem Wohl des Kindes abträglich sind Unklarheiten, Sprachlosigkeit, schwelende Konflikte, Unzufriedenheit und Überlastung des betreuenden Elternteils. Verlässliche Regeln tragen viel zur Entspannung bei und können das bisher blutleere Wunschdenken des Gesetzes mit Leben füllen.« [10] Der Interessensverband fordert deswegen eine Sorgevereinbarung, die von Vater und Mutter gemeinsam ausgearbeitet werden muss und für den ganz konkreten Fall die wichtigsten Fragen wie den Aufenthalt, Alltagsgestaltung, Unterhalt und Besuchsrecht behandelt – und zwar nur für einen überschaubaren Zeitraum, damit die Details immer wieder flexibel an die neuen Lebensumstände angepasst werden können. Allein diese individuelle Vereinbarung ist dann maßgeblich, Streitereien um das Sorgerecht wären hinfällig.

Vielleicht ist das wirklich die beste und zukunftsträchtigste Idee, die neue Gestaltung der Eltern-Kind-Beziehung zu regeln. Ein Gesetz dazu gibt es noch nicht. Aber Vater und Mutter können an dieser Stelle eine eigene Grundlage auch ohne Paragraphenzwang suchen.

Und wenn nicht? Man sollte das gemeinsame Sorgerecht nicht idealisieren und sich als Versager fühlen, wenn es einfach nicht funktioniert. Die Situation ist nun mal denkbar belastet: Der Vater hat seinen, die Mutter ihren Anwalt, beide Juristen handeln ausschließlich im Interesse der Mandanten, halten ihn oder sie für das absolut verantwortungsvollere und fähigere Elternteil und die Gegenpartei für eine pädagogische Niete – eine böse Schlammschlacht steht an. Das Jugendamt und die Beratungsstellen müssen bei ihren vorgerichtlichen Vermittlungsversuchen unparteiisch bleiben, um in einem anschließenden Prozess objektiv urteilen zu können. Doch wer setzt sich wirklich für die Interessen der Kinder ein (wobei hier die Schwierigkeit besteht, einen eventuellen Unterschied zwischen Kindeswillen und Kindeswohl zu erkennen)? Es gibt seit ein paar Jahren die Möglichkeit, eine Verfahrenspflegschaft für das Kind einzusetzen, diese muss vom Gericht bestellt werden. Ein Jurist, Psychologe oder Sozialarbeiter fungiert in diesem Fall als Anwalt des Kindes und versucht, den Sorgerechtsfall aus dessen Blickwinkel zu sehen.

Da es schwierig ist, als betroffener Elternteil mitten im Trennungsdrama wirklich objektiv einschätzen zu können, was das Beste für das Kind ist, sollte man diese Interessenvertretung vor Gericht zulassen. Zwar besteht die Möglichkeit, dass so das Sorgerecht an den anderen fällt oder man gegen den Willen weiterhin gemeinsam für das Kind entscheiden muss, obwohl man sich vom anderen Elternteil in der Erziehungsarbeit behindert sieht. Doch man kann davon ausgehen, dass diese Lösung nicht nur aus dem Streit zwischen den Eltern, sondern auch auf Wunsch des Kindes gefunden wurde.

»Es gibt keine goldene Regel gegen das Leid«

Interview mit der Psychologin Renate Niesel, wissenschaftliche Referentin am Staatsinstitut für Frühpädagogik in München [11]

Frau Niesel, wie sagt man seinen Kindern, dass man den anderen Elternteil verlassen will?
Zu allererst: Es gibt keine goldene Regel, die den Kindern das Leiden erspart, leider. Für die Söhne und Töchter bricht in diesem Augenblick eine Welt zusammen, und das tut nun einmal schrecklich weh, egal, wie alt man gerade ist. Hier müssen die Eltern diesen Schmerz, der auch oft mit auffälligem Verhalten einhergeht, aushalten können. Dass die Trennung langfristig für alle eine bessere Lösung sein kann als das Verharren in einer konfliktreichen Familie, sollte man für sich im Hinterkopf haben. Es macht aber keinen Sinn, den Kindern schon jetzt davon zu erzählen, denn für diese zählt nur das Hier und Jetzt.

Wichtig ist, dass man den Kindern nicht nur erzählt, was sich von nun ab verändern wird, sondern vielmehr, was alles trotz der Trennung bleibt, wie es war. Und diese Kontinuität müssen Kinder dann auch erfahren können, zum Beispiel, indem beide Elternteile weiterhin Verantwortung für das Kindeswohl tragen, Unterstützung in der Entwicklung bieten und die Vertrauensbasis erhalten. Aber auch, indem man möglichst am Wohnort bleibt, den Kontakt zu den Freunden und Verwandten nach wie vor pflegt.

Wie viel Wahrheit sollen und wollen die Kinder hören?
Das hängt stark vom Alter ab. Kleinkinder zum Beispiel sind noch nicht in der Lage, komplexe Zusammenhänge zu verstehen. Ihnen ist es egal, warum Mama und Papa sich dauernd streiten, sie geben niemandem recht und verurteilen keinen. Sie wollen einfach nur, dass es friedlich zugeht, dass jemand für sie da ist, sich um sie kümmert, sie lieb hat.

Kinder im Vorschul- und frühen Grundschulalter sind sehr ichbezogen und neigen dazu, sich selbst für das Scheitern der Elternbeziehung verantwortlich zu fühlen. Hier hilft man am meisten, wenn man immer wieder sagt und zeigt, dass die Trennung nichts mit ihnen zu tun hat und man sie unabhängig von der ganzen Sache immer noch genauso liebt und schätzt wie vorher.

Werden die Kinder etwas älter, so interessieren sie sich schon dafür, was eigentlich genau zwischen Mutter und Vater passiert ist. Doch mit Details aus dem Partnerschaftskonflikt sollte man sie nicht belasten, es reicht, wenn man Sätze sagt wie »Wir haben uns nicht mehr verstanden, deswegen haben wir uns getrennt, bevor es immer so hässlichen Streit gibt«. Kinder bis zur Vorpubertät neigen dazu, sich mit dem vermeintlich schwächeren Elternteil zu verbünden und den Stärkeren als »schuldig« zu sehen. Dies ist ja in der Regel der Verlassende, deswegen muss der, der die Trennung gewollt hat, sich auf ablehnendes, manchmal sogar feindseliges Verhalten seines Kindes einstellen. Hier hilft nur langfristiges Denken, Verständnis für das Leid des anderen und jede Menge Geduld.

Jugendliche, die manchmal selbst in ihren ersten Beziehungen stecken und für sich gerade die Herzensangelegenheiten ausloten, stellt die Trennung der Eltern noch eine ganz andere Schwierigkeit dar: Wie sollen sie an die Liebe glauben, wenn die eigenen Eltern sich gerade für eine Trennung entschieden haben? Es hilft den Teenagern, wenn man mehr darüber spricht, was in den Jahren des Zusammenlebens alles gut gewesen ist. Denn eine Ehe, die immerhin einige Jahre gedauert hat, die Kinder hervorgebracht hat und Vater und Mutter in ihrer Entwicklung geprägt hat, kann nicht nur mit dem Stempel »gescheitert« versehen werden.

Unabhängig vom Alter wird es darüber hinaus ohnehin nie bei einem klärenden Gespräch bleiben, sondern es tauchen immer wieder neue Fragen und Sorgen bei den Kindern auf. Genau wie der Nachwuchs sich entwickelt und der Elternkonflikt in andere Phasen kommt, werden sich auch die Unterhaltungen verändern. Das Thema wird wahrscheinlich nie ganz abgehakt sein, und das ist auch gut so, denn nur so können Trennungskinder das Erlebte als Bestandteil ihres Lebens akzeptieren.

Heißt das etwa: Die »Schuldfrage« bei einer Trennung ist für die Kinder nicht wichtig?
Im Grunde ja. Für die Kinder zählt immer nur das Ergebnis: Meine Eltern sind kein Paar mehr, ich muss bei einem von beiden leben und auf den anderen verzichten. Ich muss miterleben, wie sie sich streiten, wie sie weinen oder wütend sind.

Oft geschieht es, dass der verletzte Vater oder die verlassene Mutter ihrem Kind immer wieder erzählt, wie schlimm der andere doch gehandelt hat. Für denjenigen, dem diese Vorwürfe gelten, ist es schwer, nun nicht ebenso vor dem Kind die leidige »Schuldfrage« zu erörtern. Aber die Kinder wollen diese Dinge nicht hören. Der Elternteil, der in die Situation gelangt, von seinem Expartner in Gegenwart der Kinder beschimpft zu werden, sollte sich so bald wie möglich aus dieser »Konfliktspirale« befreien und Verständnis für die Wut des anderen zeigen, ihm möglichst eine Weile aus dem Weg gehen, ihm Zeit lassen. Und dies sollte man den Kindern auch ruhig und offen erklären: »Ich warte mal ab, es wird schon wieder gut werden, das sind zum Glück nicht eure Sorgen.«

Und wie geht man als Vater/Mutter mit den eigenen Schuldgefühlen um?

Gewissensbisse sind oft der Grund für einen viel zu laschen und inkonsequenten Erziehungsstil, der nur darauf ausgerichtet ist, es im Eltern-Kind-Verhältnis nicht auch noch zu Konflikten kommen zu lassen. Davor sollte man sich hüten, denn Streit und Meinungsverschiedenheiten gehören in den Familienalltag und sind eine wichtige Erfahrung, die der heranwachsende Mensch machen muss.

Doch das Schuldgefühl der Eltern hat auch seinen positiven Nutzen: Es macht sensibel für die Nöte der Kinder. Es bringt die Mutter oder den Vater dazu, mal vom eigenen Leiden abzusehen und auf das trauernde Kind zu schauen. Wer also sein schlechtes Gewissen dadurch in den Griff zu bekommen versucht, dass er umso behutsamer in der neuen Lebenssituation auf die Bedürfnisse der Angehörigen achtet, der führt die bestehenden Schwierigkeiten auf diese Weise auch zu einem Lösungsweg.

Davon abgesehen: Wir sind alle Menschen. Wir können uns noch so sehr vornehmen, die Kinder möglichst zu schützen und zu schonen, es wird uns nicht immer gelingen. Es kann passieren, dass man sich auch einfach mal nicht mehr im Griff hat. Und zum Glück haben die Kinder viel Verständnis dafür, sie sind robuster, als weitläufig angenommen. Wenn sie ansonsten Vertrauen in Vater und Mutter haben, können sie auch mal deren »Fehler« ertragen.

Die neue Lebensplanung: Wie viel sollen und wollen die Kinder entscheiden?

Kinder vor der Pubertät wollen eigentlich gar nichts entscheiden müssen. Damit sind sie komplett überfordert, denn sie wollen nun mal bei beiden Elternteilen leben und äußern dieses auch oft – geraten dann aber in den Konflikt, weil dieser Wunsch ja aufgrund der neuen Familienkonstellation nicht mehr erfüllbar ist. Aus diesem Grunde müssen die Eltern eine Entscheidung für die Kinder treffen. Da dies meistens in der akuten Phase der Trennung geschieht, sind die Partner oft damit überfordert. Hier sollte man nicht lange zögern und eine Familienberatungsstelle aufsuchen, die dann versucht, gemeinsam eine zukunftsfähige Lösung zu finden.

Die Kinder sind dann zwar auch nicht glücklich, wenn sie eine klare Entscheidung »vorgesetzt« bekommen, bei wem sie in Zukunft leben und wann sie den anderen Elternteil besuchen dürfen, aber man darf nicht vergessen: Sie sind sowieso kreuzunglücklich mit der Situation. Wem am Lebensglück seiner Kinder gelegen ist, der sollte alles daransetzen, die neue Lebenslage so positiv wie möglich zu gestalten, denn dann können die Kinder früher die Veränderungen akzeptieren und sehen auch keine Gefahr mehr darin, den Vater oder die Mutter zu verlieren.

Es passiert inzwischen immer häufiger, dass Kinder nach ein paar Jahren zum anderen Elternteil wechseln. Vielleicht, weil sich dessen berufliche oder private Situation verändert hat oder weil es für die Entwicklung des Kindes wichtig ist. Diese flexiblen Zukunftsaussichten sind zu begrüßen, sollten aber zum Zeitpunkt der Trennung noch nicht in Aussicht gestellt werden, da sie dann den Kindern das Gefühl geben, immer nur in einer Art »Zwischenlösung« zu Hause zu sein.

Und was ist, wenn das Kind etwas anderes möchte – und dies auch äußert?

Wenn ein Kind sagt, dass es lieber beim anderen Elternteil leben will, so ist dies sicher schmerzhaft und wird als Ablehnung verstanden. Aber es ist auch ein gutes Zeichen, denn das Kind hat den Mut und das Vertrauen, seine Wünsche zu äußern. Dies sollte man begrüßen, unabhängig davon, ob man diesen Wünschen auch nachgehen kann. Wenn der Wunsch des Kindes nicht realisierbar ist, so muss man es klar und ohne Eventualitäten formulieren.

Übrigens, viele getrennte Eltern neigen dazu, Probleme mit den Kindern immer nur auf sich und ihre Geschichte zu beziehen. Natürlich stimmt dies nicht. Schulsorgen, Krankheiten oder Rebellion kommen in den »besten« Familien vor und wären wahrscheinlich auch ohne die Scheidung irgendwann zutage getreten. Wie die Erziehungsberechtigten damit umgehen, ob sie die Probleme in den Griff bekommen, hängt nicht mit dem Familienstand zusammen. Langfristig haben Trennungskinder mit verantwortungsbewussten Eltern dieselben Chancen auf ein glückliches Leben.

Bleiben Sie Vater und Mutter

- Gute Erfahrungen stärken Ihr Kind mehr als gutgemeinte Worte.
- Vertrauen und Liebe lernt Ihr Kind in einer festen Beziehung kennen – dies muss aber nicht die Ehe der Eltern sein.
- Ihr Kind leidet in der spannungsgeladenen Familie mehr als in einer zufriedenen Ein-Elternteil-Konstellation.
- Autoritative Erziehung – also liebevolle Konsequenz – schützt Ihr Kind vor den Stressfaktoren einer Elternscheidung.

- Schuldgefühle behindern Ihren Kontakt zum Kind.
- Zukunftsweisende Entscheidungen für Ihr Kind sollten in Ruhe und mit fachlicher Begleitung getroffen werden.
- Wenn Sie Ihr Kind verlassen, dann behalten Sie die Nähe und die gemeinsamen Gewohnheiten bei, so werden Sie sich nicht verlieren.
- Wenn Ihr Kind bei Ihnen bleibt, dann gestehen Sie ihm auch die Nähe zum und die Sehnsucht nach dem anderen Elternteil zu.
- Wenn Sie Ihr Kind gemeinsam erziehen wollen, finden Sie einen funktionierenden Weg, mit dem alle – insbesondere das Kind – leben können.

6. Die anderen: Stellen Sie sich

»Was werden die anderen denken?«

Dies sollte einem doch eigentlich egal sein – ist es aber in der Realität nicht.

Auch wenn inzwischen laut Statistik jede dritte Ehe geschieden wird, ist ein Familiendrama trotzdem immer noch eine Sache, die fürs Dorfgespräch taugt. Die Nachbarn werden tuscheln, die Kollegen tratschen, auf der Straße fühlt man sich von Blicken verfolgt.

Doch nicht nur Menschen, die man eher zufällig kennt, interessieren sich für das Scheitern der Beziehung, sondern auch die Familienangehörigen, die Eltern und Großeltern, die Geschwister und Schwägerschaft, die Schwiegerfamilie. Natürlich sind alle irgendwie betroffen, wollen helfen oder beeinflussen, machen Vorwürfe oder Mut.

Die ganze Welt scheint sich für etwas zu interessieren, was eigentlich eine sehr persönliche, intime und schmerzhafte Angelegenheit ist. Ständig wird man gefragt, warum man sich getrennt hat und ob man der Beziehung nicht doch noch eine Chance geben will. Und wenn man nicht direkt angesprochen wird, dann meint man, die Fragezeichen in den Augen der Mitmenschen zu sehen. Das Schlimmste ist, diese »Verhöre« kommen bereits, wenn man sich selbst noch allzu viele Antworten schuldig ist.

Da man nicht allein auf der Welt lebt und ständig den Einflüssen seiner Mitmenschen ausgesetzt ist, muss man sich mit deren Reaktionen auseinandersetzen. Zudem waren und sind die Menschen, mit denen man zu tun hat, immer ein Stück weit beteiligt an der eigenen Entwicklung, also auch irgendwie an dem, was gerade mit der Beziehung passiert.

Als Stefanie ihren zweiten Mann Jens verlässt, als sie gemeinsam mit den drei Kindern ihre Siebensachen in den Umzugswagen schleppt, stehen die Nachbarn hinter den Gardinen und gucken. Es sind dieselben Nachbarn, mit denen sie im letzten Sommer noch fröhliche Grillpartys gefeiert hat. Niemand fasst mit an. Niemand sagt »Auf Wiedersehen«. Vielleicht war sie schon immer anders als die Leute hier, nur dass sie mit ihrer Ehe versucht hat, die Fremdheit zu vertuschen. Stefanie weiß, sie ist in den Augen der Menschen nur noch eine Frau, die ihren Mann nach zehn Jahren einfach so Knall auf Fall verlässt. Sie weiß, alle denken, sie sei undankbar, schließlich hatte Jens sie geheiratet, damals, trotz der ersten Scheidung, trotz des schwierigen Kindes. Aber sie weiß auch, dass die anderen die wahre Geschichte nicht kennen, und wenn sie sie kennen würden, dann würden sie sie trotzdem nicht verstehen. Denn es ist ihre eigene Geschichte, die weit mehr beinhaltet als die unbefriedigende Beziehung zu Jens. Stefanie weiß, dass es für sie keine andere Möglichkeit gegeben hat, als die Ehe mit ihm zu beenden.

Die erste Reaktion auf die vermeintliche Neugierde der anderen: Man igelt sich ein, wäre am liebsten unsichtbar und geht den anderen deswegen aus dem Weg. Viele Menschen, die sich getrennt haben, leben in den ersten Tagen und Wochen völlig isoliert, sei es aus Scham, aus Rücksicht auf den Expartner oder aus Angst vor Vorwürfen. Dabei ist das fast das Verkehrteste, was man machen kann. Eigentlich sollte man rausgehen, das Gespräch suchen, sich mit dem, was man heraufbeschworen hat, auseinandersetzen. Denn nur so schafft man es über die schlimmste Zeit hinweg.

Eigenbrötlerisches Grübeln hingegen zieht einen weiter runter, man fühlt sich noch schlechter, ausgestoßener – und schuldiger. Ein bisschen erinnert dieses Verhalten an mittelalterliche Selbstkasteiung, wenn Sünder in Askese leben, um sich in aller Abgeschiedenheit und im Verzicht auf sämtlichen

Komfort ihrer Vergehen bewusst zu werden und Buße zu tun.

Doch der Wunsch, eine unglückliche Beziehung zu beenden, ist kein Vergehen. Deswegen braucht sich niemand zu schämen. Wenn man keine Lust hat, seine persönliche Geschichte in die Welt hinauszutragen, so ist das mehr als legitim. Dennoch gibt es eine Alternative zur Isolation, und die heißt Offenheit. Ein klares »Ich stecke da zurzeit viel zu tief drin und kann (will, werde, möchte …) jetzt nicht darüber reden« ist für jeden verständlich. Ein ehrlich gemeintes »Vielleicht erzähle ich es später einmal« lässt zudem eine Möglichkeit für ein Gespräch offen, aber es liegt dann an einem selbst, wann und in welcher Form man reden möchte.

Natürlich kann es passieren – und das ist tatsächlich häufig der Fall –, dass der Expartner in der Zwischenzeit seine Variante der Geschichte in Umlauf bringt. Und dass man so schnell die Rolle des Bösewichtes zugeschrieben bekommt, liegt auf der Hand. Freunde und Verwandte wundern sich wahrscheinlich über die 180-Grad-Wendung, die man laut Aussage des Verlassenen urplötzlich gemacht hat.

Wie kann sie nur? Was geht in ihm vor? Kann das denn alles wahr sein? – So werden die Menschen auf die subjektive Trennungsgeschichte reagieren, und natürlich wollen sie Antworten auf diese bohrenden Fragen. Hier bleiben zwei Möglichkeiten: Entweder, man legt sich eine vorformulierte Allgemeinauskunft zurecht, die man wie eine Presseerklärung an die entsprechenden Stellen weitergibt, persönlich, telefonisch, per E-Mail oder Brief. Man kann sie wie eine Visitenkarte bei sich tragen und bei Bedarf unter die Menschen bringen: »Ja, ich habe mich getrennt, und ich hatte auch gute Gründe dafür, die ich jedoch noch nicht formulieren kann und will. Auch für mich ist es schwer, und ich fühle mich nicht so gut. Lass mir bitte noch ein wenig Zeit, ich melde mich dann, wenn ich dich brauche. Danke!« Oder man schweigt weiterhin, was das gute Recht eines jeden ist. Es darf nur nicht zum Dauerzustand werden. Irgendwann muss man wieder ans Tageslicht.

Ein bemerkenswertes Phänomen an der Trennung ist, dass sich nur die vermeintlichen »Opfer« – also die Verlassenen – untereinander organisieren und helfen. Die »Täter« hingegen machen die Sache mit sich allein aus und scheinen zu glauben, dass sie die ersten und einzigen Menschen sind, die in einer solchen Situation stecken. Vielleicht, weil man früher andere verachtet oder verurteilt hat, wenn sie ihren Partner verlassen haben, und nun ist man selbst nicht besser. Oder es liegt einfach am bodenlos gesunkenen Selbstwertgefühl, weswegen man den Kontakt zu »Gleichgesinnten« vermeidet. Dabei gibt es hier ein großes Mitteilungsbedürfnis. Die Erkenntnis, dass andere unter denselben Gewissensbissen leiden, dieselben Kämpfe mit dem gekränkten Expartner aushalten müssen, dasselbe Hin und Her zwischen Stolz und Schande durchleben, diese Erkenntnis hilft enorm, das ganze Drama wieder in die richtige Relation zu setzen. Besonders Erfahrungen von Menschen, deren Trennungsentscheidung noch bevorsteht oder schon Jahre zurückliegt, lassen einen begreifen, dass es eine gewisse Regel gibt im scheinbaren Chaos. Man erinnert sich, dass es vor der Trennung genauso schlimm, wenn nicht sogar schlimmer war, und man erfährt aber auch, dass es irgendwann einmal besser werden wird. Es ist also absolut empfehlenswert, sich in dieser Phase der Trennung mit anderen auszutauschen. Diese Menschen muss man noch nicht einmal besonders gut und lange kennen, denn die Gemeinsamkeit, verlassen zu haben, ist ein Bindeglied, welches das Gespräch sehr schnell zustande kommen lassen wird.

»Hab ich das nicht gleich gesagt?«

War man damals zu Beginn der Beziehung wirklich blind und taub und fern aller Vernunft? Es kommt einem manchmal so vor, besonders wenn Freunde und Familienangehörige nun daran erinnern, dass sie mehr als einmal vor der Beziehung gewarnt oder zwischendurch sorgenvolle Fragen gestellt haben. Auf einmal fällt einem wieder der skeptische Gesichtsausdruck der besten Freundin ein, als man damals vom neuen Traummann geschwärmt hat. Oder es kommt einem wieder in den Sinn, dass die Kumpels den Kopf geschüttelt haben, als man der eifersüchtigen Frau zuliebe alle außerfamiliären Aktivitäten aufgegeben hat.

»Das kann doch nicht gut gehen« wurde einem oft und von vielen Seiten gesagt – und man hat es jahrelang mit vollkommener Überzeugung ignoriert. Und jetzt? Hatten alle anderen tatsächlich recht? Wäre es besser gewesen, auf sie zu hören?

Stopp! Wer nun Zeit darauf verschwendet, diesen Fragen nachzugehen, der wird keine Antworten erhalten. Es ist noch nicht der richtige Moment dafür. Natürlich wird man irgendwann einmal Stück für Stück dahinterkommen, warum man damals so und nicht anders gehandelt hat. Aber bis dahin muss man sehr viel an sich und seinem Selbstverständnis arbeiten. Hab-ich-es-nicht-gleich-gesagt-Vorwürfe sollten als durchlaufender Posten verbucht werden – genau wie die Das-hätte-ich-nie-von-dir-gedacht-Vorwürfe, die nur scheinbar ein Gegenteil davon sind. Denn es gab gute Gründe, warum man vor ein paar Jahren zusammengefunden hat, und auch, daran eine ganze Weile festzuhalten. Genau wie es jetzt gute Gründe gibt, eine Trennung zu wagen. Vielleicht waren es gerade die Einflüsse von außen, die einen damals zu einer Entscheidung veranlasst haben, die man heute rückgängig machen will.

Stefanies Geschichte hat viele männliche Hauptrollen: ihren ersten Mann Karim, ihren zweiten Mann Jens, aber an vorderster Stelle steht eigentlich ihr Vater. Sie ist in schrecklich wohlbehüteten Verhältnissen aufgewachsen, ihre Eltern haben Stefanie vor allen Gefahren des Lebens gewarnt und beschützt. Da konnte sie nicht anders, als nach dem Abitur und der Buchhändlerlehre die Flucht zu ergreifen, um diesen fürchterlichen Unsicherheiten der großen Welt einmal selbst zu begegnen.

Wilde Eskapaden im spanischen Sommer lassen Stefanie endlich frei fühlen, frei leben, frei lieben – und schicken sie im Spätherbst schwanger und mit einem tunesischen Ehemann nach Deutschland zurück. Mit 23 wird sie zum ersten Mal Mutter, die kleine Isabel hat die hübschen dunklen Augen ihres Vaters und anscheinend auch sein Temperament geerbt – sie schreit die ganze Zeit.

»Ich habe mir mit Karim genau das Gegenteil von meinem Vater gesucht: Einen exotischen, hübschen Mann, ja, besonders die Leidenschaft mochte im Kontrast zu meinem sehr sachlichen Vater eine Rolle gespielt haben. Aber auch der Charakter hätte gegensätzlicher nicht ausfallen können: Mein Vater war ruhig und besonnen, Karim schlug mich kurz nach Isabels Geburt zum ersten Mal. Mein Vater hat mich immer beschützt, Karim machte mir schreckliche Angst.«

Doch was beide Männer gemeinsam haben: Sie machen, dass Stefanie sich klein fühlt, unzulänglich und abhängig.

Sehr schnell wird aus der überstürzten Urlaubsaffäre für Stefanie die Ehehölle: Beschimpfungen, Verbote, manchmal auch Schläge, die körperliche Leidenschaft überschreitet die Grenze, geschieht nicht selten auch gegen ihren Willen. Die Drohung, er werde bei einer Scheidung sie und das Kind umbringen, klingt alles andere als abwegig und lässt Stefanie viel zu lange durchhalten. Bis Stefanies Familie das Elend nicht mehr mit ansehen kann und beherzt eingreift: Mutter und Kind verschwinden bei

Nacht und Nebel. Stefanie kehrt zurück in die sichere Obhut des Elternhauses.

»Ich war noch nicht einmal 24 Jahre und stand völlig fertig mit meiner kleinen Tochter auf dem Arm auf der Türmatte meines Vaters. Natürlich hatten sich alle seine finsteren Prognosen über die Gefahren der weiten Welt als Wahrheit herausgestellt. Er hatte mit allem so recht gehabt, dachte ich.«

In der Kleinstadt ist das Gerede natürlich groß, aber Stefanies Eltern stellen sich vor ihre Tochter, schirmen sie ab, damit sie zur Ruhe kommen kann. Eines Tages steht dann Jens vor der Tür. Ach ja, der gute alte Jens … Sie kennt ihn noch aus der Zeit ihrer Lehre. Ein ruhiger, vielleicht etwas langweiliger Zeitgenosse, der ihr mehrmals lehrbuchartige Avancen gemacht hatte. Damals hat Stefanie immer abgelehnt. Diesmal sagt sie zu.

Es dauert nicht lange, und es wird trotz aller Vorteile der Kinderbetreuung zu eng im Elternhaus. Schutz und Geborgenheit sind eine Sache, Unselbständigkeit und unterschwellige Bevormundung eine andere. Als Jens im Nachbarort ein Haus baut, groß genug für sie, ihn und Isabel, zieht Stefanie zu ihm. Obwohl – oder vielleicht auch gerade weil – ihr Vater wieder warnend den Zeigefinger hebt: »Jens mag ein netter Kerl sein, Geld hat er auch, er ist freundlich zu dem Kind, aber ihr beide passt einfach nicht zueinander.« Stefanie weiß im Grunde auch, dass Jens nicht ihr Traummann ist und auch niemals sein wird. Doch für sie zählen in erster Linie Sicherheit und Ruhe für sich und das Kind, also heiratet sie zum zweiten Mal. Aus Vernunft, aus Berechnung, aus Sympathie – aber nicht aus Liebe.

»Wie kannst du uns nur so enttäuschen?«

In der Ursprungsfamilie werden Grundsteine gelegt, die das Beziehungsverhalten für das ganze Leben beeinflussen. Alle namhaften Psychoanalytiker – insbesondere Sigmund Freud – haben seelische Vorgänge, Entwicklungen und ihre Störenfriede auf dem Weg zum Erwachsensein mitverantwortlich gemacht für das, was letztendlich dabei herauskommt. Schüchterne Menschen wurden als Kind klein gehalten, anspruchsvolle Menschen von den Eltern zu sehr verwöhnt, distanzierte Menschen hingegen vernachlässigt. In der ödipalen Phase will der Junge den Vater töten, um die Mutter zu besitzen, umgekehrt muss das Mädchen ein ähnliches Begehren im Elektrakomplex durchleiden. Und wenn dann etwas schiefläuft, ist man für immer beziehungsunfähig? Nein, so einfach ist das alles natürlich nicht.

Dennoch hat die Kindheit unbestrittenen Einfluss auf das spätere Leben. Besonders die Verbindung, die wir zum andersgeschlechtlichen Elternteil haben, prägt unser Verhalten in erwachsenen Beziehungen. Zahlreiche Sachbücher beschäftigen sich mit diesem Thema.

Die Schweizer Psychologin Julia Onken analysiert beispielhaft, wie sich das Verhältnis Tochter-Vater später im Verhältnis Frau-Mann widerspiegeln kann. Mädchen, die von ihrem Vater nur beachtet wurden, wenn sie etwas Bemerkenswertes leisteten, suchen sich beispielsweise später oft Männer aus, bei denen die Gegenliebe ebenfalls mit Anstrengung verbunden ist. Zumindest legen sie dasselbe Verhalten an den Tag, um ihrer Beziehung Bestand zu geben. [12]

Der französische Psychologe Alain Braconnier, der sich in erster Linie mit der emotionalen Entwicklung Jugendlicher beschäftigt, hat die These entwickelt, dass kleine Jungen von ihrer Mutter mit viel Liebe, aber auch ebenso viel Aufforderung zur Eigenständigkeit erzogen werden sollten, um aus ihnen weder Machos noch Muttersöhnchen werden zu lassen. Eine Gratwanderung also, bei der man schnell auch mal zu viel oder zu wenig des Guten tun kann, wovon später das Bindungsverhalten der Söhne beeinflusst ist. [13]

Doch auch das Verhältnis zum gleichgeschlechtlichen Elternteil – also Vater/Sohn oder Mutter/Tochter – hat Auswirkungen auf das Selbstbewusstsein, auf die Beziehungsfähigkeit und das Rollenverhalten in der neuen Familie, denn es prägt unsere Suche nach der eigenen Identifikation, je nachdem, ob einem der Vater/die Mutter als Idol oder abschreckendes Beispiel dient.

Die meisten Menschen lernen ihren späteren Partner erst im Erwachsenenalter kennen, stehen also schon einer fertigen Persönlichkeit gegenüber – und sind selbst ebenfalls in den wesentlichen Charakterzügen festgelegt. Also entscheidet man sich bei der Partnerwahl auch ein Stück weit für den Anteil, den die Ursprungsfamilie mitgeliefert hat. Die Schwiegereltern sind nicht umsonst oft ein großes und nicht unproblematisches Thema in der Ehe. Insbesondere, wenn sich die eigenen Eltern oder die des Partners über die Jugendzeit hinaus noch in die Lebensführung einmischen wollen, wird es eng im zwischenmenschlichen Bereich.

Doch auch gerade wenn das Schwieger-Verhältnis eigentlich gut gewesen ist, kann es sein, dass man mit dem Entschluss, den Partner zu verlassen, den angeheirateten Familienangehörigen einen schweren Schlag versetzt und es zum Bruch kommt. Sie fühlen sich verletzt, schließlich wurde man durch die Beziehung ein Teil der Familie, war wie eine Tochter oder ein Sohn, wie eine Schwester oder ein Bruder. Man hat in der gemeinsamen Zeit die vielen Höhepunkte und Tiefschläge der Verwandtschaft miterlebt, war von Freud und Leid als Angehöriger betroffen. Und man weiß von den gut gehüteten Familiengeheimnissen, von den manchmal komplizierten und schmerzhaften Verbindungen innerhalb der engsten Verwandten, die wohl in jeder Familie zu finden sind. Doch auf einmal zeigt man an, dass man diese Verbindung kündigen will. Die Unsicherheit ist groß: Was gelangt nun von den Vertraulichkeiten in die Öffentlichkeit? Was wird Bestandteil des zu befürchtenden Rosenkrieges? Loyalität und Verschwiegenheit über die Trennung hinaus sollte hier – ähnlich wie beim Wechsel eines Arbeitgebers – selbstverständlich sein. Meistens klären sich die Sorgen und Enttäuschungen der »anderen« Familie aber nach geraumer Zeit, und man kann sich wieder freundschaftlich und unverkrampft nähern, wenn nicht, sollte immerhin gegenseitiger Respekt bestehenbleiben. Gerade wenn Kinder da sind, gibt es ohnehin ein Bindeglied zu den Großeltern, Tanten und Onkels.

Nach der Trennung gewinnen die eigenen Eltern oft auch auf einmal wieder eine ganz neue Bedeutung. Sie werden zum sicheren Rückzugplatz, sie können Berater sein oder unverzichtbare Betreuung der Enkelkinder bieten. Sie leiden mit, versuchen vielleicht noch etwas zum Guten zu kehren, und in den allermeisten Fällen solidarisieren sie sich nach dem »Blut ist dicker als Wasser«-Prinzip mit dem eigenen Kind. Es ist wunderbar, diesen Rückhalt in der schweren Zeit zu erleben. Und man sollte auf jeden Fall diese von Herzen kommende Hilfe der Eltern annehmen, denn man wird sie dringend brauchen.

Aber die neue Situation konfrontiert einen auch gnadenlos mit der Frage: Wie viel »Anteil« haben meine Eltern eigentlich am Scheitern der Beziehung? Man sollte sich nicht scheuen, dem Problem auch mit psychologischer Hilfe auf den Grund zu gehen, denn jetzt ist die Chance, sich ganz persönlich diesem wahrscheinlich unangenehmen Thema zu nähern, um eventuelle Fehlleistungen zu verstehen und in der Zukunft zu vermeiden.

Stefanies Ehe mit Jens ist im Grunde nicht wirklich unglücklich. Sie bekommen ein Jahr nach der Hochzeit die Zwillingssöhne Paul und Jakob. Stefanie absolviert mit Mitte 30 endlich das Germanistikstudium, von dem sie immer geträumt hat, und findet auf Anhieb einen Job in einem kleinen Verlag. Sie lebt in einem schmucken Haus in einer freundlichen Siedlung, die nebenan wohnende Schwiegermutter übernimmt einen Teil der Kinderbetreuung. Doch es gibt gravierende Probleme mit der Gleichbehandlung von leiblichen und adoptierten Kindern bei Jens wie auch seiner Mutter. Besonders als Isabel in der Pubertät immer mehr Probleme macht, fällt öfter der Satz: »Sie ist halt nicht wie ihre Halbbrüder.«

Stefanies Vater mischt sich ein, will sich starkmachen für die seiner Meinung nach vernachlässigte Enkeltochter. Für einen handfesten Familienstreit reicht es nicht, aber der Druck, der auf allen lastet, ist spürbar.

»Irgendwann, bei einer ganz alltäglichen Tätigkeit, ich glaube, es war sogar beim Fensterputzen, hatte ich den Durchblick und fühlte mich unwohl in meiner Haut. Obwohl ich in einem tollen Haus lebte und von Jens und seiner Familie auch viel Unterstützung bekam. Dass mein Mann sich so ins Zeug legte, ich aber trotzdem frustriert war, erzeugte natürlich ein heftiges Schuldgefühl in mir – und machte alles nur noch schlimmer. Spätestens jetzt wurde mir klar, dass meine Rechnung über die Ehe mit Jens wohl kaum je wirklich aufgehen würde. Ich hatte mir und meinen Mitmenschen etwas vorzumachen versucht.«

Stefanie verweigert zwar jede Berührung von ihrem Mann, aber sie bleibt. Wegen der Kinder, wegen des Geldes, wegen des schlechten Gewissens – aber auch nicht zuletzt wegen ihres Vaters. Eine zweite Scheidung, wo er, der immer den besten Weg seiner Tochter im Voraus gekannt hat, doch von der Ehe mit Jens abgeraten hat. Wieder einmal hatte er recht behalten. Wieder einmal wäre sie das kleine Mädchen, das reumütig in den elterlichen Schoß zurückflieht. Nein, nein, nein.

Und plötzlich kommt diese Migräne und macht Stefanie erst das Denken unmöglich, dann das Gehen, das Schlafen, das Reden … Innerhalb weniger Wochen wird aus der fröhlichen Powerfrau ein Wrack. Tabletten helfen nur wenig und machen sie zudem apathisch und depressiv. Stefanie muss sich krankmelden, obwohl der Job für sie eine wichtige Ablenkung von der ehelichen Trübsal ist.

Sie beantragt eine Kur. Ihr ist klar, dass sie diese Wochen nutzen will, nicht nur um den Kopf buchstäblich wieder frei zu kriegen, sondern auch um von dort aus die Trennung in die Wege zu leiten. Das ausgiebige Gespräch mit dem Klinikarzt ist die erste Gelegenheit auszusprechen, was wirklich in ihrem dröhnenden Kopf los ist: »Meine Ehe ist am Ende. Ich werde meinen Mann verlassen und ein neues Leben beginnen.«

Von da ab geht es ihr gesundheitlich schon etwas besser, doch wirklich heilsam ist letztlich der Anruf bei ihren Eltern. Während Stefanies Mutter nur leise ihr Bedauern ausspricht, sagt der Vater tatsächlich genau den Satz, vor dem sich Stefanie gefürchtet hat: »Wenn du das machst, wenn du deinen Mann und das Haus verlässt, gerade jetzt, wo Isabel in einer schwierigen Phase steckt, wenn du das alles aus reinem Egoismus hinschmeißt, dann brauchst du bei uns nicht mehr ankommen und um Hilfe bitten. Dann bist du für uns gestorben!« Und was passiert? Was lösen diese Worte der Zurückweisung in ihr aus? Paradoxerweise spürt sie – neben dem Zorn über die Selbstgerechtigkeit des Vaters – so etwas wie Erleichterung.

»Jetzt war endlich ausgesprochen, was sonst immer nur unterschwellig wahrzunehmen war. Es herrschte absolute Funkstille, ich machte allein weiter. Und irgendwie war ich froh, denn auf mich selbst und meine Gefühle konnte ich mich hundertprozentig verlassen. Es war mir zwar nicht egal, was die anderen Menschen – insbesondere meine Eltern – sagten, wenn ich mich scheiden ließ. Aber ich merkte, es konnte mich nicht mehr davon abhalten.«

Die Angst vor den anderen und dem, was sie zur Trennung sagen, ist eine menschliche und verständliche Angst. Und eine nützliche Angst, denn sie zwingt einen, sich selbst aus dem Blickwinkel anderer und die eigene Situation etwas objektiver wahrzunehmen. Doch wie es mit der Angst nun mal so ist, darf sie nicht zu viel Spielraum bekommen und am Weiterkommen hindern. Die innere Überzeugung sollte immer noch ein ganzes Stück relevanter sein.

Oftmals tut man den anderen auch unrecht, wenn man meint, sie würden einem grundsätzlich alles übel nehmen. Der Grund für die oft voreilige Verurteilung von Trennungen im Bekanntenkreis liegt nämlich darin begründet, dass sich Freunde und Verwandte selbst auch ein bisschen enttäuscht fühlen. Jeder möchte gern an die ewige Liebe, die heile Familie und den Wert einer festen Freundschaft glauben. Und die Trennung zerstört dieses Ideal. Derjenige, der diesen Bruch herbeigeführt hat, hat also alle anderen »ent-täuscht«, im wahrsten Sinne des Wortes. Er hat den kollektiven Glauben an Harmonie und Frieden zerstört.

Bei 41 % zeigte das Umfeld Verständnis für die Entscheidung, 30 % mussten Vorwürfe über sich ergehen lassen

Und solange man den Grund dafür nicht nachvollziehen kann, nimmt man es ihm übel. Trotz – oder gerade wegen aller Freundschaft. Doch sehr häufig weicht das anfängliche Unverständnis nach ein paar Wochen einer durchaus positiven Resonanz. Wenn der Expartner sein »Gift verschossen« hat, leuchtet den meisten Freunden und Verwandten ein, dass eine Weiterführung der Beziehung wirklich keinen Zweck gehabt hätte. In den meisten Fällen bleiben beiden Partnern nach der Trennung in etwa gleich viele Freunde aus dem ehemaligen gemeinsamen Bekanntenkreis. Es ist zwar so, dass sich fast jeder irgendwann auf die eine oder andere Seite schlägt – den Spagat, beiden Partnern ein guter Freund zu bleiben, schafft so gut wie niemand. Doch zeigen sich manchmal gerade diejenigen als solidarisch, von denen man es am wenigsten erwartet hätte.

Die Trennung ist eine Chance, sich selbst und die Menschen um einen herum in einen neuen Kontext zu bringen, sich von alten Gefälligkeiten zu lösen und vielleicht sogar endlich seinen Platz in der Gesellschaft zu finden. Man muss nicht von jedem gemocht und verstanden werden, solange man sich selbst mag und versteht.

Stefanie trennt sich direkt nach ihrer Kur von Jens und zieht mit den drei Kindern in eine kleine Wohnung am anderen Ende der Kleinstadt. Jens zeigt sich als schlechter »Verlierer«, der nur unregelmäßig den Unterhalt zahlt und das Umgangsrecht nur sporadisch wahrnimmt. Keine Unterstützung kommt von den Eltern, von der Schwiegermutter, von den Freunden. Alles lastet in den ersten Jahren auf Stefanies Schultern. Und erst jetzt, wo sie sich völlig allein gelassen fühlt, kann sie richtig handeln.

»Wir mussten ganz schön knausern. Nachdem wir vorher einen bequemen Lebensstandard gewohnt waren, tat das ziemlich weh. Oft habe ich mir selbst Vorwürfe gemacht, dass meine Entscheidung das Leben der Kinder derart negativ beeinflusst. Ich nahm in meinem Job jede Überstunde, die ich kriegen konnte, und musste die Zwillinge nicht selten der Obhut ihrer großen Schwester überlassen. Aber eines Tages zahlte sich unser gemeinsames Durchhalten aus: Das Verhältnis unter den Geschwistern wurde inniger – und ich wegen meines Fleißes zur Verlagsleiterin befördert. Meine Güte, war ich stolz, es ganz allein geschafft zu haben. Vergessen waren all die Männer, die mich bislang durch mein Leben hatten steuern wollen. Endlich hatte ich das Gefühl, wirklich in meinem Leben zu Hause zu sein!«

So ist es auch heute, vier Jahre nach der Trennung. Isabel beginnt demnächst ein Studium in Sozialpädagogik, die Jungen sind gute Schüler und besuchen fast jedes Wochenende ihren Vater, der inzwischen wieder geheiratet hat.

Die Leute in der Stadt tratschen immer mal wieder, aber damit kann Stefanie jetzt viel besser umgehen, weil sie selbst genau weiß, wer sie ist und was sie geleistet hat. Was kümmert sie da die überzeichnete Phantasie der Leute? Gut, denen ist eine alleinerziehende, zweimal geschiedene Frau auf der Karriereleiter eben unheimlich. Aber das ist nicht mehr ihr Problem.

Stefanie, die seit einem Jahr einen neuen Freund hat, baut sich gerade ein eigenes kleines Haus im Nachbarort. Und wer hilft ihr dabei, mit den Bauleuten und Architekten zu verhandeln? Ihr Vater.

»Er hat sich 18 Monate nach der Trennung gemeldet. An meinem 40. Geburtstag rief erst meine Mutter an, dann reichte sie den Hörer an meinen Vater weiter. Er hat lange nichts gesagt, was auch daran lag, weil ich so viel von meinem neuen Leben zu berichten hatte. Da hat er wohl gemerkt, dass ich kein kleines Kind mehr bin und meine eigenen vernünftigen Entscheidungen zu treffen weiß. Dass er mir nun bei meinem Bauprojekt hilft, ist was anderes. Da habe ich im Gegensatz zu ihm einfach keine Ahnung, und da fällt es mir überhaupt nicht schwer, seinen Rat dankend anzunehmen.«

Stellen Sie sich

- Es ist normal und gut, dass andere Menschen sich für die Trennung interessieren.
- Informieren Sie die anderen, aber nur soweit Sie es zulassen wollen.
- Isolieren Sie sich nicht, es gibt keinen Grund, sich zu verstecken.
- Suchen Sie sich Menschen, die Ähnliches durchgemacht haben.
- Gehen Sie Ihrem Verhältnis zu den Mitmenschen auf den Grund und lernen Sie daraus etwas über sich selbst.
- Nehmen Sie jede wohlmeinende Hilfe an, Sie werden Sie brauchen.
- Mit der Trennung haben Sie die anderen enttäuscht, lassen Sie ihnen Zeit, das zu verstehen.

7. Das Gewissen: Verstehen Sie sich

Gewissen kommt von Wissen

»Ich habe Angst vor meinem schlechten Gewissen.« – »Diese Gewissensbisse sind das allerschlimmste.« – »Der Gewissenskonflikt bringt mich noch um.«

Diese Gedanken sind typisch für Menschen, die gerade kurz vor oder mitten in einer Trennung stecken. Sie quälen sich mit ihrem Gewissen, aber was ist das eigentlich?

> **GEWISSEN**
> Das Gewissen ist die Urteilsbasis zur (zweifelsfreien) Begründung der allgemeinen persönlichen moralischen Überzeugungen und Normen, insbesondere für die eigenen Handlungen und Zwecke wie der einzelnen Urteile aufgrund dieser Überzeugungen. Ihren Ursprung haben die Inhalte des Gewissens im Normenkanon der jeweiligen Kultur und Gesellschaft einerseits und im Bewusstsein des Individuums in Form der angenommenen moralischen Überzeugung andererseits. [14]

Da klingen viele »anständige« Worte mit: Überzeugung, Moral, Normen … Wenn man die oben gemachten Aussagen liest, glaubt man jedoch, das schlechte Gewissen sei etwas, vor dem man Angst haben muss, das beißt und nagt, einen umbringen kann. Und dabei sagen die Philosophen, bei denen das Thema »Gewissen« schon seit Jahrhunderten auf dem Lehrplan steht, dass die Existenz eines solchen der wesentliche Faktor ist, der den Menschen vom Tier unterscheidet.

Tiere sind gewissenlos. Sie leben in Rudeln oder als Einzelgänger, sie haben nur sehr selten monogame Anwandlungen, normalerweise suchen sie instinktiv den besten Partner, um die eigenen Gene weiterzugeben. Sie wollen fressen und unverletzt bleiben. Und sie unterwerfen sich meist dem an Muskelkraft und Ansehen Überlegenen.

Ein Mensch hingegen ist ein Individuum, welches nach Erfüllung in weitaus mehr und diffizileren Bereichen strebt: Partnerschaft, Liebe, Freundschaft, Nachwuchs, Gesundheit, Vermögen, Sicherheit, Karriere, Persönlichkeitsentfaltung, Anerkennung, Entspannung, Freiheit … Die Erfüllung aller Wünsche lässt sich nicht miteinander vereinbaren, also muss man zwangsläufig Kompromisse eingehen. Und hier meldet sich dann schnell das, was uns anscheinend immer so peinigt: das Gewissen.

Wenn man beispielsweise finanzielle Sicherheit für die ganze Familie wünscht, muss man viel arbeiten. Dies beschneidet die Freizeit, welche Entspannung, aber auch Freiheit und Persönlichkeitsentfaltung bedeutet, und schränkt auch die Zeit ein, die man lieber mit der Liebe des Lebens oder dem Nachwuchs verbracht hätte. Die Folge: sowohl ein schlechtes Gewissen der Familie gegenüber wie auch schlechte Laune, weil man selbst viel zu kurz kommt. Oder anders: Man entscheidet sich, in erster Linie für die bedürftigen Mitmenschen da zu sein und verzichtet auf Erfüllung im Beruf, was auch nicht glücklich macht und eventuell ein schlechtes Gewissen hervorruft, weil der Ehepartner dann ja die Brötchen ganz allein verdienen muss.

Letztlich ist also das schlechte (und auch das gute) Gewissen immer zur Stelle, wenn man sich entscheiden muss. Es ist etwas, das sich aus den vielen bewussten Möglichkeiten ergibt, die das Leben nun mal bietet. Gewissen kommt von Wissen:

Man weiß, dass immer etwas auf der Strecke bleibt, wenn man dem anderen den Vorzug gibt.

Eine Trennung ist eine der einschneidendsten Entscheidungen überhaupt: Gehen oder bleiben? Egal, was man macht, es wird ein schmerzhafter Kompromiss sein. Das Gewissen wird sich in jedem Fall melden.

Als die Kinderkrankenschwester Wilma den 18 Jahre älteren Horst kennenlernt, bestimmt die Diagnose »Multiple Sklerose« schon seit Jahren dessen Alltag. Die Nervenkrankheit, die bei ihm alle paar Jahre in Schüben auftritt und den bereits einmal geschiedenen Koch immer mehr in seiner Bewegungsfreiheit einschränkt, ist aber kein Grund für Wilma, sich gegen eine Beziehung zu entscheiden. Sie heiratet ihn, diesen liebenswerten, freundlichen Mann, der sich trotz der Schicksalsschläge nicht unterkriegen lässt und noch so viel vorhat im Leben.

Und tatsächlich kommt es in den ersten Ehejahren zu einer gesundheitlichen Verbesserung, beide bekommen zwei Töchter und gründen einen Partyservice, der bereits nach vier Jahren so gut läuft, dass Wilma wieder in ihren geliebten Beruf zurückkehren kann. Das Geld reicht für ein nettes Reihenhaus in ihrer Heimatstadt. Zwar haben Wilma und Horst unterschiedliche Interessen – er liebt es, sich mit seinen Kegelbrüdern zu treffen, dafür besucht sie Kurse für Aquarellmalerei –, aber die gleichberechtigte Aufgabenverteilung in Haushalt und Familie schafft eine gemeinsame Ebene, auf der beide bestens miteinander zurechtkommen. Es ist eine wirklich gute Zeit, insbesondere im Hinblick auf die unberechenbare Krankheit betrachten Wilma und Horst diese Jahre als ein Geschenk des Himmels.

»Wir haben immer sehr viel Wert auf Selbständigkeit und gegenseitigen Respekt gelegt. Horst mochte meine Unabhängigkeit und Stärke, es war für ihn überhaupt kein Thema, dass ich durch meinen Beruf in der Kinderklinik oft nicht zu Hause war. Er war ein wirklich engagierter Vater und genauso gut wie ich in der

Lage, die Wäsche zu machen, das Essen zu kochen und Hausaufgabenhilfe zu leisten. Das ist in unserem Bekanntenkreis eher unüblich gewesen, vor allem, weil Horst damals ja schon Mitte 40 war. In seiner Altersklasse sucht man lange nach Männern, die wissen, wie man eine Spülmaschine anstellt.«

Doch dann kommt wieder ein Krankheitsschub, und Horst verliert innerhalb weniger Wochen die Kontrolle über seine Hände und einen beträchtlichen Teil seines Sehvermögens. Er soll eine neue Therapie ausprobieren, dafür muss Wilma sich extra schulen lassen, ihm täglich Spritzen setzen und gezielte Gymnastikübungen mit ihm absolvieren. Durch die Verschlechterung ist ihm die praktische Arbeit in der Firma nicht mehr möglich, er koordiniert lediglich die Köche, Fahrer und Dekorateure, aber selbst kann er nichts mehr machen. Nur den Haushalt und die Kinder hat er noch im Griff, denn die Wohnung hatten sie sich ohnehin behindertengerecht eingerichtet, und er findet sich dort auch ohne Augenlicht zurecht.

Aber Horst, der noch nie ein Mann der großen Worte und gefühlvollen Gesten gewesen ist, zieht sich sehr in sich zurück. Die körperlichen Berührungen zwischen den Eheleuten beschränken sich zunehmend auf die pflegerischen Hilfestellungen, die Wilma leistet. Dass beide sich noch ein Schlafzimmer teilen, erfüllt nur den Zweck, dass Wilma schnell zur Stelle ist, wenn Horst nachts wach wird und ihre Hilfe braucht. Wilma ahnt seine Verzweiflung über diesen Zustand. Die Arbeitsunfähigkeit und die Sorge, wie schnell der Verlauf der Krankheit wohl voranschreiten wird, setzen ihm zu. Doch er kann oder will sich nicht dazu äußern, jede liebevolle und besorgte Zuwendung lehnt er in seiner ruppigen Art ab. Zwar ist er für die inzwischen zehn und acht Jahre alten Kinder nach wie vor hundertprozentig da, aber als Mann – als Wilmas Mann – versteckt er sich hinter einer Maske. Das Lachen, die gute Laune, alles wirkt wie aufgesetzt. Die meiste Zeit ist er unnahbar und schweigsam.

»Es wurde schlimmer, je mehr er meine Hilfe benötigte. Ich

musste ihm die Zähne putzen, ihm beim Anziehen helfen und das Brot schmieren. Mir machte das nichts aus, aber er fühlte sich – so glaube ich zumindest – gedemütigt, dass ich mich wie eine Mutter um ihn kümmern musste. Irgendwann wurde er sarkastisch. Wenn Freunde zu Besuch kamen und ich mich ein bisschen schick machte, lästerte er vor unseren Gästen über meine angebliche Kriegsbemalung. Ich weiß, er machte das, um nicht nur der bemitleidenswerte Pflegefall zu sein, der die aufopferungsvolle Privatschwester anhimmelt. Aber er hat mir damit wehgetan. Ich habe unsere Beziehung schließlich nie auf diese Weise definiert. Das war nur seine Wahrnehmung. Ich suchte immer irgendwo in ihm nach dem Horst, den ich einmal geheiratet hatte, nach dem optimistischen und tatkräftigen Mann, der sich nicht so schnell umwerfen ließ. Aber ich habe ihn nicht mehr gefunden. Und das machte mich schrecklich einsam.«

Horst erzählt nicht, wie es ihm wirklich geht, aber was noch schlimmer ist: Er fragt auch seine Frau nicht, wie sie sich fühlt. Beide haben Angst, beide sehnen sich nach unbekümmerter Zuneigung, beide sind sich einerseits körperlich so nah, aber andererseits meilenweit voneinander entfernt. Wilma ist zu diesem Zeitpunkt gerade Anfang 30. Aber sie fühlt sich wie eine alte Frau, krank und vom Leben gebeutelt, es bleibt kaum noch Kraft für die Kinder und den anstrengenden Job, und es bleibt überhaupt nichts mehr übrig für sie selbst.

»Ich habe lange durchgehalten, aber auf einmal war mir glasklar, ich musste mich von Horst trennen. Nicht nur um meiner selbst willen, sondern auch für ihn. Wir beide hätten uns sonst irgendwann gegenseitig zugrunde gerichtet. Ich habe ihn geheiratet, unabhängig von seiner Krankheit, also konnte ich mich auch unabhängig davon von ihm trennen. Ich habe ihn in erster Linie immer als stolzen Mann gesehen, und genau diesem Mann wollte ich es nicht antun, nur aus Mitleid bei ihm zu bleiben.«

Die Entscheidung, zumindest erst einmal für ein paar Monate

auszuziehen, bedeutet noch weit mehr als die Trennung von ihrem Mann. Als Horst sie bittet, doch wenigstens die Kinder bei ihm zu lassen, damit sie im gewohnten Umfeld bleiben und er weiter eine Aufgabe im Leben hat, überlegt sie lange. Doch da er stets als Elternteil eine ebenso große Verantwortung für die Mädchen übernommen hatte wie sie und weil er trotz seiner Behinderung auch jetzt noch in der Lage ist, für das Wohlergehen der inzwischen zwölf- und zehnjährigen Töchter zu sorgen, verlässt sie auch ihre Kinder.

Wenn man geht, verletzt man den Expartner, die Kinder, die Freunde und Verwandten. Diese Komponenten wurden in den letzten drei Kapiteln genauer unter die Lupe genommen. Und obwohl das Verhältnis jeweils unterschiedlich gewertet werden muss, die Schlussfolgerung ist stets dieselbe: Wer zu seiner Entscheidung steht und diese konsequent umsetzt, macht es den anderen leichter, damit fertig zu werden – und hat eigentlich gar keinen Grund mehr, sich von der inneren Stimme malträtieren zu lassen.

Wenn man hingegen beim ungeliebten Partner bleibt, weil man sich vor dem schlechten Gewissen fürchtet, verletzt man genau genommen sich selbst. Nur macht sich das schlechte Gewissen, welches man sich selbst gegenüber hat, ganz anders bemerkbar. Weniger in Selbstvorwürfen als in Vorwürfen gegen Gott und die Welt. Schließlich macht man die anderen ohne ihren Willen und auch oft ohne ihr Wissen für diese »Gewissensentscheidung« verantwortlich. Das wird sich auf lange Sicht gesehen rächen. Entweder wird man gereizt, frustriert oder verbittert, wovon das nähere Umfeld sicher auch nicht verschont bleiben wird. Oder man gibt sich auf, wird depressiv, krank und apathisch. Damit ist auch niemandem geholfen.

Es ist also ganz klar: Eine Entscheidung zugunsten der anderen ist eine Entscheidung gegen sich selbst. Und es ist ein

Kompromiss, wahrscheinlich sogar ein viel schlechterer, als wenn man zu seinen Gefühlen gestanden und sich getrennt hätte. Denn man selbst, das eigene Ego, die innersten Wünsche und Bedürfnisse, sollte die oberste Instanz bei Gewissensfragen sein. Sozusagen der höchste Richter, der im Zweifel für den Angeklagten urteilt.

Die italienische Philosophin Diana Sartori sagt: Das Gewissen ist die Stimme der Mutter, denn diese war es, die das Kind von Anfang an gelehrt hat, dass es nicht allein auf der Welt ist und sich Regeln und Normen unterwerfen muss. Wenn man etwas »mit gutem Gewissen« tun will, dann sollte man im Hinterkopf behalten: »Kann ich das vor meiner Mutter (oder einer ähnlich vertrauten Person) vertreten?« Und selbst wenn man weiß, die »Mutter« würde es nicht gutheißen, die Auseinandersetzung mit dieser moralischen Instanz erlaubt einem, etwas schließlich als »gewissenhafte Entscheidung« zu sehen. [15]

Schuld und Entschuldigung

Natürlich lädt man Schuld auf sich, wenn man eine Beziehung verlässt, denn man handelt entgegen den Interessen anderer und weiß, dass man ihnen damit Schaden zufügt. Es ist normal und sogar gut, wenn man sich deswegen Vorwürfe macht.

Doch der wesentliche Punkt, ob man in seinen Schuldgefühlen verharrt oder mit ihnen leben, vielleicht sogar von ihnen profitieren kann, ist, dass man sich ihnen stellt. Damit ist nicht gemeint, dass man mit gesenktem Haupt durch die Welt geht, sondern vielmehr, dass man den Blick zurück in die Vergangenheit (»Wie konnte es eigentlich dazu kommen?«) und auch in die Zukunft (»Was werde ich ab jetzt anders machen?«) richtet. Man sollte Zusammenhänge begreifen und seine Lehren daraus ziehen. Neueste Forschungen an der Cornell University in Ithaca haben sich mit dem Thema Schuld und Reue beschäftigt, mit dem Ergebnis, dass es wichtig ist, sich mit gemachten Fehlern auseinanderzusetzen [16]. Man nennt das »Kontrafaktisches Denken« – das Grübeln über Dinge, die in der Realität nicht stattgefunden haben –, also Sätze wie »Hätte ich doch nur …«« oder »Wäre ich bloß nicht …«. Denn obwohl es ja scheinbar sinnlos ist, sich über die verpatzten Möglichkeiten aufzuregen, entwickelt man so unbewusst neue Strategien, die in Zukunft vor solchen Pleiten bewahren sollen.

Es gibt einen Tipp, wie man dabei noch das eigene Wohlbefinden steigern kann: Es ist besser, kontrafaktische Abwärtsvergleiche zu machen. Also lieber denken: »Wie wäre es mir emotional ergangen, wie hätte ich das nur weiter ertragen, wenn ich geblieben wäre.« Ein Aufwärtsvergleich wäre: »Wie glücklich wären meine Kinder, wie viel friedlicher wäre das Leben, wenn ich geblieben wäre.« Wenn man also für sich selbst deutlich macht, dass die Entscheidung ein noch größeres Unglück verhindert hat, dann kann man mit den einhergehenden Gewissensbissen besser umgehen – und sich selbst die Entscheidung entschuldigen.

Ohnehin sollte man zu sich selbst ein bisschen gnädig sein. Gerade was Fehler in der Vergangenheit angeht. Gut, vielleicht wäre alles anders gekommen, wenn man schon vor Jahren den Mut gehabt hätte, die Beziehung in eine andere Richtung zu lenken. Aber damals war man nicht derselbe Mensch, der man heute ist. Vielleicht war damals einfach der Leidensdruck noch nicht groß genug, oder man war sich der Probleme noch nicht so bewusst, wie man es heute ist, oder man war noch nicht selbstsicher genug, um die eigenen Interessen wahrzunehmen. Es bringt nichts, mit sich selbst allzu hart ins Gericht zu gehen. Wenn man dafür jetzt die Bereitschaft zeigt, an sich zu arbeiten und es besser zu machen, ist es auch gut.

Wilma nimmt sich eine kleine Ferienwohnung ganz in der Nähe, da braucht sie nicht viel aus dem Haus mitnehmen, im Grunde nur ihre Kleidung und Kosmetik und die Sachen für die Aquarellmalerei. Sie legt viel Wert auf eine flexible Besuchsregelung und ist jederzeit für ihre Familie erreichbar. Anfangs kommen oft diese Anrufe, in denen Horst sie bittet, doch zurückzukommen, weil er sie brauche. Nun stellt sich das schlechte Gewissen ein, sie hat Angst, eine Fehlentscheidung getroffen zu haben, zudem macht sie sich große Sorgen um Horst, dem es durch die ganzen Sorgen gesundheitlich schlechter geht. Er muss eine Haushaltshilfe bei der Krankenkasse beantragen – und das, wo sie selbst doch zwei gesunde Hände und Augen hat und ihm prima zur Seite stehen könnte.

Aber Wilma bleibt hart. Sie unterstützt ihn zwar, wo sie kann, aber sie will nicht mehr seine Frau sein. Aus der Übergangslösung wird ein Dauerzustand, nach einem Jahr reicht Wilma die Scheidung ein, die Ehe ist zu Ende.

»Manchmal glaube ich, im Grunde genommen hat Horst es ganz genauso gesehen. Es war ihm klar, unsere Beziehung war gescheitert. Aber er ist eben ein introvertierter Mensch und konnte das nicht so äußern. Eher unbewusst hat er mich mit seiner verschlossenen und fremden Art von sich getrieben. Zwar hat er gelitten, ja, er hat mich sicher auch noch geliebt, als ich gegangen bin. Aber er hat niemals nach den wirklichen Gründen gefragt und keinmal gesagt, er wolle sich ändern und es nochmal versuchen. Auch hat er mir nie Vorwürfe gemacht, nie gesagt, ich hätte ihn im Stich gelassen.«

Diese Vorwürfe kommen von anderer Seite: Wilma wird auf der Straße von wildfremden Leuten beschimpft, sie solle wie eine erwachsene Frau bei ihrem kranken Mann und den armen Kindern bleiben. In ihrem Postkasten findet sie anonyme Briefe, in denen sie als gewissenlose Person diffamiert wird. Die gemeinsamen Freunde aus der Ehezeit wenden sich alle von ihr ab. Sie ist in ihrem Heimatstädtchen eine Persona non grata geworden.

Sie lässt es über sich ergehen. Niemandem erzählt sie von ihrem eigenen Leiden, schließlich ist sie auch ein Stück weit verlassen worden, und zwar von dem Mann, den sie damals geheiratet hat. In all den Jahren, die sie sich mit ganzem Herzen um ihn gekümmert hat, hatte er sie immer mehr von sich gewiesen. Im Grunde genommen fühlte sie sich wie jemand, der lange Zeit dafür verwendet hat, die Zuneigung des Geliebten zu gewinnen, um dann erkennen zu müssen, dass alles vergebene Liebesmüh gewesen ist. Sie hat alles aufgegeben, ihr gemütliches Zuhause, ihre beiden Kinder, den Anteil an der Firma, die sie immerhin mit aufgebaut hat. Das Einzige, was ihr geblieben ist, ist sie selbst. Und nun traut sie sich nicht auf die Straße, weil sie jedem, der sie freundlich grüßt, erst einmal grundsätzlich misstraut.

Ausgleich findet sie nur in ihrem Hobby – in der Malerei. Sie bringt die schönsten, farbigsten Bilder aufs Papier, während es in ihr düster und traurig aussieht. Um endlich wieder unter Leute zu kommen, besucht sie in einer weiter entfernten Gemeinde, wo keiner sie kennt, einen Malerei-Kurs. Sie erzählt den Menschen nichts über sich und ihr Leben, sie ist einfach nur Wilma, die gern und gut mit dem Pinsel umgehen kann. Hier trifft sie auch Rolf, er hat einen Parallelkurs in Bildhauerei belegt.

»Wir waren lange Zeit einfach nur gute Bekannte, die dasselbe Hobby haben, mehr nicht. Ich hing emotional noch immer so an Horst, zudem machte mein schlechtes Gewissen, dass ich mich hässlich und unliebenswürdig fühlte. Ich wäre nie auf den Gedanken gekommen, mit einem Mann zu flirten, dazu war ich trotz der Trennung, die schon anderthalb Jahre zurücklag, noch immer nicht frei genug. Aber als wir dann eine gemeinsame Ausstellung hatten und einen ganzen Tag Bilder und Skulpturen positionieren sollten, schaute er mich auf einmal an und sagte: ›Du bist schon eine echt hübsche Frau, aber irgendwie habe ich das Gefühl, wenn du glücklicher wärst, würdest du noch schöner aussehen. Wollen wir später noch einen Kaffee zusammen trinken gehen?‹ – Meine Güte, so hat noch nie ein Mann mit mir gesprochen. So ehrlich besorgt, aber trotzdem charmant verpackt. Ich war sehr aufgeregt.«

Mit Rolf holt Wilma alles nach, was ihr in den sprachlosen Ehejahren gefehlt hat. Sie erzählt ihm stundenlang von ihrem Leben, von ihren Selbstzweifeln und den Schuldgefühlen. Er hört zu und macht ihr keinerlei Vorwürfe. Erst als sie fertig ist, sagt er, dass er sie für eine starke und sehr gewissenhafte Frau und Mutter hält. Das verschlägt Wilma fast den Atem. Bei den nächsten Treffen geht es auch umgekehrt, Rolf berichtet von seiner Scheidung, von seinen Gefühlen und Ängsten. Wilma kann es nicht fassen, endlich findet sie das, was sie schon nicht mehr für möglich gehalten hat. Dennoch dauert es fast ein halbes Jahr, bis aus den beiden ein »richtiges« Paar wird, erst ein weiteres Jahr später kaufen sie ein Haus, ziehen zusammen und heiraten.

Trotz der neuen Beziehung bleibt der Kontakt zu Horst und den Kindern eng und von gegenseitigem Respekt geprägt. Eines Nachts klingelt dann das Telefon, es ist Horst, er ist verzweifelt und weint. Ein weiterer Krankheitsschub hat ihn in der Bewegungsfreiheit eingeschränkt, und er sieht sich nicht mehr in der Lage, die Töchter zu versorgen.

»Er sagte: ›Jetzt musst du die Mädchen abholen, jetzt gleich, ich kann nicht mehr, keine Sekunde länger.‹ Rolf und ich haben sofort reagiert und sind zu ihm gefahren. Als die Sachen gepackt und im Auto verstaut waren, als die Kinder schon abfahrbereit auf der Rückbank saßen, bin ich nochmal rein und habe ihn ganz fest in den Arm genommen. Es war die erste zärtliche Berührung seit einer unendlich langen Zeit, und ich habe ihm geschworen, dass diese Trennung von den Kindern für ihn so sanft wie möglich gestaltet werden wird und ich alles Erdenkliche unternehmen werde, um ihm zu helfen. Er hat so geweint, und das hat mich fast umgeworfen, weil er jetzt, wo alles schon viel zu spät war, endlich mal Gefühle zeigen konnte.«

Wenig später zieht Horst in eine betreute Wohnanlage ganz in der Nähe von Wilmas Haus. Die Töchter besuchen ihren Vater fast täglich, und alles, was er trotz seiner Behinderung noch leisten kann, will er machen: für Klassenarbeiten üben, große und kleine Problemchen lösen, väterliche Ratschläge erteilen. Im Umkehrschluss bringen die heranwachsenden Töchter Leben in die Bude, Horst befindet sich noch immer mitten im Geschehen und fühlt sich alles andere als nutzlos. Das innige Vater-Töchter-Verhältnis, welches sich nicht zuletzt auch durch die Trennung der Eltern ergeben hatte, erweist sich jetzt als Bereicherung für alle Beteiligten.

Das Sprichwort »Wir bereuen nicht die Dinge, die wir tun, sondern die Dinge, die wir nicht getan haben« ist mehr als nur eine Volksweisheit. Dinge, die man getan hat und mit denen man sich selbst oder anderen geschadet hat, quälen einen kurz und heftig, doch irgendwann kommt man mit sich wieder ins Reine. Hingegen lassen einen die Zweifel über ungenutzte Möglichkeiten jahrelang nicht in Frieden.

Wäre man also in der Beziehung geblieben, dann würde man sich wahrscheinlich bis in alle Ewigkeiten den Kopf darüber zerbrechen, wie das Leben wohl ausgesehen hätte, wenn man den Mut zur Trennung gehabt hätte.

Die Konsequenzen hingegen, die man aus der tatsächlich vollzogenen Trennung zu spüren bekommt, sind zwar anstrengend und mit vielen Einbußen verknüpft, doch irgendwann einmal verarbeitet. Man hat die Sache hinter sich gelassen und kann sich nun – um einiges klüger geworden – neuen Dingen zuwenden.

Jetzt ist es gut

Irgendwann muss man das Grübeln sein lassen. Es macht keinen Sinn, den Rest des Lebens zu denken was-wäre-gewesen-wenn-oder-wenn-nicht. Es wird Zeit, dass man stolz darauf ist, eine bewusste Entscheidung getroffen zu haben, die vielleicht schmerzlich für andere und für einen selbst war, die wahrscheinlich nicht den eigenen Moralvorstellungen und Lebensentwürfen entsprach. Die aber auch mutig war, konsequent und ehrlich.

Es war nicht nur eine Entscheidung gegen, sondern in erster Linie eine Entscheidung für etwas. Es war der Entschluss, Verantwortung für sich selbst und sein Leben zu übernehmen, sich den Ängsten zu stellen und ganz bewusst den eigenen Wünschen auf den Grund zu gehen.

An dem Morgen, als Horst an einer Lungenentzündung stirbt, ist Wilma allein zu Hause. Der Anruf des Pflegedienstes erreicht sie, als sie gerade den Frühstückstisch abräumt. So hat sie ein wenig Zeit, sich die Worte zurechtzulegen, mit denen sie den Mädchen vom Tod des geliebten Vaters erzählen kann. Aber sie hat auch Zeit, sich selbst damit auseinanderzusetzen. Sie kramt alte Fotoalben hervor, erinnert sich an die glücklichen Jahre, die sie gemeinsam hatten, und sie trauert um Horst. Nicht wie eine Witwe, eher wie eine sehr gute Freundin. Fünf Jahre nach der Trennung ist es nun Zeit, sich endgültig von ihrem ersten Ehemann zu verabschieden.

Bei der Beerdigung setzt sie sich nicht in die vorderste Reihe neben die Kinder, sondern schiebt sich lieber ganz hinten in die letzte Bank. Angeblickt wird sie trotzdem, das fällt ihr auf. Irgendwie hat sie wohl immer noch Angst vor dem, was die anderen ach so gewissenhaften Freunde und Bekannten über sie denken.

»Manchmal überlege ich: Hätte ich gewusst, dass er in fünf

Jahren stirbt, wäre ich dann bei ihm geblieben? Wäre ja durchzuhalten gewesen. Aber dann antworte ich mir selbst, dass dies keine ehrliche und respektvolle Geste gewesen wäre, damit hätte ich Horst wahrscheinlich eher gekränkt als genutzt. Ich kannte ihn so gut, ich wusste, wäre er dahintergekommen, er hätte mich beschimpft für diese Opferhaltung. Dadurch, dass auch ich mich weiterentwickelt habe und nun mit Rolf eine Ehe führe, wie ich sie brauche, mit offenen Gesprächen und viel Gefühl, habe ich dem Ganzen schließlich auch einen Sinn zu geben vermocht. Deswegen weiß ich: Würde ich mit dem Wissen von heute noch einmal vor derselben Entscheidung stehen, ich würde es wieder tun. Ich war es mir und meinem Leben, aber auch den Kindern und letztlich auch Horst schuldig.«

Jeder, der es sich nicht leicht gemacht hat – und davon ist in den allermeisten Fällen auszugehen –, hat das Recht, sich zu trennen. Niemand darf einem deswegen Vorwürfe machen, auch man selbst nicht, es sei denn, man nutzt die Chance der Neuorientierung nicht und begeht dieselben Fehler ein weiteres Mal. Ansonsten ist es ganz schlicht gesagt eben der Lauf der Welt, dass Dinge und Gefühle, Wünsche und Ziele sich ändern. Die Liebe zum anderen war vorbei oder hatte keine Chance, weiter zu bestehen. Aber die Liebe zu sich selbst muss deswegen nicht vor die Hunde gehen, sie ist ein guter Grund, einen neuen Weg einzuschlagen. Und Liebe ist immer ein Grund, stolz sein zu dürfen.

Keiner (0 %) hat im Nachhinein die Trennungsentscheidung bereut

Verstehen Sie sich

- Ihr Gewissen wird sich immer melden, wenn Sie wichtige Entscheidungen treffen müssen, weil es dazu dient, verschiedene Interessen gegeneinander abzuwägen.
- Nehmen Sie Ihre eigenen Interessen dabei besonders wichtig und fühlen Sie sich deswegen nicht schuldig.
- Ein schlechtes Gewissen anderen gegenüber macht sich in Schamgefühl und Niedergeschlagenheit bemerkbar, das schlechte Gewissen sich selbst gegenüber äußert sich eher in Gereiztheit und Verbitterung.
- Denken Sie nicht darüber nach, was vielleicht besser gewesen wäre, wenn Sie sich anders entschieden hätten, sondern nur, was Ihnen dadurch erspart geblieben ist.
- Setzen Sie sich mit den Fehlern der Vergangenheit auseinander und lernen so, es in Zukunft anders – und somit besser zu machen.
- Wenn Sie vor der Alternative stehen: Handeln oder Nichthandeln, dann sollten Sie sich immer für die aktive Möglichkeit entscheiden, denn unterlassene Chancen bereut man mehr als ein vermeintliches Fehlverhalten.
- Akzeptieren Sie Ihre Trennungsentscheidung, erinnern Sie sich an die vielen Skrupel und Zweifel, die Sie aus gutem Grund überwunden haben, und seien Sie stolz darauf.

Teil 3: Danach

Von: Dir   **An:** Jemanden, der es gut mit dir meint
Betreff: Wann fängt die Zukunft an?

Heute war ein Tag, der sich fast unbemerkt davongestohlen hätte, ohne gebührend gewürdigt zu werden, denn heute war – glaube ich – der erste Tag, an dem ich nicht verzweifelt war. Ich kann mich nicht erinnern, zwischen Aufstehen und Müdewerden einen Gedanken an den Streit, die Trennung und das ganze Tohuwabohu verschwendet zu haben. Stattdessen habe ich beschlossen, mein Wohnzimmer am Wochenende neu zu tapezieren und demnächst in einem Kurs meine Spanischkenntnisse aufzubessern – wer weiß, vielleicht für einen Urlaub auf Gomera, da wollte ich schon immer mal hin. Und gerade will ich den PC runterfahren, da fällt mir auf, ich habe heute nicht gelitten, ich hatte keine Magenschmerzen und kein ungutes Gefühl, als das Telefon klingelte oder ich die Post aus dem Briefkasten holte. Und nun frage ich mich: Fängt ab heute etwa die Zukunft an?

Betreff: Re: Wann fängt die Zukunft an?
Toll! Und ich dachte schon, du hast dich in Luft aufgelöst, denn – vielleicht ist es dir noch gar nicht aufgefallen – seit einer Woche hast du mir keine einzige Mail mehr geschrieben. Wie schön, dass der Grund so erfreulich ist: Es geht dir wieder gut! Du bist auf dem Weg, dich jetzt wirklich als unabhängig und getrennt zu sehen, du hast keine Schuldgefühle mehr und

fühlst dich von der Verantwortung für deinen Expartner befreit. Wenn das kein Grund zum Feiern ist!

Betreff: Re: Re: Wann fängt die Zukunft an?
Feiern? Mach mal halblang! Darf man das denn?

Betreff: Re: Re: Re: Wann fängt die Zukunft an?
Ja, worauf wartest du noch? Wer schreibt dir jetzt noch vor, wie du dich fühlen kannst und sollst – und ob du eine Flasche Sekt öffnen darfst oder nicht? Wenn dir danach zumute ist, dann los …

Betreff: Re: Re: Re: Re: Wann fängt die Zukunft an?
Aber … Hmm. Soll ich dir was beichten? Ich glaube, ich habe mich auch ein bisschen verliebt. Stell dir das mal vor. Dabei habe ich das echt nicht gewollt, eigentlich habe ich die Nase gestrichen voll von Herz und Schmerz, und nun stehe ich da gestern an der Kinokasse und sehe in zwei lachende Augen und … ach du meine Güte, geht das schon wieder los, habe ich gedacht. Wir haben ein bisschen gequatscht, es war sehr nett, sogar Telefonnummern haben wir ausgetauscht. Ich war wohl selbst wie ausgetauscht. Dabei geht das doch sowieso wieder schief, oder nicht? Die erste Beziehung nach einer Trennung ist doch meistens für die Katz.

Betreff: Re: Re: Re: Re: Re: Wann fängt die Zukunft an?
Und deswegen willst du gar nicht erst eine neue Liebe zulassen? Das ist aber eine schlechte Strategie, wenn ich mal so direkt sein darf. Hast du mit deiner Trennung etwa ein Gelübde abgegeben, nie wieder nach Glück zu suchen? Zumindest die Hoffnung darauf solltest du dir gestatten. Was schreibst du mir Mails? Schnapp dir lieber das Telefon und rufe die lachenden Augen an!

Betreff: Re: Re: Re: Re: Re: Re: Wann fängt die Zukunft an?
Jetzt?

Betreff: Re: Re: Re: Re: Re: Re: Re: Wann fängt die Zukunft an?
Wann sonst?

Betreff: Re: Re: Re: Re: Re: Re: Re: Re: Wann fängt die Zukunft an?
Jetzt platzt du vor Neugierde, stimmt's?
Okay, ich habe angerufen. Die lachenden Augen waren da. Wir treffen uns morgen auf einen Kaffee.
Ich gebe zu, ich habe noch einen Gedanken an meine Vergangenheit verschwendet. Was ist, wenn uns morgen jemand sieht? Vielleicht, während ich gerade flirte oder verliebt lachend meine Nase in den Milchschaum stecke …
Nein, du brauchst mir keine Antwortmail zu schreiben, dass mir das eigentlich egal sein sollte und dass ich das Recht darauf habe, mein Leben in die Hand zu nehmen und Richtung Happy End zu führen. Ich weiß das inzwischen. Meine Entscheidung war gut und richtig. Ich bin stolz auf mich. Gleich werde ich alle Scheidungsratgeber und Trennungssachbücher von meinem Nachttischchen räumen, und dann überlege ich, was ich morgen anziehe.

8. Die Trennung schwarz auf weiß: Schließen Sie ab

Scheiden tut (gar nicht so) weh

Es ist so banal, besonders, wenn man es mit dem Überschwang der glücklichen Tage vergleicht, mit den Schmetterlingen im Bauch zu Beginn der Beziehung, mit dem Glanz der pompösen Hochzeit. Und dann steht man eines Tages im nüchternen Sitzungszimmer eines Amtsgerichts und lässt einige Formalitäten über sich ergehen, ein Richter spricht ellenlange Juristensätze auf ein Diktiergerät und spult vor und zurück, bis beide Parteien bestätigend nicken – und plötzlich ist man geschieden. Bei Scheidungen und Trennungen werden keine Erinnerungsfotos geknipst, die Glückwünsche von Freunden werden auch eher verschämt ausgesprochen. Manchmal trinken die Expartner hinterher noch einen Kaffee zusammen, neuerdings trifft man sich anschließend zu einer »Happy-Divorce-Party«, auf der man seine Hochzeitsgeschenke wieder zurückgibt. Doch unwürdig ist irgendwie alles, egal ob der Tag der offiziellen Trennung im stillen Kämmerlein oder im großen Tumult ausklingt.

Als Andreas nach zwölf Jahren Ehe den Entschluss fasst, seine Frau und die vier kleinen Kinder zu verlassen, ist er gesundheitlich ein Wrack. Unzählige Streitereien zwischen ihm und Katharina haben ihm körperlich zugesetzt, er hat stark abgenommen und leidet unter heftigen Migräneattacken – die seine mit Haushalt und Kindern überforderte Frau als faule Ausrede eines Pantoffelhelden interpretiert und mit extra lauter Musik in der gesamten Wohnung quittiert. Seinen Job als Sonderschullehrer kann er nur noch wie in Trance erledigen, Kontakte zu Freunden und Verwandten werden seltener. Es geht in seinem Leben nur noch um Streit.

»Der Alltag hat unsere anfangs so glückliche Ehe aufgefressen. Sie warf mir vor, sie nicht genug zu unterstützen – ich fühlte mich von ihr gequält, weil sie mir nicht eine Sekunde Ruhe gönnte, wenn ich von der Arbeit nach Haus kam. Wir waren uns wirklich spinnefeind. Ich hatte meine Frau zudem mit einem anderen Mann erwischt, das Vertrauen war also hinüber. Auch eine Paartherapie brachte uns da keinen Schritt näher. Wegen der Kinder hielten wir noch ein bisschen durch, obwohl ich mir gar nicht so sicher bin, dass die vier sich das wirklich gewünscht haben. Katharina hatte bereits mehrfach angekündigt, sie würde mich mit den Kindern verlassen. Dann bin ich ihr zuvorgekommen und habe im Nachbarhaus eine freie Wohnung bezogen. So ging ich der unerträglichen Stimmung aus dem Weg und blieb trotzdem in der Nähe der Kinder. Man kann es am besten so formulieren: Ich bin gegangen worden.«

Für die öffentliche Meinung im kleinen Dorf sieht die Sache natürlich anders aus, da hat Andreas seine Frau mit vier Kindern sitzen lassen, wird getuschelt. Obwohl er mit seinem Gewissen im Reinen ist, kapselt er sich eine ganze Zeit lang ab, bis er endlich den Mut hat, sich den Vorwürfen zu stellen. Er vermeidet es, schlecht über Katharina zu reden, genauso verzichtet er darauf, sich für seine Entscheidung zu rechtfertigen.

Was Andreas am meisten verletzt: Katharina geht nach seinem Auszug generalstabsmäßig daran, die organisatorischen Sachen zu regeln: Unterhaltsfragen, Kinderbetreuung, Bewertung des gemeinsamen Vermögens, dies alles kalkuliert sie gründlich durch und stellt die entsprechenden Forderungen – zu diesem Zeitpunkt hat Andreas gerade mal die erste Nacht wieder ruhig schlafen können.

Das Haus, in dem sie leben, hat Andreas schon vor der Eheschließung geerbt, rechtlich hat Katharina nur Anspruch auf die Hälfte der Wertsteigerung, die die Immobilie durch den gemeinsamen Umbau bekommen hat. Doch Katharina findet Paragraphen und Fallbeispiele, die die Rechtslage auf einmal ganz anders aussehen lassen. Sie ist ihm meilenweit voraus, und damit auch sehr weit weg. Als sie eine gemeinsame Anwältin zur Scheidungsabwicklung vorschlägt, lehnt Andreas rigoros ab.

»Ich wusste, sie hatte schon weit vor unserer offiziellen Trennung mit dieser Juristin gesprochen und sich über ihre Rechte nach einer Scheidung erkundigt. Da war es mir unmöglich, die Anwältin für mich zu akzeptieren. Ich war mir sicher, diese würde immer zu allererst die Interessen von Katharina durchbringen. Das so gefühllose Vorgehen meiner Exfrau war mir schrecklich unheimlich, ich war sehr misstrauisch. Meine Schwester, selbst geschieden, empfahl mir einen anderen Anwalt für Familienrecht. Auch wenn ich eigentlich auf eine gütliche Einigung aus war: So fühlte ich mich einfach sicherer.«

Die Scheidung wird anderthalb Jahre nach der Trennung ausgesprochen. Ein bürokratischer Akt von 15 Minuten, den beide Parteien über sich ergehen lassen, bevor sie wieder in den gewohnten – und getrennten – Alltag verschwinden.

Letztlich besiegelt das Scheidungsurteil ohnehin nur einen Zustand, der seit mindestens einem Jahr herrscht: Man ist kein Paar mehr, man lebt nicht mehr zusammen und fühlt sich für den anderen nicht weiter verantwortlich. Da wird es höchste Zeit, dass man auch vor dem Gesetz diesen Status des Nicht-mehr-Zusammengehörens zugesprochen bekommt. Die meisten Menschen empfinden dabei nach der Scheidungsverhandlung keine Veränderung, weder befreite Höhenflüge noch nostalgische Wehmut stellen sich ein.

Ein paar Tage später flattert dann noch eine Rechnung ins Haus, auf der die Sätze von Anwälten und Gericht aufgrund eines Streitwertes festgesetzt wurden. Der Streitwert einer Ehe – im Grunde genommen ist sie doch unbezahlbar gewesen –, man fragt sich, wie kommen alle diese Zahlen und

Fakten überhaupt zustande? Kann man auf irgendeine Weise das schmerzhafte Scheitern eines individuellen Lebensentwurfs auf einen Nenner bringen mit all den anderen zahllosen und doch einzigartigen Fällen?

Natürlich ist jede juristische Scheidung ein Einzelfall, denn jedes Paar hat seine ganz eigenen Konflikte, Talente und Unfähigkeiten. Die Rechtsprechung bemüht sich jedoch, durch festgelegte Abläufe dem Ganzen einen festen Rahmen zu geben, unter dem die vielen zur Trennung gehörenden Aspekte abgehandelt werden können.

Aus diesem Grund ist es auch sinnlos, sich von – sicherlich gut gemeinten – Ratschlägen eine Richtung vorschreiben zu lassen. Es im Guten versuchen, als Freunde auseinandergehen, wie erwachsene Menschen auch mal großzügig sein – das klingt alles schön und erstrebenswert. Doch Tipps für die ultimative Scheidung können niemals allgemein gültig sein. Jeder will eine unkomplizierte Trennung, bei der man schließlich einen Haufen Geld und Nerven sparen kann. Aber dies ist nun mal nicht immer möglich.

Entscheidung zur Scheidung

Bevor es vor Gericht geht, tut man gut daran, sich selbst ein bisschen schlauzumachen. Es gibt viele kleine Tricks und Kniffe, die als harmloser Versöhnungsversuch getarnt daherkommen und einem schließlich den Boden unter den Füßen wegziehen. [17] Dennoch ist ein Anwalt immer der beste Experte, und oftmals kann er einem mit seiner geduldigen, erfahrenen Art auch den Wind aus den Segeln nehmen – wenn er merkt, dass man in eine falsche Richtung abdriftet.

Wie findet man eigentlich einen guten Rechtsvertreter? Einem, der zum eigenen Scheidungsfall passt? Empfehlenswert sind natürlich die Fachanwälte für Familienrecht, doch wenn es im Verfahren um Dinge wie Geschäftsvermögen geht, kann manchmal auch ein Spezialist für Steuerrecht ganz nützlich sein. Besser man sucht sich bei komplexen Fällen gleich eine größere Kanzlei, bei der sich Anwälte mit verschiedenen Spezialgebieten im Wissen ergänzen. Vielleicht hat jemand im Bekanntenkreis bereits gute Erfahrungen mit einem Juristen gemacht, oder der Steuerberater kann einem einen passenden Tipp geben, wer in der Gegend gute Ergebnisse für seine Mandanten erzielt hat.

Oftmals bekommt man den Rat: Such dir einen von der fiesen Sorte, einen Rhetoriker und Pfennigfuchser, der mit wehenden Fahnen in die Schlacht zieht. Dies muss aber nicht wirklich der beste Weg sein, um seine Rechte vertreten zu wissen.

Richter mögen es bekanntlich nicht so sehr, wenn in Scheidungsverhandlungen nur gestritten und geklagt wird. Wer hier Ruhe und Gelassenheit demonstriert, wird dennoch – und vielleicht sogar viel eher – zu seinem Recht kommen. Trotzdem sollte man sich natürlich auf jeden Fall bei seinem Anwalt gut aufgehoben wissen. Auch wenn dieser noch so viele andere Fälle auf dem Tisch liegen hat, derjenige, den er gerade bespricht und verhandelt, sollte in diesem Augenblick immer sein wichtigster sein.

22 % empfanden die juristische Trennung als am meisten belastend

Die folgenden Beispiele, wie es gehen kann, sind nur Richtungsweiser. Welchen Weg man tatsächlich einschlägt, welcher sinnvoll ist und von welchem man besser Abstand nimmt, hängt von einem selbst und natürlich vom Expartner ab.

Scheidung mit einem gemeinsamen Anwalt

Wie geht das?

Derjenige, der den Scheidungsantrag stellt, ist verpflichtet, einen Anwalt zu nehmen. Der andere – egal, ob mit der Trennung einverstanden oder nicht – kann als Antragsgegner auf einen eigenen Anwalt verzichten. Beide Partner können sich dann gemeinsam von einem Juristen beraten lassen, sie suchen nach einem Kompromiss in den strittigen Fragen und legen diesen schließlich bei der Scheidungsverhandlung zum Beschluss vor.

Was ist der Vorteil?

Die Rechnung fällt natürlich wesentlich niedriger aus, wenn man nur ein Anwaltshonorar zu zahlen hat. Zudem dauern diese Prozesse bei weitem nicht so lang, was sich ebenfalls positiv auf den Geldbeutel auswirken wird. Für das nacheheliche Miteinander ist es auch besser, wenn man gemeinsam eine Lösung gefunden hat, statt sie von einem Richter vorgesetzt zu bekommen, Kompromisse muss man schließlich in jedem Fall eingehen.

Wo steckt der Haken?

Ein gemeinsamer Anwalt ist nicht unparteiisch, denn er ist ja von demjenigen beauftragt worden, der die Scheidung eingereicht hat. Diese Person muss er auch in erster Linie als seinen Mandanten ansehen.

Für wen ist das zu empfehlen?

Wenn bereits ein Ehevertrag besteht, der die meisten strittigen Punkte behandelt, so wird ein Anwalt zur tatsächlichen Klärung in der Regel ausreichen. Auch wenn sich im Laufe des Trennungsjahres der Expartner als zuverlässig und versöhnlich erwiesen hat, man vielleicht schon eine Scheidungsfolgenvereinbarung getroffen hat, sollte man auf jeden Fall erst einmal diesen Weg gehen. Ebenso, wenn während der Beziehung keine ungleichen Einkommensverhältnisse herrschten, keine gemeinsamen Kinder geboren und keine großen Vermögenswerte geschaffen wurden.

Wem ist davon abzuraten?

Wenn der Expartner Druck ausübt, einem bereits vorgefertigte Verträge vorlegt oder sonst den Eindruck erweckt, dass ihm eine »gütliche Trennung mit nur einem Anwalt« mehr als wichtig ist, so ist unbedingte Vorsicht geboten. Wenn während der Partnerschaft große Vermögenswerte geschaffen wurden (Haus, Firma, Aktien etc.), ist davon abzuraten, denn oft machen diese materiellen Dinge einen erheblichen Teil der Altersvorsorge aus. Fehler, die man hier begeht, sind nie wiedergutzumachen, man hätte am falschen Ende gespart. Wenn man von sich selbst weiß, dass man durch das schlechte Gewissen dem Expartner gegenüber besonders nachgiebig geworden ist, sollte man ebenfalls unbedingt einen eigenen Anwalt konsultieren, der einem weniger emotional den Weg zum guten Recht weist. Wer jahrelang wesentlich mehr oder wesentlich weniger als der Partner verdient hat, sollte sich auch einzeln beraten lassen, denn sowohl überzogene Unterhaltsforderungen wie auch der Verzicht auf eine monatliche Unterstützung können weitreichende Folgen haben. Überhaupt: Wenn viele Fragen strittig sind und man sich schon im Alltag kaum vernünftig austauschen kann, ist ein gemeinsamer Anwalt beim besten Willen keine Lösung, den ersehnten Frieden herbeizuführen.

Was also tun?

Man kann es mit einem gemeinsamen Anwalt versuchen, sollte sich aber eine gesunde Portion Skepsis aneignen, insbesondere, wenn der Expartner den Scheidungsantrag gestellt hat. Wenn man das Gefühl hat, »zu kurz« zu kommen, muss man sofort den Anwalt wechseln und zusätzlich darauf bestehen, dass auch der Expartner eine neue Rechtsvertretung nimmt. Es ist auch möglich, den gemeinsam ausgearbeiteten

Scheidungsvertrag zur Prüfung einem unparteiischen Anwalt vorzulegen.

Achtung, niemals sollte man blind irgendwelche Verträge und Vereinbarungen unterschreiben, die einem vom Expartner als »beste und vernünftigste Lösung« oder »reine Formsache« präsentiert werden. Hier sollte man sich immer anwaltlich aufklären lassen, welche Konsequenzen diese Unterschrift hätte.

Scheidung mit zwei Anwälten

Wie geht das?

Wenn man nicht im Vorfeld ohnehin schon juristische Auseinandersetzungen hatte, dann geht einer von beiden irgendwann nach Ablauf des Trennungsjahres zu einem Anwalt und stellt den Scheidungsantrag, der andere – jetzt Antragsgegner, egal, ob mit der Scheidung einverstanden oder nicht – geht zu einem anderen Juristen und äußert sich zu diesem Antrag. Nun werden die Interessen der ehemaligen Partner von verschiedenen Anwälten vor Gericht vertreten. Jeder versucht, für seinen Mandanten das Beste herauszuholen.

Was ist der Vorteil?

Die eigenen Interessen werden auf diese Weise am konsequentesten vertreten. Frei von Emotionen und Schuldgefühlen wird der Anwalt sich für das eigene Recht einsetzen und nimmt einem somit auch eine große Belastung ab. Viele Gerichtsprozesse kann der Anwalt auch ohne Anwesenheit des Mandanten führen, somit kann man die Distanz zu den oft unschönen Auseinandersetzungen wahren.

Wo steckt der Haken?

Eine Scheidung mit zwei Anwälten ist vergleichsweise teurer. Oft wird den Anwälten auch nachgesagt, sie würden den Streitwert künstlich in die Höhe treiben, um ihre eigenen Beitragssätze zu heben. Und Anwälte streiten sich gern und ausgiebig, sie nehmen kein Blatt vor den Mund, wenn es darum geht, die andere Partei vor Gericht schlechtzumachen. Dies ist für das nacheheliche Miteinander nicht gerade förderlich.

Für wen ist das zu empfehlen?

Wenn man die direkte Auseinandersetzung mit dem Expartner scheut, sollte man einen Anwalt als »Puffer« nutzen. Wenn viel Vermögen im Spiel ist, es schon im Trennungsjahr Probleme mit dem Unterhalt oder dem Sorge- und Umgangsrecht gibt, ein unerträgliches Gesprächsklima zwischen den Expartnern herrscht, braucht man einen eigenen Vertreter.

Wem ist davon abzuraten?

Das meiste ist bereits im Ehevertrag oder in der Scheidungsfolgenvereinbarung geklärt und man kann sich schon seit geraumer Zeit wieder vernünftig miteinander unterhalten? Dann kann man es erst einmal ohne einen eigenen Anwalt versuchen. Unter Druck sollte man diesem Verzicht auf eine eigene Vertretung allerdings niemals zustimmen.

Was also tun?

Auch mit zwei Anwälten kann man eine vernünftige Scheidung bewältigen. Zum Beispiel, indem man die Forderungen und Zugeständnisse im Vorfeld mit dem eigenen Anwalt und entsprechenden Beratern (z. B. Steuerberater, Jugendamt) durchspricht und dann die beiden Juristen in einem außergerichtlichen Termin darüber streiten lässt, wie man die unterschiedlichen Interessen unter einen Hut bekommt. Wenn eine Kompromisslösung, eine Scheidungsfolgenvereinbarung, gefunden ist, wird diese dann beim Gericht vorgelegt. So spart man sich zahlreiche Gerichtsverhandlungen und ist trotzdem zuverlässig und gut vertreten.

Scheidung mit Hilfe eines Mediators

Wie geht das?

Während der Trennungsverhandlungen werden die strittigen Punkte in einem Mediationsgespräch erörtert. Beide

Partner werden zu Themen wie Sorgerecht, Unterhalt oder Zugewinnausgleich gleichermaßen angehört, dürfen ihre Bedürfnisse formulieren und ihre Sorgen zum Ausdruck bringen. Vorwürfe und Forderungen haben in einem solchen Gespräch keinen Platz und werden vom Mediator unterbunden. In mehreren Sitzungen sollen nun Kompromisse gefunden werden. Ergebnisse werden so detailliert wie möglich festgehalten und dann als Scheidungsfolgenvereinbarung den jeweiligen Anwälten, Notaren und dem Gericht vorgelegt.

Was ist der Vorteil?

Studien haben ergeben, dass auf diese Weise getroffene Entscheidungen bei beiden Partnern eine größere Akzeptanz haben. Der Mediator ist wirklich allparteilich und sieht sich allein in der Verantwortung, die beiden Parteien selbst zu einer Lösung kommen zu lassen. Niemand wird bevorzugt oder benachteiligt, jeder hat das Wort und muss dem anderen auch einmal zuhören. Wenn die Mediation erfolgreich ist, kann man zudem noch eine Menge Geld und Nerven sparen.

Wo steckt der Haken?

Wer sich zu einem Mediationsgespräch bereit erklärt, sollte weitestgehend mit sich und seiner Trennungsentscheidung im Reinen sein. Wen das Gewissen noch sehr quält, der wird dazu neigen, allzu nachgiebig zu sein, um das Schuldgefühl zu kompensieren. So kann es passieren, dass man Dingen zustimmt, weil man den verlassenen Expartner schonen oder ihm einen Gefallen tun will – und die weitreichenden Folgen dieser Vereinbarungen unterschätzt. Unter Druck und Drohung sollte man sich ohnehin nicht auf ein Gespräch einlassen, dessen Grundvoraussetzung die Freiwilligkeit, der gegenseitige Respekt und das Akzeptieren der Trennung ist. Vielleicht muss man dann einfach noch ein paar Monate warten, bis die Emotionen sich geglättet haben und man sich und seine Lebenssituation halbwegs sachlich definieren kann.

Ein weiterer Punkt: Die Kosten für einen Mediator tragen

beide zu gleichen Teilen, hier greift keine Prozesskostenhilfe, auch wenn das Gespräch ergebnislos bleibt, wird eine Rechnung für die Dienstleistung ins Haus flattern. Dann kann es zwar sein, dass man im Großen und Ganzen Geld spart, es aber dennoch für einen von beiden ein schlechtes »Geschäft« bedeutet, da er im Streit vor Gericht vielleicht gar keine Verfahrenskosten zu tragen gehabt hätte. Bei strittigen Fragen gibt es dort nämlich eine prozentuale bzw. alleinige Kostenpflicht, je nachdem, zu wessen Gunsten entschieden wurde. Insbesondere für mittellose Personen, die durch die Trennungsverhandlung eine finanzielle Absicherung fordern wollen und müssen, ist das kein unwichtiger Aspekt.

Was also tun?

Ein guter Mediator erkennt bereits im Vorgespräch, wann der Wunsch nach eigenverantwortlichen Lösungen echt ist und wann die Mediation instrumentalisiert oder sinnlos erscheint. Aus diesem Grunde sollte man den Versuch wagen, auch wenn man das Ergebnis betreffend skeptisch ist. Doch so muss man sich hinterher nicht vorwerfen, es nicht wenigstens im Guten versucht zu haben.

Getroffene Vereinbarungen müssen vor der schriftlichen Fixierung in jedem Fall von einem eigenen Anwalt auf ihre Zulässigkeit überprüft werden. Und sie sollten in Zukunftsfragen flexibel gestaltet sein, denn viele Absprachen verlieren ihre Gültigkeit, wenn sich zum Beispiel der Beruf, der Wohnort oder der Familienstand ändert. Oder wenn die gemeinsamen Kinder irgendwann älter werden und andere Ansprüche an ihre Eltern haben.

Ein Nein zur Mediation zum jetzigen Zeitpunkt muss ja nicht ein Nein für immer sein. Sollten die ersten Gerichtsstreitigkeiten doch fairer verlaufen als erwartet oder beruhigen sich die Fronten, kann man es ja noch einmal versuchen.

Wie geht das?

Voraussetzung für eine Scheidung ist, dass die Ehe seit mindestens einem Jahr nicht mehr besteht und beide Parteien keine Möglichkeit der Versöhnung sehen. Wenn einer dem Scheidungsantrag widerspricht, kann die Frist auf drei Jahre verlängert werden. Zudem muss der Versorgungsausgleich – dies sind die gegenseitigen Rentenansprüche, die sich aus den Abläufen der jeweiligen Versicherungsträger errechnen lassen – geklärt sein. Wenn nun keine weiteren Anträge im Scheidungsverfahren anhängig sind, kann recht zügig geschieden werden.

Was ist der Vorteil?

Viele Menschen empfinden es als Belastung, auf dem Papier noch weiterhin mit ihrem Expartner verheiratet zu sein. Für sie ist das Scheidungsurteil wie ein Startschuss in ein neues Leben. Wichtig für diejenigen, die sich aus der Klärung des Zugewinnausgleichs eine Auszahlung aus dem Vermögen erhoffen: Alle Forderungen werden ab dem Tag des rechtskräftigen Scheidungsurteils fällig. Sollte also der Streit um das liebe Geld erst in einigen Jahren beendet sein, so stehen einem für diese Zeit Zinsen zu.

Wer im Trennungsjahr an den Partner Trennungsunterhalt zahlen muss, der kann nach dem Urteil entspannter sein, denn seit der Unterhaltsreform liegt es nun in der Verantwortung des Einzelnen, für den Lebensunterhalt zu sorgen.

Wo steckt der Haken?

Obwohl man geschieden ist, sind die meisten Dinge noch ungeklärt. Man muss also auch bis zur Scheidungsverhandlung warten, um Anträge wie die Klärung des Umgangsrechtes, den Unterhalt oder Ähnliches zu stellen – dafür braucht man einen langen Atem. Manchen ist es zudem wichtig, den tatsächlichen Schlusspunkt erst zu setzen, wenn sämtliche Kapitel geschrieben sind. Zudem, was für den einen ein Vorteil, ist für den anderen ein Nachteil: Wer sich vor Klärung des Zugewinns scheiden lässt und anschließend eine größere Summe als Vermögenszahlung leisten muss, dem können die Zinsen nach allzu langer Verhandlungszeit ordentlich zu Buche schlagen. Und wer Trennungsunterhalt bekommen hat, der muss von nun an finanziell auf eigenen Beinen stehen.

Scheidung nach Klärung der Details

Wie geht das?

Gemeinsam mit dem Scheidungsantrag kommen auch die daraus resultierenden Anträge auf den Tisch. Unterhalt, Sorgerecht, Zugewinn, Umgangsrecht … Alle diese Dinge müssen nun erst gerichtlich entschieden sein, bevor ein Scheidungsurteil gesprochen wird. Dieses kann in besonders strittigen Fällen einige Jahre dauern, in der dann beide Parteien trotz aller Kämpfe immer noch offiziell ein Ehepaar sind.

Was ist der Vorteil?

Gravierend ist hier mit Sicherheit der steuerliche Vorteil, den beide haben, wenn sie offiziell noch die Steuerklasse eines verheirateten Paares genießen können. Dies geht aber nur, wenn beide damit trotz Trennung einverstanden sind. Das Scheidungsverfahren ist auf diese Weise ein großer Fall, dem viele kleine Fälle angehängt sind. Man bekommt entsprechend nur eine Endabrechnung von Anwalt und Gericht, was vor allem für diejenigen, die vor der Klärung des Zugewinns über kein flüssiges Kapital verfügen, von Nutzen sein kann. Zudem kann sich der finanziell schwächer gestellte Partner während des Verfahrens auf den Trennungsunterhalt verlassen – zumindest solange er nicht in einer neuen eheähnlichen Gemeinschaft lebt – und sich Zeit nehmen, eine adäquate Arbeitsstelle zu finden.

Wo steckt der Haken?

Es kann sich ewig hinziehen, bis man endlich wieder „frei" ist. Gerade wenn man schon einen neuen Partner hat, aber der Ex noch immer im Leben mitmischt, kann dieser Zustand sehr belastend sein. Insbesondere wenn der Expartner das Scheidungsurteil bewusst hinauszögern will, indem er ständig neue Anträge stellt oder getroffene Urteile per Widerspruch an das nächst höhere Gericht weitergibt, scheint sich diese Zeit unendlich hinzuziehen. Für den Unterhaltspflichtigen kann dies zudem eine gravierende finanzielle Belastung sein.

Gar keine Scheidung

Wie geht das?

Niemand zwingt einen dazu, sich scheiden zu lassen. Man kann sich auch einfach nur trennen, in verschiedenen Wohnungen leben, neue Partner haben und sich gegenseitig die Pest an den Hals wünschen – aber man muss sich nicht scheiden lassen. Natürlich sollten Dinge wie Unterhalt, Vermögensaufteilung und die Angelegenheiten der Kinder trotzdem verbindlich geklärt sein. Auch über das Testament sollte man sich Gedanken machen und gegebenenfalls einen Notar mit der Ausarbeitung der entsprechenden Erbfolge beauftragen.

Was ist der Vorteil?

Hier spart man viel Geld für den Prozess, außerdem auch noch Steuern. Wenn einem die Heiratsurkunde ohnehin nichts mehr bedeutet, dann kann man die Beziehung in diesem Zustand belassen. Und sollte einem die offizielle Scheidung dann doch noch einmal wichtig erscheinen, zum Beispiel, weil einer von beiden wieder heiraten möchte, ist vielleicht schon so viel Gras über die Sache gewachsen, dass der Scheidungsprozess schnell und schmerzlos über die Bühne geht.

Wo steckt der Haken?

Die Ehe ist eine staatlich geschützte Institution, die viele Vorteile bringt, die aber auch etwas mit gegenseitiger Verantwortung zu tun hat. Sollte der Expartner in Schwierigkeiten gesundheitlicher, juristischer oder finanzieller Art geraten, so ist man für ihn verantwortlich, auch wenn dies viele Jahre nach der Trennung geschieht. Man muss also womöglich Unterhalt zahlen für einen Menschen, den man seit einem Jahrzehnt nicht mehr gesehen hat. Zudem werden die Rentenansprüche weiterhin gegeneinander aufgerechnet. Zehn Jahre Ehe auf dem Papier bedeuten eventuell also auch zehn Jahre in die Altersvorsorge investieren und anschließend einen Teil davon abgeben.

Wichtig ist: Alle Möglichkeiten sind zulässig, zu nichts sollte man sich verpflichten oder gar zwingen lassen. Man kann alle diese Scheidungswege friedlich oder im Groll gehen. Es gibt sicher Fälle, in denen eine Scheidung mit Mediator mehr Unfrieden gebracht hat als ein Rechtsstreit mit zwei Anwälten. Auch wenn in den Medien und im Bekanntenkreis die Scheidung mit Mediation und einem Anwalt als Nonplusultra für erwachsene Menschen bejubelt wird, muss dieses nicht in jedem Fall funktionieren. Es besteht in allen Varianten die Option, sich gemeinsam an einen Tisch zu setzen und Vernunft walten zu lassen. Und wenn dies nicht möglich ist, dann hat man nicht versagt, man braucht sich nichts vorzuwerfen. Die Gründe, warum man am Versuch einer friedlichen Lösung scheitert, sind meistens sehr tief im Beziehungsmuster verwurzelt und lassen sich nicht einfach mit gutem Willen beseitigen.

Die strittigen Fragen des Zugewinnausgleichs und der Unterhaltszahlungen sind bei Andreas und Katharina auch nach dem Scheidungsurteil weiterhin ungeklärt.

Es liegt nicht in Andreas' Interesse, Katharina und die vier Kinder aus seinem Haus zu schmeißen, selbst als Katharina nach neun Monaten ihren neuen Freund bei sich einziehen lässt. Eigentlich ist die Lösung mit der eigenen Wohnung in der Nachbarschaft für Andreas ideal und auch bezahlbar. Denn auf einmal treten finanzielle Sorgen zutage: Der Kindesunterhalt frisst fast die Hälfte seines Gehaltes auf, dazu kommen die Miete, die privaten Familienversicherungen, das Auto, die Abzahlungen für den Umbaukredit, die ungünstigere Steuerklasse. Das erste Mal in seinem Leben hat Andreas trotz gesichertem Beamtenjob finanzielle Probleme. Dass Katharina mit vier Kindern, die jüngste Tochter gerade mal fünf Jahre alt, nicht arbeiten gehen kann, steht außer Frage. Doch als sie weiterhin nachehelichen Unterhalt für sich fordert, muss Andreas passen.

»Katharina klagte meiner Meinung nach auf hohem Niveau. Sie bekam über 1000 Euro Kindesunterhalt, dazu das Kindergeld und mietfreies Wohnen in einem komplett eingerichteten Haus. Da sie in einer eheähnlichen Beziehung lebte, war ihr Unterhaltsanspruch ohnehin nichtig geworden. Spätestens jetzt war ich heilfroh, einen eigenen Anwalt zu haben. Ich war bei meinem Auszug sehr großzügig gewesen, hatte sämtliches Mobiliar im Haus gelassen, weil ich einfach nur wegwollte. Nun wurden alle Kleinigkeiten von meinem Anwalt akribisch hochgerechnet und die Ansprüche meiner Exfrau mit spitzem Bleistift zusammengestrichen.«

Manchmal ärgert es Andreas auch, dieses ewige Hin und Her der Anwaltsschreiben, oft hätte er am liebsten seinen Briefkasten zugeklebt. Einerseits funktioniert das Verhältnis zu Katharina und ihrem neuen Lebensgefährten ja ganz gut, in Sachen Erziehung ist man sich weitestgehend einig, und die Kinder können durch das unkomplizierte Eben-mal-Papa-nebenan-Besuchen die Schrecken der vergangenen Familientage ganz gut kompensieren. Doch vor Gericht begegnet man sich auf einer ganz anderen Ebene. Da wird gefeilscht, gefuchst und um Kompromisse gerungen. Anderthalb Jahre dauert es, bis das Gericht die Lösung verabschiedet, dass Katharina durch das mietfreie Wohnen in Andreas' Haus in sechs Jahren ausgezahlt sein wird.

»Letztlich haben wir uns dann auf eine Möglichkeit geeinigt, die Katharina und ich schon ganz am Anfang einmal auf eigene Faust erdacht hatten. So gesehen hätte man sich den zweijährigen Rechtsstreit auch sparen können. Aber vielleicht war dieser Hickhack vor dem Familiengericht auch wichtig, um unsere Sache, unsere Ehe, unsere Konflikte noch einmal durchzuackern.«

Schlussstrich als Startpunkt

Spätestens nach der juristischen Trennung sollte die Zeit der Zwischenlösungen beendet sein. Und auch wenn direkt nach dem Richterspruch noch keine Veränderung spürbar ist, spätestens nach ein paar Wochen wird man sich doch klar darüber, was geschehen ist: Man hat sich vom anderen gelöst. Man ist nun wirklich und endgültig getrennt. Ein Großteil der strittigen Punkte ist geklärt, man weiß ungefähr, mit welchem Geld in Zukunft zu rechnen ist, wie die Kindererziehung ablaufen soll, auf welcher Ebene man dem Expartner nun begegnen kann. Ab jetzt ist man dem anderen nichts mehr schuldig. Das macht frei, und zwar frei für den Neubeginn.

Vielleicht nimmt man als Zeichen für den Schritt wieder seinen Geburtsnamen an. Oder man plant eine Reise, die man schon immer machen wollte. Die Scheidung kann auch Anlass sein, sich für neue Gefühle zu öffnen, Menschen kennenzulernen, ein neues Hobby zu beginnen, sein Äußeres zu verändern, sich weiterzubilden, in eine andere Stadt zu ziehen. Wer es schafft, den Termin der Scheidung sowohl als Abschluss wie auch als Startpunkt zu empfinden, dem wird der Tag als ein guter Tag erscheinen – vielleicht vergleichbar mit dem Gefühl, welches man hat, wenn man ein spannendes Buch ausgelesen hat, es aber mit dem Wissen zur Seite legt, dass es einen zweiten Band gibt, der noch viel spannender sein soll.

Es ist jetzt die Zeit, sich selbst wieder kennenzulernen. Unabhängig vom Schmerz über die zerbrochene Beziehung, unabhängig von alten Problemen und nagenden Schuldgefühlen sollte man auf die Suche gehen nach dem, was man eigentlich wirklich will. Und – mindestens genauso wichtig – nach dem, was man eigentlich nicht mehr will.

Als Andreas das letzte Mal die Tür des Gerichtssaals hinter sich schließt, ist ihm gar nicht klar, dass die Sache nun endgültig geklärt ist. Irgendwie erwartet er einen neuen Streit, eine andere Klage, einen weiteren unerfreulichen Brief in seinem Postkasten. Aber es kommt nichts mehr, was ihm erst einige Monate später richtig bewusst wird. Es ist endlich Ruhe.

Andreas lernt Dunja kennen, sie ist ebenfalls geschieden, ist genau wie er mit dem Thema Heiraten und Kinderkriegen durch, ist ebenso vorsichtig und liebesbedürftig. Die beiden werden ein Paar – und sind es noch immer.

Heute, drei Jahre nach der Scheidung, ein Jahr nach der letzten Verhandlung, kann Andreas diese Zeit aus einer anderen, fast unbeteiligten Position heraus sehen.

»Ich weiß, ich habe mich auch nicht immer fair verhalten, deswegen mache ich auch Katharina für ihre Fehler keine Vorwürfe. Wahrscheinlich fühlen wir uns heute beide als Verlierer, und bestimmt sind wir das auch irgendwie. Aber im Nachhinein denke ich: Wir haben die Sache ganz ordentlich geregelt. Ich weiß, meine Kinder sind in guten, liebevollen Händen und brauchen sich um ihre Zukunft keine Sorgen zu machen – ich werde in jedem Fall für sie immer erreichbar und hundertprozentig Vater bleiben. Ich kann jetzt auch endlich rechnen, was ich mir in meinem Leben noch leisten kann und was nicht. Nicht nur finanziell, sondern auch emotional. Das sind doch schon mal ganz vernünftige Aussichten.«

Schließen Sie ab

- Es gibt kein Patentrezept für eine ideale Scheidung, dies hängt immer von Ihrem jeweiligen Fall ab.
- Lesen Sie sich selbst etwas Wissen über die Scheidungsgesetze an.
- Scheidung mit einem gemeinsamen Anwalt schont Ihren Geldbeutel, ist aber nicht wirklich unparteiisch, da der Anwalt von demjenigen beauftragt wird, der die Scheidungsklage einreicht.

- Scheidung mit getrennten Anwälten verspricht die beste Vertretung der eigenen Interessen, dauert aber in der Regel länger und kostet mehr Geld.
- Scheidung nach vorheriger Mediation spart bei Gelingen der Verhandlungen Geld, fördert die Kommunikation zwischen den Expartnern und ist auf jeden Fall allparteilich, jedoch setzt es Gesprächsfähigkeit voraus, und es gibt keine Erfolgsgarantie – aber in jedem Fall eine Rechnung.
- Scheidung vor Klärung der Details bringt Klarheit in den Familienstand, kann jedoch nicht als wirklicher Schlusspunkt im Trennungsdrama gesehen werden.
- Scheidung nach Klärung der Details ist ein tatsächlicher Abschluss und Beginn für den Neuanfang, aber bis zum Scheidungsurteil ist man oft jahrelang immer noch auf dem Papier verheiratet.
- Gar keine Scheidung spart natürlich sehr viel Geld, es sollte aber dennoch klar sein, dass man so immer noch für den anderen Menschen offiziell verantwortlich ist, zudem muss man Details über Finanzen und Kinder trotzdem untereinander klären können.
- Alle Scheidungsvarianten können mit Vernunft ausgetragen werden oder aber im Kleinkrieg enden.
- Die Scheidung ist der Schlussstrich unter Ihre Beziehung. Machen Sie sich diese Tatsache bewusst, und starten Sie befreit in das neue Leben »danach«.

9. Die neue Liebe: Lassen Sie zu.

LIEBE

Liebe ist die mit der menschlichen Existenz gegebene Fähigkeit, eine intensive gefühlsmäßige und vor allem positive erlebte Beziehung zu einem Menschen zu entwickeln [...] Ihre besondere Eigenart gewinnt die als Liebe bezeichnete zwischenmenschliche Beziehung dadurch, dass ihr Wert über eine Zweck-Mittel-Überlegung hinausgehend in der Existenz des anderen oder in der Liebe selbst erfahren werden kann. [18]

Verliebt, verlobt, verheiratet, geschieden, verliebt ...

»Eine neue Liebe ist wie ein neues Leben ... was einmal war ist vorbei und vergessen und zählt nicht mehr.« [19] Ein alter Schlagertext, der nur zur Hälfte stimmt. Ja, eine neue Liebe ist wie ein neues Leben! Kann sie zumindest sein, und sie sollte es auch. Es gibt nichts Schöneres und Wohltuenderes, als wenn man sich für einen Menschen aus vollem Herzen begeistern kann – und diese Empfindung auch noch auf Gegenseitigkeit beruht.

Aber nein: Was einmal war, sollte weder vergessen sein noch nicht mehr zählen. Denn dann würde man die große Chance verstreichen lassen, aus den Fehlern zu lernen und es von nun an anders und hoffentlich besser zu machen.

Dieses Ziel ist hochgesteckt. Einige wagen sich also gar nicht erst daran, es erreichen zu wollen. Andere gehen zu forsch vor und scheitern über kurz oder lang. Die Angst, wieder enttäuscht zu werden, wieder zu scheitern, ist verständlich. Denn natürlich will man sich nach all dem Stress und dem Leiden nicht nochmal in eine solche Situation hineinmanövriert wissen.

Wenn eine langjährige Beziehung, die eigentlich »für die Ewigkeit« gedacht war, trotz aller anfänglichen Verliebtheit, trotz aller Hoffnungen, trotz aller Anstrengungen in die Brüche geht, fällt es schwer, neuen Optimismus in Sachen Partnerschaft an den Tag zu legen.

Vergleiche zwischen alter und neuer Liebe wird man auf jeden Fall anstellen, wobei jedem halbwegs aufgeklärten Menschen klar sein dürfte, dass eine frische Verliebtheit immer besser abschneidet, wenn man sie einer routinierten und festgefahrenen Langzeitbeziehung gegenüberstellt. Ob sie dann tatsächlich »mehr taugt«, wird sich auch erst nach einigen Jahren herausstellen. Meist hält die nächste Liebe tatsächlich nicht lang, und in Zweitehen ist die Scheidungsrate durchschnittlich höher. Insbesondere Menschen, die bereits einmal verlassen haben, neigen nun eher dazu, eine Beziehung zu beenden. Wohl weil sie aus Erfahrung wissen, dass man es schon irgendwie überlebt und alles besser ist, als den Frust einer unglücklichen Liebe zu ertragen.

Lautet die Alternative also »Keine neue Liebe ist wie ein neues Leben«? Ja, es kann auch eine gut überlegte und sinnvolle Entscheidung sein, vorerst auf einen neuen Partner zu verzichten. Wer das Singledasein nutzt, um sich selbst besser kennenzulernen, um wieder zu sich zu kommen, der schafft gute Grundlagen, eine spätere neue Zweisamkeit unter günstigen Voraussetzungen zu führen.

Idealerweise schafft man es, sich als ein in sich vollständiges Individuum zu begreifen, welches keinen Gegenpart braucht, um sich komplett zu fühlen. »Aus zwei mach eins«

muss nicht zwangsläufig die Formel für eine glückliche Partnerschaft sein. So harmonisch die Ying-Yang-Theorie auch aussehen mag – zwei ineinander verschmolzene Gegensätze ergeben ein rundes Ganzes –, wer sich selbst genug ist für ein erfülltes Leben, der hat die besten Chancen, langfristig glücklich zu werden. Sitzt der Satz »Ich brauche einen Menschen an meiner Seite, damit ich wieder richtig leben kann« einem im Nacken, dann werden so hohe Erwartungen in diesen neuen Menschen gesetzt, dass ein Scheitern vorprogrammiert ist. Jeder ist für sein eigenes Lebensglück verantwortlich, deswegen ist es gut, mit sich und seinem Dasein zu einer Zufriedenheit zu gelangen, bevor man eine neue Bindung eingeht. Es wäre die beste Methode, die gescheiterte Beziehung in ihrer ganzen Bandbreite aufzuarbeiten. Wer die Antwort auf die Frage »Was habe ich von meinem Expartner gebraucht, was er mir nicht geben konnte« findet, weiß auch, wo er tunlichst an sich selbst arbeiten muss, um in Zukunft einen solchen Mangel zu vermeiden.

Liebe kommt ungefragt

Im Grunde genommen ist es egal, was man sich zu welchem Zeitpunkt auch immer vornimmt, denn das Leben richtet sich ja bekanntermaßen nicht im Geringsten nach unseren Vorsätzen. Oft erscheint einem der Traummann, die Traumfrau schon, wenn wir noch mitten in der alten Beziehung stecken, manchmal lässt die große Liebe jahrelang auf sich warten, obwohl man seit langem bereit wäre, sich neu zu binden.

Zeit für die Liebe

Wenn die neue Liebe schon während der alten Beziehung gelebt wird

Treue ist einer der wichtigsten Pfeiler der Partnerschaft. Theorien über freie Liebe und das Glück der Bigamie haben sich zumindest in unserer Gesellschaft als nicht tragbar erwiesen. Trotzdem passiert es, dass man sich in einer bestehenden Partnerschaft in jemand anderen verliebt – und dieses Gefühl auch in die Tat umsetzt. Dies muss nicht zwangsläufig eine sexuelle Komponente beinhalten, im Grunde ist man dem Partner auch schon untreu, wenn man mit der neuen Liebe heimlich stundenlang verliebt im Wald spazieren geht. Es kann einem selbst so vorkommen, als hätten die beiden Sachen nichts miteinander zu tun, doch es gibt nun mal keine Parallelwelten. Wer für sich die Entscheidung trifft, beide Beziehungen eine Weile nebeneinanderher laufen zu lassen – oder sich scheut, aus der Situation irgendwelche Konsequenzen zu ziehen –, der geht nur scheinbar den Weg des geringsten Widerstandes. Denn eigentlich verletzt man auf diese Weise gleich drei Menschen: seinen langjährigen Partner, den neuen Partner (da man ja um des lieben Friedens willen zu Hause die Fassade aufrechterhält und so tut, als wäre alles in Ordnung), aber in erster Linie sich selbst. Eine Liebe, die in der ersten Zeit einer solchen Konstellation ausgesetzt ist, hat nur wenig Chancen, sich zu einer eigenständigen und vertrauensvollen Beziehung zu entwickeln. Und sollte es schließlich doch zur Trennung vom ursprünglichen Partner kommen – vielleicht, weil die geheime Liebschaft aufgeflogen ist oder der neue Partner keine Lust mehr auf das Versteckspiel hat –, ist es sehr wahrscheinlich, dass die begangenen Verletzungen bei allen Beteiligten ihre Narben hinterlassen haben. Hier noch auf eine friedliche Trennung mit positiver Prognose zu hoffen ist weltfremd. Höchstwahrscheinlich wird man dann am Ende ganz allein dastehen.

Wenn die neue Liebe der Anlass für die Trennung ist

Es ist keine Schande, sich zu verlieben, wenn man eigentlich »in festen Händen« ist, denn Gefühle lassen sich nun mal nicht abstellen und werden nicht bewusst gesteuert. Es gibt wohl kaum ein Paar, bei dem sich im Laufe der Jahre nicht mindestens einer von beiden anderweitig verguckt hat. Es macht aber einen gewaltigen Unterschied, ob man dieses Gefühl tatsächlich auslebt oder nicht. »Fremdverliebtheit« kann die Chance in sich tragen, an der eigenen Beziehung zu 41 % trennten arbeiten. Wenn es jedoch sehr intensiv ist oder sich, weil sie neu allzu häufig geschieht, man immer irgendwie verliebt waren nach jemand anderem Ausschau hält oder heftig aus der Ferne schmachtet, dann ist dies schon ein Zeichen für eine tiefe Unzufriedenheit in der bestehenden Partnerschaft. Dies ist für viele Menschen Anlass genug, sich zu trennen, unabhängig davon, ob die neue Verliebtheit eine zukunftsfähige Sache ist oder nicht. Man hat durch das so gegenwärtige und nicht zu leugnende Gefühl gemerkt, dass im eigenen Leben und im Miteinander mit dem Partner etwas abhanden gekommen ist. Vielleicht ist es auch nur ein Strohfeuer, denkt und hofft man eine Weile, aber dann wird auch dem größten Verdrängungskünstler klar, es ist ein eindeutiger Wink des Schicksals.

Oft wird die neue Liebe als »Anlass«, aber nicht als »Grund« gesehen. Für den Verlassenen ist das aber egal, in seiner Gekränktheit kann er nicht differenzieren, wie viel Schuld der »Nebenbuhler« trägt und wie viel bereits vorher schon im Argen lag. Der neue Partner wird immer der Sündenbock sein, der sich in die Beziehung gedrängt, der alles kaputt gemacht, der etwas weggenommen hat.

Für die neue, sich gleich nach der Trennung entwickelnde Beziehung stellt der nahtlose Übergang eine Belastung dar. Die alte und die neue Liebe sind an diesem Punkt so dicht miteinander verwebt, dass man sie nur schwer als eigenständige

Beziehungen wahrnehmen kann. Auch wenn es verlockend erscheinen mag und oft auch finanziell und organisatorisch einfacher ist, es wäre vernünftiger, nicht gleich zusammenzuziehen. Für die Kinder bliebe beispielsweise ein wenig Zeit, sich an ein neues Gesicht an der Seite des Vaters oder der Mutter zu gewöhnen, den Menschen dahinter auf eigene Faust kennenzulernen und die Tatsache der elterlichen Trennung zu verdauen, bevor ein Stiefvater oder eine Stiefmutter in ihr Leben tritt. Ein paar Monate, wenn nicht sogar Jahre, braucht man schon als Puffer. Am besten wartet man ab, bis man merkt, der Expartner und die damit verbundenen Gefühle verlieren für einen selbst an Bedeutung. Dass in der schlimmen Zeit der neue Partner natürlich auch sehr viel Halt und Stärke geben kann, ist wunderbar. Aber dies muss nicht zwangsläufig mit unmittelbarer Nähe einhergehen. Wenn man sich aus welchen Gründen auch immer trotzdem entscheidet, direkt zusammenzuleben, sollten beide Partner sehr darauf achten, sich gegenseitig in der Trennungsphase genügend Raum und Zeit zu lassen.

Wenn die neue Liebe einem nach der Trennung begegnet
So wünschen es sich die meisten: Das Schlimmste ist überstanden, man hat wieder Land in Sicht, kann sein Leben überschauen und die Zukunft planen. Und dann trifft man – mehr zufällig und ohne dass man darauf gewartet hat – den Menschen, der einen endlich wieder an die Liebe glauben lässt.

Von den erst einige Zeit nach der Trennung geschlossenen Partnerschaften erwiesen sich 89 % als langfristig

Die Erfahrungen haben einen verändert, man hat sich jedoch bereits an das neue Selbstbewusstsein gewöhnt. Vielleicht ist es einem gelungen, ein eigenes Lebensmuster zu entwerfen, neue Freunde zu finden, anderen Hobbys nachzugehen. Alles ist im Grunde in Ordnung, so wie es ist – doch mit einem neuen Partner an der Seite ist es noch ein bisschen schöner.

Jedoch ist eine so ideale Entwicklung eher die Seltenheit. Wer schafft es schon, eine anstrengende Trennung fast allein durchzustehen, ohne Schaden zu nehmen? Die Zweifel am Sinn einer Beziehung können tief sitzen, einen misstrauisch und verschlossen werden lassen. Hier muss man als neuer Partner sehr behutsam und geduldig vorgehen. Es braucht eine Menge guter Erfahrungen, bis das Vertrauen in die Liebe wieder gewonnen werden kann.

So kann die Zeitspanne zwischen Trennung und neuer Liebe ganz unterschiedliche Auswirkungen auf die zukünftige Bindungsfähigkeit haben. Es kommt darauf an, auf welche Weise man versucht, das Geschehene zu verarbeiten. Und auch, ob man noch in der Lage ist, die vergangene Beziehung in einem positiven Licht zu sehen. Wer sich nur an die schlimmen Dinge erinnert, die zum Scheitern geführt und darüber hinaus wehgetan haben, der malt nicht nur die Vergangenheit in düsteren Farben, sondern wahrscheinlich auch die Zukunft. Enttäuschung oder Wut als Resultat einer Liebe lassen nur wenig Hoffnung aufkommen. Doch wer sich gern erinnert an die schönen Seiten der gewesenen Beziehung, an die besonderen Augenblicke und optimistischen Pläne, der schafft es, diese Zeit nicht als vertan und verschenkt, sondern als Teil des Lebens zu begreifen. Irgendwann verliert sich das Gefühl, dass das Ende dieser Zeit tatsächlich nur reines Scheitern gewesen ist, schließlich hat man auch eine Menge daraus gelernt. Diese Erkenntnis macht Mut, den Dingen, die einen nun noch erwarten, zu begegnen

Davon abgesehen: Ein neuer Partner, der völlig unabhängig vom Gewesenen Teil des Lebens wird, ist für alle am einfachsten zu akzeptieren. Auch der Expartner und die Kinder haben weniger Probleme damit, einen nun Arm in Arm mit jemand anderem zu sehen.

Wenn die neue Liebe auf sich warten lässt

Alles ist aus. Durch die Trennung hat man nicht nur das Haus, die Kinder, das Geld und die Freunde verloren, sondern auch den Glauben an sich selbst. Kein Mensch scheint sich mehr für einen zu interessieren, wahrscheinlich ist man zu alt, zu frustriert, zu nichtssagend. Manchmal ertappt man sich sogar dabei, dass man wünscht, die ganze Sache rückgängig machen zu können.

Diese Horrorvision schwebt sehr vielen Menschen vor, während sie darüber nachdenken, sich vom Partner zu trennen. Und oftmals wird diese Vision zu einer sich selbst erfüllenden Prophezeiung. Wer nicht daran glaubt, für die Welt attraktiv zu sein, der ist es auch nicht. Wer sich gebeutelt vom Schicksal in der Isolation vergräbt, hat nur minimale Chancen, Menschen kennenzulernen, die sich für ihn interessieren. Und wenn man doch einmal jemandem über den Weg läuft, mit dem man über mehr als nur das Wetter reden kann, dann landet man sehr schnell bei dem, was einen in erster Linie beschäftigt: bei der Trennung und wie schlecht man sich gerade fühlt. Dem Gegenüber geht es entweder genauso und man lamentiert eine Weile gemeinsam, oder es geht ihm auf den Geist und er ergreift die Flucht, noch bevor er merken konnte, wie liebenswert man eigentlich ist.

Es gibt auch das andere Extrem: Um sich nicht einsam fühlen zu müssen, stürzt man sich geradezu ins Geschehen. Endlich wieder ungebunden, endlich wieder zu haben, versucht man das Beste aus seinem Typ zu machen und erzählt der ganzen Welt, wie glücklich man durch die Trennung geworden ist. Doch irgendwie scheinen auf diesen Partys, in diesen Vereinen oder sonst wo nur Menschen zu sein, die »übrig geblieben« oder »secondhand« sind. Völlig frustriert erkennt man, dass man selbst inzwischen auch Bestandteil des Restpostenangebotes auf dem Beziehungsmarkt geworden ist.

Ein bisschen überzogen formuliert sind diese beiden Fälle

natürlich schon. Doch beiden liegt ein ähnliches Schema zugrunde: Man sieht sich immer noch als getrennten Menschen, als jemand, der durch das Aus einer langjährigen Liebe nun ganz besonders arm dran oder ganz besonders gut drauf ist. Beides lässt darauf schließen, dass die Trennung nicht verwunden wurde. Dies bleibt keinem Menschen, der sich einem nähern will, verborgen.

Auch hier will gut Ding Weile haben. Es gibt so viele andere Lebensbereiche, in denen man Befriedigung und Anerkennung finden kann, dazu bedarf es nicht zwangsläufig eines Partners. Ein ausgefülltes Leben kann man auch auf andere Weise führen, und wer ein ausgefülltes Leben hat, dem macht es nichts aus, auch mal eine Weile allein zu sein. Warum also nicht die ganze Energie in den Job stecken oder in das Hobby? Vielleicht lernt man etwas, was man schon immer können wollte, und zwar mit ganzer Hingabe. Schaden kann es nicht, im Gegenteil, neue Fähigkeiten oder besonderes Engagement zahlen sich immer aus. Und zeigen auch Wirkung auf das Erscheinungsbild: Menschen, die nicht zwanghaft auf der Suche nach einem Partner, sondern mit sich und ihrem Leben eigentlich ganz zufrieden sind, wirken nachgewiesenermaßen attraktiver. Weil sie sich selbst lieben.

Und dann … aber da sollte man nichts vorwegnehmen.

Ob die neue Beziehung eine reelle Chance hat, liegt nicht unbedingt daran, wann man sie eingeht. Sie sollte nur die Möglichkeit haben, sich weitestgehend unabhängig von der beendeten Partnerschaft entwickeln zu können. Dies bedeutet nicht, dass man dem neuen Freund, der neuen Freundin nicht auch den Schmerz und die Verletzung eines Trennungsdramas mitteilen darf. In den meisten Fällen geht es dem anderen ja ganz ähnlich, wahrscheinlich liegt auch dem Gegenüber noch eine vergangene Partnerschaft im Magen, und es gibt beiderseitigen Bedarf, sich über das Erlebte auszutauschen. Doch darf dies nicht die einzige Grundlage sein, auf der sich die Beziehung aufbaut. Beide Partner sollten mit Hingabe nach dem neuen, ganz speziellen Etwas ihrer Liebe Ausschau halten.

Die Verarbeitung der Trennung nimmt am Anfang noch viel Zeit und Energie in Anspruch, doch sie sollte erkennbar nach und nach den Rückmarsch antreten. Romantik, Intimität, Ausgelassenheit, Hingabe – diese wunderbaren Komponenten der frischen Liebe – haben einfach keinen Platz, wenn sich bildlich gesprochen noch der Expartner in der Besucherritze des Bettes breitmacht. Wenn dies nicht möglich ist, wenn man selbst noch zu sehr Herz und Hirn in die konfliktreiche Vergangenheit und Gegenwart investiert, dann hat eine rosarote Zukunft nur wenige Chancen.

Entweder schafft man es, mit dem neuen Partner ganz klar gestern und heute zu separieren, und kann so die Zweisamkeit unabhängig von den Problemen genießen, oder man wird mit der alten Beziehung gleich die neue erschlagen.

Natürlich klingt das in der Theorie einfacher, als es in Wirklichkeit sein wird. Niemand ist in der Lage, mit dem Gongschlag seine Probleme beiseitezuschieben und der Welt entgegenzulächeln. Doch wenn man den Vorsatz im Hinterkopf behält und auch seinen neuen Partner instruiert, bei zu viel Lamentieren den Riegel vorzuschieben, dann wird man bald immer mehr Gefallen finden an den positiven Erlebnissen, die das Leben auf einmal wieder bereithält, und darüber die Vergangenheit auf sich beruhen lassen.

Beide Partner sind gefragt

Bei aller Liebe, der Konflikt mit dem Expartner kann nur eigenständig ausgetragen werden. Gute Ratschläge und Beeinflussung, wie man vorzugehen, was man zu fordern und was zu verweigern hat, haben nur scheinbar eine Wegweiserfunktion. Denn wie und wann man sich vom Expartner fortbewegt, kann man nur für sich allein herausfinden. Niemand sollte sich von Außenstehenden sagen lassen, welche Empfindungen im Moment richtig oder falsch sind.

Es kann sein, dass man sich zwar getrennt hat, sich aber dennoch weiterhin für den anderen verantwortlich fühlt. Oder auf spezielle Verhaltensweisen von ihm reagiert. Es kann mitunter Jahre dauern, bis sich eine Verbindung zwischen zwei Menschen vollkommen auflöst, manchmal – besonders wenn Kinder im Spiel sind – wird für immer etwas bleiben, was eine vollkommene Loslösung verhindert. Diese Komponenten müssen die neuen Partner so offen wie möglich besprechen und sich gemeinsam einen sinnvollen Umgang damit überlegen.

Auch wenn es für den neuen Menschen im neuen Leben manchmal eine Zumutung ist, dass immer noch feste Bande bestehen zum ehemaligen Gefährten, der sich vielleicht auch noch wie die Axt im Walde aufführt – hier ist Geduld und Verständnis gefragt. Ungeduld und geforderte Vernunft bringen die neue Partnerschaft wahrscheinlich sogar in Gefahr.

Miriams Sicht

Dass mein Mann Reiner und ich nicht mehr auf derselben Wellenlänge schwimmen, war mir schon länger klar. Seitdem unsere Tochter Merle zur Schule ging, war ich mit knapp 40 Jahren als Grafikerin wieder berufstätig. Meine Firma hat zu diesem Zeitpunkt einen umfangreichen Auftrag angenommen, bei dem ich für

Jans Sicht

Nach ein paar Jahren Singledasein hatte ich eine halbherzige Beziehung mit Isabel angefangen. Einfach, weil ich genug hatte von meinem Alleinsein, weil ich mal wieder was erleben wollte. Wir wussten beide, dass es nicht die große Liebe war, dass es eine Weile dauern und dann zu Ende gehen würde.

die Kundenkontakte zuständig war. Ich blühte richtig auf – nach sieben Jahren Hausmütterchendasein tat die Bestätigung gut –, aber Reiner hatte für meine beruflichen Höhenflüge nur wenig Verständnis. Vielleicht lag es daran, dass er in seinem eigenen Job unzufrieden und unterfordert war, ich weiß es nicht. Und es war mir auch irgendwie egal. Wahrscheinlich habe ich ihn schon längere Zeit nicht mehr wirklich geliebt, doch für eine Trennung war der Leidensdruck nicht groß genug, und ich wollte Merle schonen.

Meine Firma arbeitete mit einer Agentur für Webdesign zusammen, und dort lernte ich Jan kennen. Acht Jahre jünger als ich, ein echter Künstlertyp, charmant und kreativ, lebensbejahend und humorvoll – schlichtweg das Gegenteil von Reiner –, und ich verliebte mich Hals über Kopf in ihn. Und er sich in mich, obwohl ich das nie für möglich gehalten hätte.

Nach unserer ersten Nacht war mir klar, ich werde mich von Reiner trennen. Trotzdem

Aber darüber machte ich mir keine großen Gedanken. Ich genoss es, mich lebendiger zu fühlen und offen für andere Menschen zu sein.

Ausgerechnet in dieser Zeit lief mir Miriam über den Weg. Als ich sie zum ersten Mal sah, war ich sofort hin und weg. Sie sah phantastisch aus, war klug, ohne dabei überheblich zu wirken, und hatte Humor. Sie entsprach so exakt meiner Traumfrau, dass es mir fast unheimlich war. Zu dem Zeitpunkt hatte ich mich nämlich damit abgefunden, dass Traumfrauen nicht existieren – zumindest nicht für mich. Okay, sie ist ein paar Jahre älter als ich, aber das spielte eigentlich nie eine Rolle.

Wir verstanden uns sofort. Und wir redeten stundenlang miteinander. Hauptsächlich über den Beruf, das war unverfänglich. Natürlich merkten wir beide, dass wir dabei waren, uns ineinander zu verlieben. Trotzdem glaubte ich nicht, dass daraus etwas werden könne. Nach der Rückkehr zu ihrem Mann würde ich nicht sagen, dass ich es explizit für Jan getan habe, im Grunde hatte das eine mit dem anderen nur wenig zu tun. Die Trennung war eine längst überfällige Entscheidung, für die meine neue Liebe lediglich nur als Auslöser fungiert hatte.

Und, wenn ich ehrlich bin, große Hoffnungen habe ich mir in puncto Jan nicht gemacht. Schließlich heißt es doch, dass die erste Liebe nach einer Trennung schlechte Chancen auf Beständigkeit hat. Es war mir zu diesem Zeitpunkt auch viel wichtiger, die Sache mit meiner Ehe zu einem halbwegs guten Ende zu führen.

Reiner machte mir und auch unserer Tochter Merle das Leben zur Hölle. An »meinem jungen Schönling« ließ er kein gutes Haar. Mir müsse doch klar sein, dass so ein unreifer Großstadtfuzzy nur einen Mutterersatz suche oder nur an meinem Geld interessiert sei oder von meiner Karriere profitieren wolle. Diese bösartigen Prognosen verfehlten ihr Ziel nicht: Ich zweifelte oft würde die Vernunft über das Gefühl siegen – dachte ich.

Doch es kam anders. Miriam rief mich an, und wir erlebten eine wundervolle Nacht. Ich war glücklich. Zum ersten Mal glaubte ich an eine gemeinsame Zukunft.

Gleich am nächsten Tag beendete ich das, was von meiner Beziehung zu Isabel noch übrig war – sie nahm es so gelassen hin, wie ich erwartet hatte –, und hoffte, dass auch Miriam die Trennung von ihrem Mann schaffen würde. Und dass ich nicht nur ein Transitmann sein würde, wie ich es schon einmal erlebt hatte: Die verheiratete Frau, die ich vor etlichen Jahren geliebt hatte, hatte mich nach der Trennung von ihrem Mann gleich mit »entsorgt« – zu sehr war ich mit dem Frust ihrer Ehe verbunden.

Mein Gefühl sagte mir zwar, dass mir das bei Miriam nicht passieren würde, doch Gefühle können auch trügen. Und prompt wurden die ersten Wochen, die auf das Eingeständnis unserer Liebe an Jans Aufrichtigkeit und gab unserer Beziehung nur wenig Chancen. Auch wenn Jan mir all die Liebe und Geduld, all das Vertrauen und Verständnis schenkte, wonach ich mich in meiner Ehe immer so gesehnt hatte. Ich brauchte Jan, aber zeitgleich wünschte ich mir manchmal, es gäbe ihn nicht, zumindest noch nicht. Deswegen nahm ich für mich und Merle auch eine kleine Wohnung, auch wenn Jan uns gern in die Stadt geholt hätte. Ich wollte erst einmal diese unsägliche Schlammschlacht durchstehen, wollte für meine Tochter da sein, wollte mich selbst richtig kennenlernen – und dann erst an eine neue Liebe glauben. Ich wollte die beiden Geschichten nicht miteinander verknüpfen.

Aber Jan tat mir diesen »Gefallen« nicht, er blieb bei mir. Er hörte sich stunden-, manchmal tagelang meine Ängste und Probleme an. Er übte nie Druck auf mich aus, er machte mir keine Vorwürfe, wenn ich in meinem Gefühlschaos oft so hin und her gerissen war, gemeinsame

folgten, zu einer fürchterlichen Prüfung.

Miriam war mit ihrem Mann und ihrer Tochter in einen lange verabredeten Urlaub gefahren. Als er erfuhr, dass sie sich von ihm trennen wollte, verhinderte er über Wochen jeglichen Kontakt. Ich zweifelte keinen Moment an dem, was ich für Miriam empfand. Allerdings bezweifelte ich, dass sie sich gegen ihren Machomann durchsetzen könnte. Aus ihren Erzählungen wusste ich, dass er sie mit Drohungen und Liebesschwüren klein hielt. Und dass sie dazu neigte, sich für alles verantwortlich und schuldig zu fühlen.

Miriam schaffte es. Sie kam nicht in meine Stadt, wie sie versprochen hatte, sondern zog mit ihrer Tochter in eine eigene Wohnung, die nur ein paar Kilometer von ihrer alten entfernt lag. Ich war zuerst enttäuscht, verstand dann aber, dass sie eine Übergangsphase brauchte, nicht sofort von einem Mann zum anderen wechseln wollte, mit sich und ihrer Ehe ins Reine kommen musste. Und auch ihrer

Pläne über den Haufen warf oder mir in unserem ersten gemeinsamen Urlaub die ganze Nacht die Augen aus dem Kopf heulte, weil Reiner sich weigerte, mich mit Merle telefonieren zu lassen.

Jan und ich führten eine klassische Wochenendbeziehung, telefonierten jeden Abend stundenlang und hatten ständig Sehnsucht nach einander. Doch es gab auch einen Vorteil: Ich konnte mich auf diese Weise wirklich auf mich selbst, mein neues Leben, meine eigenen Wünsche und Ängste konzentrieren. Und nach immerhin zehn Jahren Beziehung mit Reiner war das bitter nötig. Ich konnte mir das erste Mal eingestehen, dass ich mich in meiner Ehe ständig kleiner und hilfloser gefühlt hatte, als ich es in Wirklichkeit gewesen bin.

Irgendwann schlossen sich die Wunden, die die unschöne Beziehung mit Reiner mir zugefügt hatte. Die Scheidung wurde nach zwei Jahren ausgesprochen, ich nahm meinen Mädchennamen wieder an, Tochter die Trennung nicht zu schwer machen wollte.

Wir führten dann eine Wochenendbeziehung und telefonierten jeden Abend stundenlang. Nach und nach fassten wir Vertrauen zueinander, aus Verliebtheit wurde Liebe, wir verstanden uns oft, ohne dass der andere den Gedanken aussprechen musste. Es war schön – und schmerzhaft zugleich. Miriam litt noch immer unter den Vorwürfen und dem Verhalten Reiners. Und ich wusste, dass sie selbst einen Weg finden musste, damit klarzukommen. Es brachte nichts, ihr falsche Hoffnungen auszureden oder kluge Ratschläge zu erteilen. Ich konnte sie immer nur bei dem jeweils nächsten Schritt unterstützen.

Ganz langsam befreite sie sich aus den Abhängigkeiten, in denen sie gesteckt hatte, Monat für Monat wurde sie selbstbewusster und entdeckte die Frau, die unter der zehnjährigen Ehe verschüttet worden war.

Und irgendwann wurde die Vergangenheit unwichtiger.

und dann erwischte ich mich dabei, wie ich im Internet Wohnungsanzeigen in Jans Gegend studierte. Jan freute sich, dass ich die Initiative ergriff, unsere Beziehung endlich auf eine andere Ebene zu bringen. Merle fasste immer mehr Vertrauen zu ihrem Stiefvater, auch wenn sie ihren Vater trotz allem weiterhin vergötterte.

An dem Tag, als meine Firma den großen Auftrag erledigt hatte und die offizielle Zusammenarbeit mit Jan beendet war, erwartete mich eine Überraschung: Jan fragte, ob ich nicht Lust hätte, mit ihm gemeinsam eine eigene Agentur zu gründen. Ich zögerte nicht eine Sekunde, denn das war es, was ich mir schon immer gewünscht hatte. Und es gab auch keine Zweifel mehr, ob diese Entscheidung vernünftig oder verfrüht war, ich war mir meiner Sache endlich absolut sicher. Ich wollte mit Jan zusammenleben und -arbeiten. Dies hatte rein gar nichts mehr mit Reiner und der Trennung und der Vergangenheit zu tun,

Miriam begann, in der Gegenwart zu leben und an die Zukunft zu denken. Der Umzug zu mir wurde von einem Traum zu einer realen Perspektive. Auch mein Verhältnis zu Merle wurde besser, nachdem Miriam nicht mehr von Schuldgefühlen geplagt wurde. Lange Zeit hatte mich Merle für die Trennung ihrer Eltern verantwortlich gemacht, jetzt akzeptierte sie, dass es neben ihrem Vater auch den Freund ihrer Mutter gab. Und da sie ein intelligentes Mädchen ist, fanden wir einen Weg, vernünftig miteinander zu reden.

Den Plan, gemeinsam mit Miriam eine eigene Firma zu gründen, hatte ich schon lange. Aber ich sagte es ihr erst in dem Moment, als ich sicher war, dass sie ohne Skrupel ja sagen würde. Was sie auch tat. Es war die Entscheidung zweier freier Menschen, die bereit sind, eine gemeinsame Zukunft zu wagen, mit allen Chancen und Risiken.

Ich glaube nicht, dass sich Miriam noch einmal in eine solche Abhängigkeit begibt, sondern war ein wichtiger und unabhängiger Schritt in die Zukunft.

Ob ich Angst habe, dass es wieder danebengeht? Ja, die habe ich, aber sie ist nicht so groß, als dass sie mich am Leben hindern könnte.

wie sie sie in ihrer Ehe erlebt hat. Und ich möchte auch nicht von Miriam abhängig sein. Wir wissen beide, dass wir selbständige Persönlichkeiten sind und allein existieren können.

Eine Garantie, dass es klappt, gibt es nicht, ein Abo aufs Glücklichsein kennen nur Ratgeber-Autoren. Aber wenn wir es jetzt nicht wagen, wagen wir es nie mehr. Und das würden wir uns bestimmt ewig übel nehmen.

Trotz allem bleiben Zweifel und Ängste. Da kann man sich noch so sehr mit der Materie auseinandergesetzt haben. Man ist verletzt worden, nicht nur vom Expartner, sondern auch von sich selbst. Man hat einer Liebe den Todesstoß gegeben, und selbst wenn man gute Gründe dafür hatte und auch das Gewissen einen inzwischen in Ruhe lässt, da ist noch etwas anderes, was einem zusetzt. Es ist schwer zu beschreiben, vielleicht kann man es so formulieren: Man hat in der Gegenwart eine Entscheidung getroffen, die einen, hätte man in der Vergangenheit bereits davon gewusst, empört hätte. Vielleicht fällt es einem deswegen heute so schwer, sich selbst einen Neustart in Sachen Liebe zuzutrauen.

Aber es gibt ein paar wunderbare Indizien, die wieder Lust auf die Liebe machen und einem Zuversicht schenken. Ein schlichter Satz: Der wirkliche Schatz der Liebe besteht darin, zu lieben. Ein gesundes Gefühl sollte ein aktives Gefühl sein. Bei vielen Beziehungen, die in die Brüche gehen, bestand die Wichtigkeit jedoch eher im passiven Geliebtwerden. Man hat sich verbogen und bemüht, um die Aufmerksamkeit und das Wohlwollen des anderen zu erlangen. Und dabei ist das Eigentliche – die aktive Liebe – zugrunde gegangen.

Wer sich jedoch darauf einlassen kann und will, dem anderen seine Zuneigung bedingungslos zu schenken, wer also keine Gegenleistung erwartet, der braucht sich vor einem Scheitern nicht mehr zu fürchten. Denn wer nichts fordert, der kann auch nicht enttäuscht werden. Wer keinen Anspruch auf ein »Für immer« stellt, der wird sich viel bewusster für den anderen Menschen entscheiden. Wer jeden Tag aufs Neue freiwillig und gern bei dem anderen bleibt, der muss keine Angst davor haben, wenn sich die Vorzeichen vielleicht wieder ändern und man besser gehen möchte.

52 % leben in einer neuen Beziehung, die sie als wesentlich glücklicher empfinden

Das Recht, einen Partner verlassen zu dürfen, wenn man keine Chance mehr sieht, bedeutet eine Freiheit, die über die Bekämpfung von Gewissensbissen hinausgeht. Das Recht zu gehen beinhaltet nämlich zeitgleich auch das Recht zu bleiben.

Die neue Liebe: Lassen Sie zu

- Nutzen Sie die guten und schlechten Erfahrungen der vorherigen Beziehung, um für sich einen neuen Weg zu finden.
- Wenn Sie sich selbst als vollständig und richtig akzeptieren, hat eine neue Liebe bessere Chancen.
- Lassen Sie keine zwei Beziehungen nebeneinanderher laufen, denn damit verletzen Sie beide Partner – und sich selbst.
- Eine neue Verliebtheit ist meistens der Anlass und nicht der Grund einer Trennung.
- Versuchen Sie, erst die akute Trennungsphase zu

durchleben, bevor Sie sich zu fest an einen neuen Partner binden.

- Erinnern Sie sich auch an die guten Tage der vergangenen Partnerschaft, das stimmt optimistischer.
- Suchen Sie den Sinn Ihres Daseins nicht ausschließlich in einer Beziehung.
- Die Trennungsgeschichte sollte in der neuen Partnerschaft nach und nach immer weniger Platz haben.
- Ihr Partner sollte geduldig und verständnisvoll sein, wenn Ihnen die Loslösung aus der alten Beziehung noch nicht gänzlich geglückt ist.
- Liebe sollte ein gebendes und nicht ein nehmendes Gefühl sein.

10. Die Zukunft: Fangen Sie an

Wollen wir wieder Freunde sein?

Ja, nichts lieber als das. Oder wenigstens keine Feinde mehr, das wäre auch schon eine Wohltat.

Wer mitten in der Trennung steckt, der hat Wünsche, die sich ganz klein und bescheiden anhören. Einen Tag ohne Ärger zum Beispiel. Oder dem Expartner begegnen können, ohne körperliche Anzeichen wie Herzrasen, Mundtrockenheit, Schweißausbruch oder Kopfweh zu registrieren. Anfängliche Ideale, nach der Trennung noch befreundet zu sein oder sich zumindest respektvoll begegnen zu können, weichen der kühnen Hoffnung, dass man sich vielleicht irgendwann wenigstens einfach nur gleichgültig sein könnte.

Was sich in der Trennung schon als Hürde erweist, stellt auch in der Versöhnung eines der schwierigsten Hindernisse dar: Die unterschiedlichen Ebenen der beiden Partner, das Ungleichgewicht zwischen dem, der sich als Verlierer fühlt, und dem, der den Mut zu einer Entscheidung aufgebracht hat und nun mit den Konsequenzen leben muss. Es ist also keine Schande, wenn sämtliche Versuche, sich wieder zu vertragen, kläglich scheitern. Wahrscheinlich haben nur beide eine völlig voneinander abweichende Vorstellung von dem, was in Zukunft richtig und vernünftig erscheint.

Bei 30 % erfüllte sich die Hoffnung auf eine Versöhnung bis heute nicht

Es gibt einige Gründe, die es fast unmöglich machen, wieder halbwegs auf einen Nenner zu kommen. Jede Lösung setzt beiderseitiges Einverständnis voraus – was man aber nun mal nicht forcieren kann.

Vergeltung:
Oft haben die Verlassenen das Gefühl, es sei Ihnen so viel Schlimmes angetan worden, dass sie nicht eher zur Ruhe kommen, bis der andere ebenso gelitten hat. Doch auch der Verlassende kann darunter leiden, dass bereits während der Partnerschaft zugefügte Ungerechtigkeiten immer noch »ungebüßt« bleiben. Selbst wenn im Zuge des Trennungsdramas wahrscheinlich schon genug Leid geschehen ist, diese Rachelust ist ohnehin nicht zu stillen. Eine Versöhnung würde dann ja dem Eingeständnis gleichkommen, dass der andere seine »Schuldigkeit getan hat«.

Lösung: Man muss akzeptieren lernen, dass es nicht immer eine ausgleichende Gerechtigkeit gibt und dieser Begriff ohnehin alles andere als objektiv gewertet wäre.

Besitzanspruch:
Auch wenn die Trennung schon Jahre zurückliegt, selbst wenn beide bereits neue Partner haben, es kann sein, dass einer noch immer so etwas wie ein »Anrecht auf den anderen« verspürt. Er will unterrichtet werden über relevante Entscheidungen, die der andere trifft, am liebsten wäre es ihm sogar, wenn er seine Meinung dazu äußern und somit das Leben des anderen weiterhin beeinflussen könnte. Oder er sieht nicht ein, persönliche Gegenstände des anderen rauszugeben, auch wenn diese wertlos sind, da die Sachen seinem Empfinden nach immer noch ihren Platz an der gewohnten Stelle haben. Anzeichen von mangelnder Loslösung können sowohl der Verlassene wie auch derjenige, der die Trennung gewünscht hat, an den Tag legen. Das Unverständnis des anderen, die fehlende Bereitschaft, sich noch in irgendeiner Art »bevormunden« zu lassen, dies alles erscheint wiederum als Zurückweisung – und wird somit noch sehr lange einen Grund für Unfrieden darstellen.

Lösung: Wer mehr Wert auf Eigenverantwortung legt, dem wird in seiner neuen Lebensgestaltung immer öfter von anderer Seite Bestätigung zuteil, sodass er der Rückmeldung durch den Expartner nicht mehr bedarf.

Entfremdung:
Durch die Lebensumstellung verändern sich beide Partner, sie entdecken neue Seiten an sich, neue Wünsche und Talente. Manchmal erkennt man sie auch äußerlich kaum wieder, sie reden ganz anders als während der Beziehung, sind selbstbewusster und ausgeglichener – oder im Gegenteil unselbständiger und aggressiver. Man hat das Gefühl, einem anderen Menschen gegenüberzustehen, dessen Tun und Handeln man nicht im Entferntesten nachvollziehen oder vorausahnen kann. Sich selbst nimmt man hingegen gar nicht als so stark verändert wahr. Es fällt schwer, zu jemandem, der einem fremd und feindselig erscheint, Vertrauen zu fassen. Zudem kommt einem die Entwicklung auch als eine Art »Betrug« an der Vergangenheit vor: Hat der andere einem in all den Jahren etwas vorgespielt? Oder trägt er jetzt eine Maske?

Lösung: Die Trennung hat auch beim anderen Menschen massiv ins Leben eingegriffen, auch er musste sich ändern, musste sich von vielem verabschieden und Neues dazulernen. Vielleicht ist gerade die Entfremdung eine gute Chance, sich unter anderen Vorzeichen wieder neu zu begegnen.

Liebe:
Ein Gefühl lässt sich nicht einfach so abstellen. Es gibt Menschen, die lieben ihren Expartner noch immer aufrichtig und tief, auch wenn sie schon lange Zeit getrennt von ihm leben. Dahinter kann eine verklärte Erinnerung an die gemeinsame Zeit stecken, ein unrealistisches Idealbild vom Leben. Eine Begegnung mit dem vergeblich Geliebten ist immer schmerz-

haft, egal, ob man noch Hoffnung auf eine Versöhnung oder sich inzwischen mit der Endgültigkeit der Trennung abgefunden hat. Es gibt zwei Möglichkeiten, entweder geht man dem anderen aus dem Weg oder man versucht, das bisschen Nähe, welches man ergattern kann, auszunutzen. In beiden Fällen sind dies keine guten Voraussetzungen, eine unbelastete und rein freundschaftliche Beziehung aufzubauen.

Lösung: Der andere sollte wissen, wie es um einen steht, und dann bringt klare Distanz eindeutig mehr. Man sollte versuchen, sich von seinem idealistischen Denken zu verabschieden und neu zu orientieren, auch wenn einem sämtliche Richtungen als schlechte Alternative zu dem bisherigen Lebensweg erscheinen.

Ungeklärte Konflikte:
Manchmal gibt es keine Lösung eines Problems. Dann muss man, weil sich die Finanzen nicht anders regeln ließen, das gemeinsame Haus verkaufen. Oder der Kinder zuliebe auf einen Sorgerechtskampf verzichten, auch wenn man mit dem Erziehungsstil des anderen nicht einverstanden ist.

Im Trennungsverfahren werden viele Kompromisse geschlossen. Jeder muss einmal nachgeben, draufzahlen und einstecken. Es gelingt nicht jedem, dann einen Schlussstrich zu ziehen und die Sache gut sein zu lassen, auch wenn das Gerichtsurteil einen Stempel auf die Entscheidung gedrückt hat. Für beide wird es einige Konflikte geben, die noch eine ganze Weile schwelen und das Verhältnis untereinander belasten – oder sogar für immer ein wunder Punkt bleiben.

Lösung: Oft heilt die Zeit die Wunden, und die Partner erkennen im Laufe der Jahre, dass sich die »aufgedrängte« Lösung doch als zukunftsträchtig und vernünftig erwiesen hat. Dann löst sich der Konflikt nach und nach in seine Bestandteile auf. Wichtig ist: Man muss nicht jeden Streit bis zum bitteren Ende durchfechten. Es ist keine Schande, auch mal etwas bewusst zu verdrängen, wenn keine Aussicht auf Besserung besteht.

Das langfristige Verhältnis zum Expartner ist etwas, das von sehr vielen Faktoren abhängt, die sich beim besten Willen weder planen noch heraufbeschwören lassen. Es liegt am Verlassenen, wie er es schafft, sich mit seinem Schicksal und der erlittenen Verletzung zu arrangieren. Es ist aber auch eine Sache des Verlassenden, ob er der ganzen Geschichte ohne quälende Schuldgefühle und mit einer gesunden Portion Gelassenheit begegnen kann. So gern man es auch manchmal könnte, es gibt keinen Trick, wie man den anderen dazu bewegen kann, sich und seine Einstellungen zu ändern.

Aber nicht zuletzt hängt das neue Miteinander am Lauf des Lebens. Vielleicht trifft der Expartner durch Zufall einen anderen Menschen, der ihm zeigt, dass die Trennungsentscheidung auch für ihn einen positiven Verlauf in Gang gesetzt hat. Die Entwicklung der Kinder, die Veränderungen im Berufsleben, eventuelle Krankheiten oder vielleicht Glücksfälle à la Lottogewinn – dies alles sind unvorhersehbare Aspekte, die Einfluss auf das Miteinander oder Gegeneinander von getrennten Partnern haben.

Wenn die Versöhnung mit dem Expartner ein weit entferntes, wenn nicht sogar utopisches Ziel ist, sollte man doch alles dafür tun, sich zu versöhnen, und zwar mit sich selbst. Man sollte sich verzeihen, dass es wegen des eigenen Trennungswunsches so viel Unfrieden gegeben hat und vielleicht auch noch weiterhin geben wird. Wenn man es schafft, endlich Abstand von der Krise zu bekommen, kann man auch sich selbst eine Entschuldigung zukommen lassen. Der Frieden mit sich selbst ist mindestens genauso wichtig wie der mit den Menschen, die man mit seinem Entschluss getroffen hat.

Was ich noch zu sagen hätte

Vieles bleibt ungesagt. Manch einer verlässt seinen Lebenspartner und schafft es nicht, ihn neben der Trennung auch noch mit Vorwürfen zu belasten. Also schweigt man über die Gründe, die einem das Zusammenleben unzumutbar werden ließen. Dann kommt der Rosenkrieg dazwischen und man vergisst darüber, was am anderen überhaupt einmal liebenswert erschienen ist. Man hat irgendwann alles andere als ein realistisches Bild von dem Expartner und der Zeit, die man mit ihm verbracht hat. Stattdessen kann man eine lange Liste mit negativen Eigenschaften und Gewohnheiten erstellen. Aber wenn man gefragt wird, was man am anderen zu schätzen wusste, muss man passen – oder hat höchstens ein paar Lappalien parat wie »Sie konnte gut kochen« oder »Er hat sich immer um die finanziellen Sachen gekümmert«.

Mit dieser eingeschränkten Erinnerung tut man jedoch niemandem einen Gefallen. Wer glaubt, auf diese Weise mit seiner Trennungsentscheidung besser leben zu können, ist komplett auf dem Holzweg. Denn man verleugnet nicht nur die guten Seiten des Expartners, sondern auch einen Teil von sich selbst. Auch wenn man vielleicht heute nicht mehr damit leben könnte, früher einmal haben einem die Stärken und Schwächen des anderen etwas bedeutet. Wer das vergisst, der verschließt sich vor seiner eigenen Geschichte – und steht auf diese Weise dem Voranschreiten in die Zukunft im Weg.

Inmitten des Beziehungsdramas ist es noch verfrüht, sich gründlich mit der Bedeutung des anderen Menschen auseinanderzusetzen. Doch wenn endlich Ruhe einkehrt, wenn die Finanzen und ein Großteil der Konflikte geklärt sind, ist die richtige Zeit für eine Beziehungsrückschau.

Es besteht die Möglichkeit, diese Reflexion für sich selbst

im »stillen Kämmerlein« zu wagen, zum Beispiel, indem man einen oder mehrere Briefe schreibt. An sich selbst, an die Kinder, an den Expartner oder an niemand Bestimmten – und ob die Zeilen jemals abgeschickt werden, ist absolut zweitrangig. Manchmal ist es auch sinnvoll, zwei Briefe parallel zu schreiben, im einen ist Platz für die liebevollen Worte, der andere darf unzensiert alle Beschimpfungen enthalten. Oft stellt man fest, aus dem einen ergibt sich fast von selbst das andere, ein Lob beinhaltet nicht selten Kritik, doch ein Vorwurf kann auch in freundschaftlichem Verständnis münden. Wenn man aber beides auf verschiedene Blätter schreibt, bekommt man eine gewisse Ordnung in das scheinbar widersprüchliche Empfinden. In den meisten Fällen haben die beiden Briefe dann übrigens am Ende ungefähr den gleichen Umfang – und dieselbe Intensität.

Auch ein Tagebuch oder das autobiographische Schreiben (hierfür gibt es zahlreiche Kurse in der Erwachsenenbildung) bieten sich an, um alles, was geschehen ist, in einen Zusammenhang zu stellen.

Denn eine der wichtigsten Erfahrungen, die man als Abschluss einer Beziehung machen sollte, ist: Alles hängt irgendwie zusammen und ergibt auf lange Sicht einen Sinn. Das man am Anfang der Liebe vielleicht gar nicht so blauäugig war, in der Endphase der Ehe doch nicht so unglücklich, in der Trennung keineswegs nur egoistisch – sondern dass alles zu seiner Zeit absolut nachvollziehbar erscheint. Vorwürfe an sich oder den anderen, dass man viel eher etwas hätte retten oder beenden sollen, werden hinfällig, wenn man versteht, dass man damals eben das Leben noch aus einer ganz anderen Perspektive gesehen hat als heute.

Die Trennung als Bruch in der eigenen Biographie – dies nimmt man nur so wahr, wenn man mittendrin steckt oder die Veränderungen noch nicht wirklich bewältigt hat. Später aber wird das Ganze eher als Stufe im Lebensweg wahrgenommen, eine Stufe hinauf oder hinab, das hängt davon ab, wohin einen die gewonnenen Erfahrungen geführt haben.

Wem es schwerfällt zu schreiben, der kann auch versuchen, seine Gedanken und Gefühle zu malen, zu kneten oder auf ein Tonband zu sprechen.

Es geht dabei nicht darum, etwas besonders Künstlerisches zu produzieren, sondern die inneren Blockaden zu lösen und verdrängte und bewusste Erfahrungen in eine Struktur zu bringen.

Man kann sich selbst Stichworte ausdenken oder beispielhafte Fragen beantworten.

Einige Beratungsstellen bieten neben Ehe- und Trennungsgesprächen inzwischen auch Sitzungen an, in denen die beiden Expartner sich gegenseitig noch einmal zu Wort kommen lassen, bis beide bereit sind, das endgültige Aus ihrer Liebe mit einem Ritual zu bestätigen. Tatsächlich gibt es sogar Heftchen mit »Scheidungspredigten« und Sammlungen von Ansprachen und Reden zum Thema »Scheiden tut weh« [20].

Gisela Hötker-Ponath, Diplom Sozialpädagogin und Mitarbeiterin der katholischen Familienberatungsstelle in München, hat aufgrund ihrer Erfahrung ein spezielles Praxiskonzept entwickelt, mit dem sie bei den zahlreichen Trennungsfällen schon die unterschiedlichsten Erfahrungen gesammelt hat [21]:

Fragen und Denkanstöße für die Beziehungsrückschau

Kennenlernen:

Was habe ich als »Kapital« (Stärken und Schwächen) mit
  in unsere Beziehung gebracht?
Was habe ich als dein Anfangskapital gesehen?

Beziehungsprozess:
Was ich dir gegeben habe ...

Was ich dir nicht gegeben habe oder nicht geben konnte ...

Was ich von dir bekommen habe ...

Was ich nicht von dir bekommen habe, mir aber gewünscht hätte ...

Was wurde durch die Beziehung mit dir in mir belebt oder geweckt?

Was ließ ich während der Beziehung mit dir in meiner persönlichen Entwicklung unbeachtet oder verkümmern?

Womit du mich am meisten verletzt hast ...

Womit ich glaube, dich am meisten verletzt zu haben ...

Was war in unserer gemeinsamen Zeit mein größtes Versäumnis?

Was sehe ich als dein größtes Versäumnis?

Was nehme ich dir noch immer übel? Womit bin ich unversöhnt?

Wofür ich dich am meisten geliebt habe ...

Wofür ich mich von dir am meisten geliebt und angenommen gefühlt habe ...

Wofür ich dir danken möchte ...

Abschied:

Wovon ich mich durch das Ende unserer Beziehung jetzt endgültig verabschiede ...

Wovon verabschiede ich mich gern, und was lasse ich gern zurück?

Wovon verabschiede ich mich schwer?

Was bleibt an Gutem von unserer gemeinsamen Zeit in mir besonders erhalten?

Was würde ich dir symbolisch zum Abschied schenken?

»Die Trennung als Erfahrung in den Lebensfluss integrieren«

Interview mit Gisela Hötker-Ponath

Frau Hötker-Ponath, was hat Sie dazu veranlasst, über die Zeit der Partnerschaft und der akuten Trennung hinaus Gespräche anzubieten? Ist dann nicht schon alles gesagt und getan?
In meiner Arbeit mit Trennungsbetroffenen stellte ich immer wieder fest, dass alte Vorwürfe und Kränkungen auch in der sogenannten Nachscheidungsphase noch gegeneinander verwendet werden – besonders dann, wenn es um die Kinder oder um das Geld geht. Unerledigtes schleicht sich immer wieder durch die Hintertür ins Beziehungsleben – hier in die Trennungsbeziehung ein.

Will man aber etwas aus psychologischer Sicht erledigen, so muss man bereit sein, sich an das Gewesene wirklich zu erinnern. Nicht nur der Anteil des anderen am Scheitern der Beziehung ist relevant, sondern auch die eigene Rolle muss hierbei erkannt und verstanden werden. Man sollte die dabei aufkommenden Gefühle zulassen, auch Trauer oder Angst, selbst wenn man nicht versteht, warum die nach all der Zeit noch auftauchen. Es ist Zeit, wirklich loszulassen. Erst wenn man dem anderen und sich selbst verzeihen kann, werden beide von da an die Verantwortung für ihre eigene, getrennte Zukunft übernehmen.

Finden die Expaare auf diese Weise eher wieder zueinander, oder dient das Gespräch vielmehr der endgültigen Loslösung?
Die Beziehungsrückschau unterstützt Trennungspaare bei der endgültigen Loslösung. Befinden sich Paare oder eine/r von beiden noch in der Ambivalenzphase, kann die Arbeit mit ausgewählten Fragen aus dem Inventar zur Entscheidungsfindung für oder gegen die Beziehung beitragen.

In welchen Fällen halten Sie eine solche Beziehungsrückschau für sinnvoll – und in welchen nicht?

Die Beziehungsrückschau ist nicht für Trennungspaare geeignet, die emotional noch sehr verstrickt, gekränkt und ungelöst sind. Diese Art der Aufarbeitung ist nur dann sinnvoll, wenn beide es wollen und jeder auf dem Weg zur Lösung bereits vorangekommen ist.

Kann man dieses Fragen- und Impulsivinventar auch für sich allein durchgehen?

Die Fragen kann jeder selbstverständlich auch für sich allein beantworten. Dazu ist es gut, sich den anderen als Gegenüber vorzustellen (aushilfsweise dient dazu ein leerer Stuhl) und die direkte Redeweise zu verwenden. Wichtig ist, aufkommende Gefühle wahrzunehmen und zuzulassen. Ich nutze die Fragen auch als Reflexionshilfe für Trennungsbetroffene in Trennungsgruppen.

Wenn bei der Beantwortung noch immer schwelende Konflikte und schmerzende Verletzungen auftauchen – wie geht man damit um?

Wenn schwelende Konflikte oder schmerzvolle Gefühle auftauchen, ist es ein Zeichen, dass sie noch da sind. Dann unterbreche ich kurzfristig die Arbeit mit dem Frageninventar, um den auftretenden Gefühlen Beachtung und Wertschätzung zu verleihen. Manchmal ist es auch noch möglich, einen alten auftretenden Konflikt zu besprechen und dann mit der Beziehungsrückschau fortzufahren.

Muss wirklich alles geklärt sein, um unbelastet in die Zukunft starten zu können?

So wie wir innerhalb einer Beziehung nicht alles klären und verstehen können, so erst recht nicht nach einer Trennung.

Wenn wir aber die Chance haben, noch etwas von den Motiven für die Beziehung und für die Trennung bei uns selber und beim anderen zu verstehen, können wir uns und dem anderen leichter verzeihen.

Unbelastet in die Zukunft gehen heißt: die Belastungen der Trennung da zu lassen, wo sie hingehören, nämlich in der Vergangenheit. Die Kunst ist, sie als zentrale Lebenserfahrung in den eigenen Lebensfluss zu integrieren.

Bei allen ernsthaften und vielleicht auch schmerzvollen Auseinandersetzungen mit der Vergangenheit sollte jedoch eine Sache nicht zu kurz kommen, die fast immer in Berichten und Fachbüchern zum Thema Trennung zu kurz kommt: der Humor. Es ist überhaupt nichts Schlimmes dabei, sich auch mal über die ganze Sache lustig zu machen. Man muss nicht immer nur bestürzt sein über all das, was geschehen ist. Manchmal tut es gut, sich darüber zu amüsieren, welche Lappalien früher zu heftigen Auseinandersetzungen geführt haben oder zu welchen lächerlichen Handlungen man sich um des lieben Friedens willen hat überreden lassen. Vielleicht ist es Galgenhumor oder es scheint ein bisschen taktlos, aber wer es schafft, über sich und sein Leben auch mal ganz ungeniert zu lachen, der hat in jedem Fall etwas gewonnen, und wenn es nur ein paar fröhliche Minuten sind. Zum Glück gibt es jede Menge heitere Literatur oder Filme zu diesem Thema, wer sich hier in den tragikomischen Hauptfiguren wiederfindet, der schafft es immerhin schon, die ganze Sache aus einer gesunden Distanz zu sehen.

Das Glück finden

GLÜCK

Glück ist die komplexe Erfahrung der Freude angesichts der Erfüllung von Hoffnungen, Wünschen, Eintreten positiver Ereignisse und das Einssein mit sich und dem Erlebten. Glück beinhaltet sowohl die günstige Fügung der Geschehnisse des Schicksals als auch den Zustand des Wohlbefindens und der Zufriedenheit. [22]

Warum es bei Anke und Steffen nach sechs Jahren Ehe in die Brüche gegangen ist? Das weiß die gelernte Altenpflegerin nicht mehr so genau. Sie hatten alles, was Anke immer als das Ziel ihres Lebens anvisiert hatte: zwei nette Jungen, ein eigenes Haus, ein sicheres Einkommen und Gesundheit. Nur die Liebe hatte sich davongeschlichen, und es breitete sich eine Lücke aus zwischen dem eher ruhigen Elektroinstallateur und seiner quirligen Frau, die seit der Geburt von Jim und Mick zu Hause blieb, um Haushalt und Kinder zu managen.

Anke ist Ende 20 und spürt auf einmal wieder Lust, sich zu schminken und das Nachtleben zu erobern. Steffen lässt sie ziehen, seine Frau ist jung, sie will sich noch einmal austoben, es wäre falsch, sie davon abzuhalten.

»Es war, als müsse ich mir selbst beweisen, dass das Leben noch nicht vorbei ist, nur weil ich an meinem vermeintlichen Ziel angekommen war. Es tat mir gut, noch immer eine Wirkung auf Männer zu haben, denn irgendwie schien mir Steffens Zuneigung nicht mehr genug zu sein. Es dauerte aber ein Jahr lang, bis ich dahinterkam, dass es gar nicht an ihm, sondern an mir lag – ich brachte ihm nämlich keinerlei Gefühle mehr entgegen, seine Liebe schoss also ins Leere.«

Eine paar kurze heftige Affären später landet sie bei Theo,

einem Matrosen, der oft einige Wochen auf See und zudem ein ganz anderer Typ ist mit seinen kurzgeschorenen Haaren, den Tattoos auf dem Rücken und der wilden, ungezwungenen Art. Er ist nur der Anlass, nicht der Grund, aber Anke beschließt, ihren Ängsten vor Gewissensbissen, finanziellen Notständen und der Reaktion ihrer Mitmenschen die kalte Schulter zu zeigen. Nach einem heftigen Streit und einigen darauf folgenden, wenig erfreulichen Diskussionen verlässt sie ihren braven Steffen und mietet eine eigene Wohnung, in der genug Platz für die Kinder und sie ist, aber auch für Theo, der ohnehin nur alle zwei Wochen für ein paar Tage anwesend ist.

Steffen ist außer sich. Hatte Anke seine Gutmütigkeit wirklich dazu ausgenutzt, sich mit diesem »Proleten« einzulassen? Natürlich ist ihm klar, dass er und Anke schon längere Zeit auf verschiedenen Hochzeiten tanzten, aber für die neue Partnerwahl kann er beim besten Willen kein Verständnis aufbringen. Und dass Anke dann gleich mit dem Neuen zusammenziehen und ihm einen Teil der Kindererziehung überlassen will, macht ihn rasend.

»Immer wieder fragte er mich, warum ich wegen ›dem Typen‹ alles wegwerfen könne, was wir in unseren gemeinsamen Jahren zusammen aufgebaut haben. Ich konnte ihm hundertmal erklären, dass Theo im Grunde genommen nur eine Randfigur war und ich mich schon viel länger hätte trennen wollen, mir aber der Mut gefehlt hatte. Steffen erklärte mir den Krieg, wir kämpften vor Gericht um jeden Grashalm in unserem Vorgarten und mussten schließlich das Eigenheim vermieten, um überhaupt noch über die Runden zu kommen. Nur die beiden Kinder waren noch ein Bindeglied, zum Glück ist es uns gelungen, sie weitestgehend aus dem Drama herauszuhalten.«

Ankes Beziehung mit dem Seemann Theo gleicht einer Sturmfahrt. Ein aufregendes Auf und Ab kennzeichnet die gemeinsame Zeit, die insgesamt vier Jahre dauert und belastet wird von Ankes Ehedrama, den langen Fahrten auf See und Ankes Arbeitslosigkeit. Die Jungen sind inzwischen neun und sieben,

gehen vormittags in die Schule und nachmittags auf den Fuß-
ballplatz. Da wird Mama Anke nicht mehr so dringend gebraucht.
Die Nachtschichten in einem Pflegeheim, die Anke ab und zu
als Vertretung übernimmt, sind weder finanziell noch ideell eine
lohnende Sache. Anke wird immer trauriger, immer öfter quält
sie der Gedanke, dass ihre Scheidung tatsächlich eine Fehlentscheidung gewesen ist.

»Diese Sorgen waren nicht emotional begründet, denn da war
ich mir hundertprozentig sicher, dass ich mit Steffen nicht länger
glücklich gewesen wäre. Aber es machte mich fertig, dass sich
das Leben irgendwie gegen mich verschworen hatte und Steffens Unkenrufe, die Beziehung mit Theo betreffend, sich leider als
zutreffend erwiesen hatten.«

Mit Hilfe einer Therapeutin entscheidet sich Anke ein zweites
Mal für Trennung. Als Theo von einer Fahrt nach Hause kommt,
stehen seine Sachen gepackt vor der Wohnungstür. Wieder am
Nullpunkt angekommen, nimmt Anke sich vor, es nun anders anzugehen.

Lange dachte man, wenn man nur eine feste Partnerschaft hat,
ein schönes Haus, ein geregeltes Einkommen und die entsprechende Gesundheit, dann ist man glücklich. Und trotzdem
gibt es genügend Menschen, die im Grunde alles dies haben,
aber missmutig in den Tag gehen und stets das Gefühl haben,
dass ihnen das Leben noch etwas schuldet. Gesellschaftlich gesehen ist interessant, dass sich das Durchschnittseinkommen
in Deutschland in den letzten Jahren immer weiter erhöht hat,
aber das subjektiv wahrgenommene Glücksempfinden nicht
gestiegen ist. [23] Nun haben Forscher herausgefunden, dass
es sich wahrscheinlich genau andersherum verhält, dass nämlich nicht Erfolg und Wohlstand glücklich machen, sondern
es einem glücklichen Menschen viel leichter fällt, seine Arbeit
und sein Bemühen von Erfolg gekrönt zu wissen. [24]
Dies ist eine positiv stimmende Erkenntnis, bedeutet sie

doch: Selbst wer durch die Trennung harte Rückschläge hat einstecken müssen (weniger Geld, niedrigeren Lebensstandard, den »Verlust« der Kinder), hat eine reelle Chance für die Zukunft, wenn es ihm nur gelingt, trotz allem positiv zu denken.

Wahrscheinlich klingt das wie Hohn in den Ohren eines Menschen, dem das Schicksal in letzter Zeit übel mitgespielt hat. Doch es wird jedem einleuchten, dass Selbstmitleid, Resignation und Frust keine Gefühle sind, die einen optimistisch vorantreiben. Niemand muss an dieser Stelle verharren, jeder sollte sich in seinem eigenen Interesse aufraffen und frei von altem Ballast dem Leben neu begegnen.

Als Beispiel: Wer denkt, er lebe jetzt in einer so hässlichen Wohnung, weil er sich eine andere nicht leisten kann, mit einem winzigen Balkon, durchgesessenen Möbeln und scheußlichen Tapeten, der kann sich dort verkriechen, niemanden einladen oder so oft wie möglich aus den eigenen vier Wänden flüchten. Oder er überwindet sich, streicht die Wände farbig, legt Stoffdecken über das Sofa, pflanzt Sonnenblumen auf dem Balkon – und schmeißt eine kleine Einweihungsparty.

Man muss auch mal gut zu sich selbst sein, sich etwas gönnen, und wenn es nur ein Vanilleeis im Sommer ist oder man im Winter einen Schneemann vor seinem Fenster baut. In jedem Fall wird es einen weiter voranbringen, vielleicht nicht sofort und in registrierbaren Kontobewegungen. Doch man wird wieder Menschen um sich herum haben, die gern mit einem zusammen sind, die einen unterhaltsam und witzig finden und froh sind, dass das leidige Thema Trennung endlich vom Tisch zu sein scheint. Denn das Glück, welches Voraussetzung für ein erfolgreiches Leben ist, findet man ausschließlich in sich selbst.

Anke hat sich fest vorgenommen, es jetzt wirklich anders anzugehen, sie will endlich wieder ans Licht. Zuerst geht sie zum Friseur und lässt sich die Haare schneiden. Dann will sie die alte, verlebte Wohnung auf Vordermann bringen. Doch wohin soll sie mit den Kindern in der Zeit der Renovierung ziehen? Die Hilfe kommt aus unerwarteter Richtung: Steffen bietet ihr an, für ein paar Wochen in seine Wohnung zu ziehen. Er hat zu dieser Zeit nächtlichen Notdienst und findet es nicht so schlimm, wenn Anke, die tagsüber mit der Renovierung beschäftigt ist, in seinen vier Wänden wohnt.

»Ich war erst total baff. Als er mir dann sogar noch anbot, ein paar Elektrokabel in meiner Bude neu zu verlegen, da bekam ich sogar etwas Sorge, er könne wieder auf eine neue Beziehung mit mir hoffen. Nach alldem, was wir uns während der Scheidung angetan hatten, erschien mir das manchmal total unrealistisch. Aber er beließ es bei freundschaftlichen Gesten, und ich war zu dem Zeitpunkt heilfroh, dass es ihn gab.«

Die neugestaltete Wohnung ist nur der erste Schritt. Der nächste betrifft die Lebensgestaltung: Anke bekommt Fördermittel bewilligt und beginnt eine schulische Ausbildung zur Heilpraktikerin.

»Dass ich gut auf Menschen eingehen kann und ein gewisses Talent habe, sie im Gespräch zu öffnen, wusste ich noch aus meiner Zeit als Pflegerin. Doch in der Ausbildung musste ich mich mit den Menschen wirklich auseinandersetzen. Ich lernte, dass Bedürfnisse einen aus dem Gleichgewicht bringen, es aber viele verschiedene Wege gibt, die Balance wiederzufinden. Dies war auch für mich ganz persönlich eine Erkenntnis, die ich nicht mehr missen möchte. Endlich konnte ich mein eigenes Leben, meine Ängste und meine Wünsche einmal als Ganzes sehen, und ich habe viel verstanden – auch was meine Trennung von Steffen angeht. Mir wurde klar, dass ich nichts Schlimmes getan hatte, sondern nur meinem Weg gefolgt bin. Ich brauchte mich nicht mehr zu schämen für meinen Ausbruch aus dem vermeintlichen

Paradies. Und auf einmal konnte ich nach fünf Jahren Streit Steffen ganz anders begegnen. Durch Theo war ja schon der letzte Stachel gezogen worden, der bei meinem Exmann schmerzhafte Enttäuschung verursacht hatte – durch meine Entwicklung aber war auf einmal auch die Bereitschaft für echte Versöhnung da. Wir konnten neu beginnen.«

Beide arbeiten jeder für sich und gemeinsam ein neues Lebenskonzept aus, in dem sowohl die gemeinsamen Kinder wie auch Anke und Steffen nach so langer Zeit endlich zur Ruhe kommen.

Steffen findet seit der Scheidung zum ersten Mal eine Partnerin, mit der er sich eine Zukunft vorstellen kann. Mit ihr zieht er in das ehemalige Familienheim ein, kurz darauf folgen auch Jim und Mick – jeder bekommt wieder sein altes Kinderzimmer zurück. Anke und die neue »Stiefmutter« Verena verstehen sich auf Anhieb und sind sich auch über die wesentlichen Erziehungsfragen einig. Manchmal, wenn Anke am Freitagnachmittag die Kinder zum Wochenende abholt, trinken die beiden Frauen gemeinsam in der Küche Kaffee, beobachten die Jungen beim Fußballspielen im Garten und rufen im selben Augenblick: »Nicht in die Blumenbeete, wie oft soll ich das noch sagen!« Wenn Steffen dazukommt, ist das auch kein Problem, kurz wird über wichtige Dinge wie Schule, Krankheiten oder auch beginnende Flirtaktionen des Älteren gesprochen. Manchmal geht es auch um Sachen, die mit den Kindern nichts zu tun haben. Ankes neuer Freund Jochen ist ein Bekannter von Steffen, die beiden verstehen sich ganz gut. Es mag daran liegen, dass Jochen mit der ganzen Trennung nichts mehr zu tun hat, aber vielleicht auch, weil er im Gegensatz zu Theo wieder ein eher ruhiger Vertreter ist. Über die gescheiterte Ehe sprechen Anke und Steffen so gut wie nie, es ist so lange her, es ist alles gesagt worden, es ist jetzt endlich gut. Dann nimmt Anke die Jungen mit und genießt das Wochenende mit den beiden.

»Wenn mir jemand vor ein paar Jahren gesagt hätte, dass ich

zufrieden damit sein würde, die Kinder bei meinem Exmann leben zu lassen, dann hätte ich ihn für verrückt erklärt. Aber jetzt bin ich tatsächlich entspannter als je zuvor. Ich kann in meinem Beruf als Heilpraktikerin arbeiten, was mich sehr zufrieden macht, und verliere meine Kinder trotzdem nicht aus den Augen. Wir leben im selben Ort, verstehen uns bestens und überlegen sogar, im nächsten Jahr gemeinsam mit den Kindern und den neuen Partnern in den Urlaub zu fahren.«

Bei einer Trennung verliert man einiges – und gewinnt viel. Man hat es nicht geschafft, die Beziehung zu retten –, aber man war in der Lage, konsequent und entschieden zu handeln. Man hat einigen Menschen sehr wehgetan – und sie zeitgleich davor bewahrt, weiterhin in einer konfliktreichen oder glückarmen Umgebung zu verharren.

59 % sagen, dass sie sich nach der Trennung endlich ganz fühlen

Man hat das alte Leben verlassen – und findet nun eine Chance, dem neuen einen besseren Sinn und mehr Erfüllung zu geben.

Nach alldem, was passiert ist – es mag Monate oder Jahre gedauert haben, es hat einen am Boden zerstört und zu unbekannten Höhen aufsteigen lassen –, ist man es sich selbst und auch den betroffenen Menschen gegenüber schuldig, von jetzt an voranzugehen. Mit offenen Augen, den Blick geradeaus in Richtung Zukunft.

So lebendig fühlt man sich selten.

Das ist Glück.

Fangen Sie an!

- Sie sollten akzeptieren, dass es viele Gründe gibt, die eine Versöhnung mit dem Expartner verhindern.
- Sie sollten sich selbst verzeihen.
- Halten Sie eine Beziehungsrückschau, die sowohl die guten wie auch die schlechten Aspekte der vergangenen Zeit beinhaltet.
- Das Glück ist nicht Ergebnis, sondern Voraussetzung für ein erfolgreiches und erfülltes Leben.
- Dieses Glück finden Sie einzig und allein in sich selbst.

Anmerkungen

(1)

Dietmar Stiemerling, »Nicht mir dir, nicht ohne dich – Wenn Paare sich nicht trennen können«. In: *Psychologie heute* Dezember 2006

Über den Autor:

Dietmar Stiemerling, Diplom-Psychologe, Psychologischer Psychotherapeut, ist als Psychoanalytiker in eigener Praxis und als Lehranalytiker in Berlin tätig.

(2)

Eva-Maria Zuhorst, »Liebe dich selbst – und es ist egal, wen du heiratest«. Goldmann Arkana 2004

Über die Autorin:

Eva-Maria Zurhorst ist Journalistin und Psychotherapeutin. Mit ihrem o. g. Sachbuch landete die als Beziehungscoach arbeitende Autorin einen Bestseller. Sie bezieht sich mit ihren Anleitungen für eine glückliche Ehe auf die Lebensgesetze des amerikanischen Psychologen Chuck Spezzano, »Wenn es verletzt, ist es keine Liebe – Die Gesetzmäßigkeiten erfüllter Partnerschaft«, Goldmann Arkana, komplette Taschenbuchausgabe 2005.

Über den Autor:

Chuck Spezzano erwarb seinen Doktortitel in Klinischer Psychologie an der United States International University, San Diego, Kalifornien. In den siebziger Jahren erzielte er durch seine Behandlung der Kriegstraumata von Vietnam-Soldaten viel beachtete Erfolge. Heirat und Vaterschaft gaben seiner Arbeit eine entscheidende Wendung, die ihn als Beziehungstherapeut international bekannt machte.

(3)

Kurt Tucholsky, »Die Neutralen«. Glosse unter Pseudonym Peter Panter in: *Die Weltbühne* Mai 1926
Über den Autor:
Kurt Tucholsky, 1890–1935, war Journalist und Schriftsteller, der sich mit kabarettistischen Texten und satirischen Artikeln einen Namen als einer der wichtigsten Gesellschaftskritiker seiner Zeit machte.

(4)

Annelie Keil, »Trennung – Wie das Leben weitergeht«. Interview mit Vera Sandberg. In: *Brigitte* 8/2006.
»Jeder Schritt wagt den Fall. Unsicherheit als anthropologisches Prinzip«. Vortrag an der Uni Oldenburg 1997
Über die Autorin:
Prof. Dr. Annelie Keil, Sozial- und Gesundheitswissenschaftlerin, ist seit 2004 emeritierte Professorin und ehemalige Dekanin an der Universität Bremen. Ihre Schwerpunkte sind Gesundheitswissenschaft und psychosomatische Krankenforschung sowie die Arbeit mit Menschen in Lebenskrisen.

(5)

Doris Wolf, »Wenn der Partner geht«. PAL 2001
Über die Autorin:
Doris Wolf, Dipl. Psychotherapeutin, Autorin und Expertin für verschiedene Zeitschriften auf den Fachgebieten Trauerbewältigung, Ängste, seelische Kränkung, Schuldgefühle.

(6)

Rolf Froböse, »Liebeskummer ist nicht zum Lachen«. In: *Kölner Rundschau-online* 2/2006

Über den Autor:

Rolf Froböse, Jahrgang 1949, ist seit 1995 als freiberuflicher Wissenschafts- und Wirtschaftsjournalist in den Bereichen Chemie, Biotechnologie, Umwelt, Energie, Raumfahrt, Medizin, IT-Technik sowie als Buchautor tätig.

(7)

Horst Petri, »Verlassen und verlassen werden – Angst, Wut, Trauer und Neubeginn bei gescheiterten Beziehungen«. Kreuz 1991

Über den Autor:

Prof. Dr. med. Horst Petri, geboren 1936, war viele Jahre Arzt für Kinder- und Jugendpsychiatrie und lehrte Psychotherapie und Psychosomatik an der FU Berlin. 1996 wurde er mit dem Hans-Czermak-Preis der Stadt Wien für sein »Gesamtwerk für eine gewaltfreie Erziehung« ausgezeichnet. Heute arbeitet er als Psychoanalytiker, Autor und freier Künstler in Berlin.

(8)

E. Mavis Hetherington/John Kelly, »Scheidung – Die Perspektiven der Kinder«. Beltz 2003

Über die Autoren:

E. Mavis Hetherington ist emeritierte Professorin für Psychologie an der Universität von Virginia. Ihre Scheidungsstudie machte sie über Nacht in ganz Amerika bekannt. John Kelly ist Journalist und lebt in New York.

(9)

Professor Dr. jur. Roland Proksch, »Erste umfangreiche repräsentative Studie über Scheidungseltern und Scheidungskinder in Deutschland«. Pressemitteilung über die Studie im Auftrag des Bundesministeriums für Justiz März 2002

Über den Autor:

Im Auftrag des Bundesministeriums für Justiz befragte der

Nürnberger Jura-Professor Roland Proksch alle Familienrichter in Deutschland, alle Jugendämter sowie alle Rechtsanwälte, die Mitglied in der Arbeitsgemeinschaft Familien- und Erbrecht sind. Ebenso wurden über 7600 geschiedene Eltern über ihre Situation und die ihrer Kinder befragt.

(10)
Edith Schwab, »Alleiniges Sorgerecht – ein Auslaufmodell? Das neue Kindschaftsrecht nach zwei Jahren Praxis«. Informationen für Einelternfamilien Nr. 5/2000 VAMV e.V.

Über die Autorin:
Edith Schwab ist Fachanwältin für Familienrecht und die Vorsitzende des Verbandes für alleinerziehende Mütter und Väter e.V.

(11)
Renate Niesel, »Eltern bleiben Eltern. Hilfen für Kinder bei Trennung und Scheidung (unter Berücksichtigung des neuen Kindschaftsrechts)«. In: Lederle, O., Niesel, R., Salzgeber, J. & Schönfeld, U. (Hg.): Deutsche Arbeitsgemeinschaft für Jugendund Eheberatung e.V. im Auftrag des Bundesministeriums für Jugend, Familie, Frauen und Gesundheit und des Bayerischen Staatsministeriums für Arbeit und Sozialordnung 1998

Über die Autorin:
Seit 1994 ist die Diplompsychologin und Buchhändlerin wissenschaftliche Referentin am Staatsinstitut für Frühpädagogik (IFP) und arbeitet an zahlreichen Bildungs- und Erziehungsprojekten mit. 1982 bis 1994: wissenschaftliche Referentin am Staatsinstitut für Frühpädagogik und Familienforschung (Abt. Familienforschung), Studium der Psychologie an der Johann Wolfgang Goethe-Universität in Frankfurt/Main (Diplom) und an der University of Denver, Denver, Colorado, USA.

(12)

Julia Onken, »Vatermänner«. C. H. Beck 2000

Über die Autorin:

Julia Onken, geboren 1942, ist diplomierte Psychologin, Psychotherapeutin, Leiterin des Frauenseminars Bodensee, Dozentin in der Erwachsenenbildung und vielfache Buchautorin. In ihrer Arbeit beschäftigt sie sich in erster Linie mit dem Selbstverständnis von Frauen und dessen Auswirkung in Beziehungen.

(13)

Dr. Alain Braconnier, »Mutterliebe. Warum Söhne starke Mütter brauchen«. DVA 2006

Über den Autor:

Dr. Alain Braconnier, geboren 1942, ist Arzt, Psychologe und Psychoanalytiker. Er leitet das psychotherapeutische Zentrum Philippe-Paumelle und unterrichtet an der Universität Paris. Sein besonderer Forschungs- und Arbeitsschwerpunkt gilt der emotionalen Entwicklung Jugendlicher. Zu diesem Thema hat er in Frankreich zahlreiche Veröffentlichungen vorgelegt.

(14)

Brockhaus Auflage 1997, Band 8, Seite 517

(15)

Antje Schrupp, »Gewissen in Religion, Staat und Gesellschaft«. Vortrag u. a. über Diana Sartori, gehalten am 10. Dezember 2002 im Eltern-Kind-Forum in Vaduz/Liechtenstein

Über die Autorin:

Antje Schrupp, geboren 1964, Redakteurin der Zeitung »Evangelisches Frankfurt«, Referentin und Publizistin zu Themen aus Philosophie, Feminismus, Religionen und Weltanschauungen, Geschichte des Sozialismus.

(16)

Neal Roese, »Ach, hätt' ich doch! Wie man Zweifel in Chancen verwandelt«. Eichborn 2007

Über den Autor:

Neal Roese, geboren 1965, ist Professor für Psychologie an der University of Illinois. Er ist einer der führenden Forscher auf dem Gebiet des kontrafaktischen Denkens und Bedauerns.

(17)

Dirk M. Sprünken/Hanns Peter Faber, »Die schmutzigsten Scheidungstricks. Und wie man sich dagegen wehrt«. C. H. Beck 2001

Über die Autoren:

Dirk M. Sprünken und Hanns Peter Faber sind Rechtsanwälte und Fachanwälte für Familienrecht.

(18)

Brockhaus Auflage 1997, Band 13, Seite 397

(19)

Fred Jay/Jack White, »Eine neue Liebe ist wie ein neues Leben«, gesungen von Jürgen Marcus 1971

Über das Lied:

»Eine neue Liebe ist wie ein neues Leben« war der erfolgreichste Hit des Schlagersängers Jürgen Marcus, in den deutschen Charts stieg er auf Platz 2, und auch heute noch kennen viele Deutsche den Refrain auswendig.

(20)

Svende Merian (Hg.), »Scheidungspredigten«. Luchterhand 1987

Über die Autorin:

Svende Merian, geboren 1955, Hamburger Autorin, war

zeitweise Mitarbeiterin der Hamburger Bürgerschaft mit dem Arbeitsschwerpunkt Gerontologie, schrieb einige Romane über Beziehungsproblematik und sammelte Texte und Ansprachen zum Thema Scheidung.

(21)

Gisela Hötker-Ponath, »Trennung – Aus und Vorbei«. In: *Beratung aktuell* 2/2006, S. 102–111
Über die Autorin:
Gisela Hötker-Ponath, Dipl. Sozial-Pädagogin, arbeitet als Ehe- und Paartherapeutin bei der Ehe-, Partnerschafts- und Familienberatung München e.V. und entwickelte die »Strukturierte Beziehungsrückschau«.

(22)

Brockhaus Auflage 1997, Band 8, Seite 646

(23)

Felix Rohrbeck, »Die Ökonomie des Glücks«. In: *taz* vom 16. 3. 2005, S. 13
Über den Autor:
Felix Rohrbeck, geboren 1980, Journalist der taz, erhielt 2005 den Econsense-Journalisten-Nachwuchspreis für seine Artikel zum Thema »Unternehmerische Verantwortung«.

(24)

Florian Rötzer, »Erfolg hat, wer glücklich ist«. In: *Telepolis* 12/2005
Über den Autor:
Florian Rötzer, geboren 1953, hat Philosophie, Pädagogik und Psychologie studiert, ist Journalist und Chefredakteur des Online-Magazins *Telepolis* des Heinz-Heise-Verlages.

Tipps im Internet

www.familienhandbuch.de – sehr umfangreicher Online-Katalog
alle familienrelevanten Punkte findet man hier aufgelistet, sehr gute Fachbeiträge und jede Menge Kontaktadressen werden genannt

www.bke.de – Bundeskonferenz für Erziehungsberatung
hier finden Sie auch kostenlose Beratungsstellen in Ihrer Nähe oder erhalten eine Online-Beratung

www.bafm-mediation.de – Bundesarbeitsgemeinschaft für Familienmediation
www.bmev.de – Bundesverband Mediation e.V.
hier erfahren Sie mehr über Mediation und finden auch einen Mediator in Ihrer Nähe

www.arbeitsagentur.de – Bundesagentur für Arbeit
bietet ein vielfältiges Leistungsangebot zur Sicherung des Lebensunterhalts (z.B. Kindergeld, Arbeitslosengeld I und II) und zur Förderung von Arbeitsmöglichkeiten

www.bagfw.de – Bundesarbeitsgemeinschaft freie Wohlfahrtsverbände e.V.
unter diesem Dach finden Sie alle Kontakte zu den großen deutschen Wohlfahrtsverbänden, die sich für soziale Gerechtigkeit einsetzen und Hilfe in familiären Notsituationen anbieten

www.dksb.de – Deutscher Kinderschutzbund e.V.
bietet bundesweit verschiedene Kinderschutz-Projekte an, die
von Freizeitgestaltung bis zu therapeutischer Hilfe reichen

www.isuv.de – Interessensverband Unterhalt und Familienrecht
zahlreiche Informationen zu Fragen, das Familienrecht betreffend, sind hier zu finden, zudem ein gut moderiertes Austauschforum

www.vatersein.de – Homepage für Eltern nach der Trennung
Anlaufstelle für alle »Umgangseltern« mit zahlreichen aktuel-
len Berichten und einem gut moderierten Austauschforum

www.trennungskind.de – Homepage für Kinder und Eltern
Ratschläge und Tipps für die Gespräche zwischen Eltern und
Kind

www.vamv.de – Bundesverband für alleinerziehende Väter
und Mütter e.V.
jede Menge Wissenswertes für Alleinerziehende

www.bmfsfj.de – Bundesministerium für Familien, Senioren,
Frauen und Jugend
Gesetzestexte, Elterngeldrechner und sonstige Informationen
rund um die Familie

www.tacheles-sozialhilfe.de – Tacheles e.V. setzt sich für so-
zial Benachteiligte ein
aktuelle Informationen rund um Arbeitslosengeld, Förder-
programme u.v.m.

www.psychotherapiesuche.de – Psychotherapie-Informati-
ons-Dienst

www.deutschepsychotherapeutenvereinigung.de – Psycho-
therapeuten-Vereinigung
informiert über die passende Therapieform und entsprechende Praxen in Ihrer Nähe

www.kur.org – Kur + Reha GmbH
Wissenswertes über Mutter-Kind-Kuren, Anträge und Klini-
ken

Haftungshinweis:
Trotz sorgfältiger inhaltlicher Kontrolle übernehmen Verlag
und Autorin keine Haftung für die Inhalte externer Internet-
seiten. Für den Inhalt der Seiten sind ausschließlich deren Be-
treiber verantwortlich.

Dank

Die Arbeit an diesem Buch hat mich chronologisch durch meine eigenen persönlichen Trennungsphasen geleitet. Und wahrscheinlich hätte ich ohne einige Menschen nie den Mut gehabt, beides so unmittelbar nebeneinander zu bewerkstelligen. Inzwischen glaube ich aber, dass genau diese Nähe dem Buch richtig gut getan hat. Deswegen mein Dank an diejenigen, die mich zu diesem Projekt animiert und mich bei der Arbeit moralisch und praktisch unterstützt haben: Georg Simader, Jürgen Kehrer, Kurt und Elfi Perrey, Sybille Schrödter, Karin Herber-Schlapp, Felix Rudloff, Dr. Christiane Freese, Anneliese Schelten, Vanessa Gutenkunst sowie einige Therapeuten und Testleser, die hier ungenannt bleiben möchten.

Menschen, die sich getrennt haben, neigen dazu, sich abzuschotten und nur wenig von sich, ihren Beweggründen, Skrupeln, Ängsten und Erfahrungen preiszugeben. Umso mehr danke ich den Betroffenen, die mir ihre Geschichten erzählt haben oder mir in einem Fragebogen bereitwillig Auskunft über sich und ihre Gefühle gaben. Viele davon erreichte ich über Internetforen, und da die Namen der Einzelpersonen ungenannt bleiben sollen, danke ich hiermit stellvertretend www.vatersein.de, www.brigitte.de, www.gofemin.de, www.isuv.de.

Dank auch an meine Interviewpartnerinnen Ulrike Flügge, Renate Niesel und Gisela Hötker-Ponath, dass sie sich die Zeit genommen haben, um dieses Buch mit ihrem Fachwissen zu bereichern.